じゅうぶん豊かで、貧しい社会

理念なき資本主義の末路

HOW MUCH IS ENOUGH?

ロバート・スキデルスキー ＆
エドワード・スキデルスキー
村井章子 訳

ROBERT SKIDELSKY & EDWARD SKIDELSKY

筑摩書房

ほんのすこしで十分だと思っている人でも、もう十分と思うことはないものだ。

——エピクロス

はじめに

本書の執筆中、友人からよく冗談まじりに「君たちがどれだけあれば十分だと考えているかを教えてくれるつもりなのかい」と聞かれたものである。調査の一環としてこの質問をしてみるのは、なかなかおもしろそうだと私たちは考えた。そこで、「あなたはどれだけあれば十分だと考えているか」と聞いて回ったところ、「何にとって十分という意味か」と聞き返されることが多かった。「よい暮らし《グッドライフ》をするために」と私たちは答えた。すると何人かは具体的な数字を挙げようとしたが、案の定、その数字は年齢、国籍、環境によってひどくばらつきがあった。言うまでもなく、この質問に意味のある（そしておそらくは責任のある）答を得るためには、回答者が自分の主観的な願望とは別に「よい暮らし」なるものが存在すると認めていなければならない。「よい暮らし」というものは存在し、定義可能であり、そしてそれをめざすべきである――そのことを伝えるために私たちは本書を書いた。よい暮らしをするために必要なお金はどれほどかについては、最後の章で論じる*。

本書の執筆にあたっては、たくさんの方の力を借りた。とりわけお世話になったのは、ルクセンブルク国際研究所のアルマン・クレッセ所長である。アルマンは二〇一一年五月二七～二八日に本書のためのシンポジウムをルクセンブルクで開催し、陽気な人柄そのままに議長を務めてくれた。シンポジウムには、さまざまな分野から卓越した研究者たち、マイケル・アンブロージ、クリスチャン・アーンスパーガー、トム・バウラー、マシアス・ビンスウィンガー、ウルリッヒ・ブラント、イザベル・カシエ、アディティヤ・チャクラボルティ、アンドリュー・ハラン、マリオ・ハーシュ、サー・アンソニー・ケニー、チャールズ・ケニー、ギー・キルシュ、セルジュ・クリストフ・コルム、アクセル・レイヨン・フーヴッド、フェリクス・マーティン、マット・マトラバース、ジョン・ミルバンク、エイドリアン・パブスト、ギー・シュラー、ラリー・シーデントップ、アルフレッド・ストーン、ヘンリク・シュライファー、ポール・ザーレンが参加した。中には、当時折悪しくヨーロッパの上空を覆っていた火山灰をものともせず来欧した研究者もいる。本書の最初の原稿を読んで彼らが与えてくれたさまざまな指摘やヒントは、私たちにとって大いに励ましと刺激になった。

私たちのイギリスのエージェントであるマイケル・シソンズとイギリスの版元スチュアート・プロフィットには、本書の企画を実現し出版にこぎ着けるまでに多大な尽力を頂いた。この点は、アメリカの版元であるジュディス・グレウィッチも同じである。彼らからのメールは忘れられない。学者の、

＊ロバート・スキデルスキーは、ケインズが平均的なニーズを満たすために「十分」と考えた金額を前著では敢えて示している。それは、年間四万〜六万六〇〇〇ポンドだった。現在のユーロに換算すると、四万六〇〇〇ユーロである。『なにがケインズを復活させたのか？』（山岡洋一訳、日本経済新聞出版社、二〇一〇年）を参照されたい。同書には計算根拠も示されている。ただしケインズは、よい暮らしの確固たる観念が今日の現実よりもしっかりと定着し、悪い暮らしへと仕向ける圧力が今日ほど強くない社会を想定していた。

仮面を破って自分自身の考えを明らかにするよう、強く励ましてくれた。

本書の全部または一部を読んで意見を言ってくれたみなさんにも心から感謝する。おかげで本書は草案よりずっとよいものになった。ペリー・アンダーソン、トニー・バイキャット、カルメン・キャリル、メグナッド・デサイ、ロビン・ダグラス、パーヴェル・エロシュキン、リチャード・ファインズ、ピーター・パガン、プラニー・サンクレチャ、リチャード・シーフォード、オーガスタ・スキデルスキー、ウィル・スキデルスキー、ウ・ジュンキン、ありがとう。

それから、ロバートが所属するグローバル研究センターのピート・ミルズとクリスチャン・ウェスターリンド・ウィグシュトルムにも感謝を。とりわけピートは、第1章のデータ分析と論拠の組み立てに大きな役割を果たしてくれた。また、ドナルド・プーンは、ロンドン・スクール・オブ・エコノミクスのサマー・インターンとして力を貸してくれた。それから、私たちが貪欲に書籍や雑誌を漁《あさ》る手伝いをしてくれた上院付属図書館の司書とスタッフのみなさんにも感謝する。

最後になったが、私たち親子は一緒に執筆することを大いに楽しんだ。二〇一一年の四月からフランスのラングドックで本を書き議論をして過ごした二カ月は、このうえなく幸福なひとときであり、互いを発見する旅であった。つまりそれは、私たちのどちらにとっても、よい暮らしの一つの断片だったのである。

ロバート&エドワード・スキデルスキー

【目 次】

図表一覧

じゅうぶん豊かで、貧しい社会

理念なき資本主義の末路

序論

本書は飽くなき欲望に警鐘を鳴らし、個人としても社会としても「もう十分」と言えない心理的傾向に対して強い懸念を表明するために書いた。本書の批判は、金銭的な貪欲、つまりとめどなくお金を欲しがる欲望に向けられている。したがって本書の批判の対象は、世界で富裕な国に住む人々、総体的に見てまずまずよい暮らしができる程度に裕福だと考えられる人々ということになる。国民の大半が極度の貧困の中で暮らしているような貧しい国に住む人々にとっては、貪欲はかなり先の話であろう。とはいえ富裕国か貧困国かを問わず、富裕層が大多数の人をはるかに上回るような富を手にしている場合には、やはり貪欲が見受けられる。

金銭的貪欲を生んだのは資本主義であるから、資本主義を打倒すれば貪欲は消滅するとマルクス主義者は主張する。貪欲を生んだのは人間の原罪だとキリスト教徒は主張する。私たち自身の考えは、こうだ。貪欲は人間の本性に根付いており、自分の財産を他人と比較してうらやましがる傾向を誰もが備えている。だがこの傾向は資本主義によって一段と強められ、そのために貪欲という心理的な傾向が広く文明に根を下ろしてしまった。このため、かつては金持ちに特有の異常な性癖だった貪欲が、いまや日常的に見られる当たり前の傾向になっている。

資本主義は、諸刃の剣である。物質的条件の大幅な改善を可能にする一方で、人間の忌むべき悪癖、たとえば強欲、嫉妬、羨望を助長する。この怪物は再び鎖に繋いだほうがよいと私たちは考えている。そのために、よい暮らしあるいはよき人生について偉大な思想家たちが語った言葉を時代や文明を超えて探り、それを実現するための政策を提言していく。

まず疑念を提起したいのは、現在の経済政策が国内総生産（GDP）の拡大に取《と》り憑《つ》かれていることだ。経済成長それ自体に反対するつもりはない。しかし、何のための成長かと問うてもよいだろうし、何の成長かと問うことも理に適《かな》っているだろう。誰もが自分の自由に使える時間を増やしたい、公害を減らしたいと考える。どちらも、人間の幸福にとってごく健全な考えだ。ところが、どちらもGDPには含まれない。GDPに含まれるのは、国内で生産されたもののうち市場で取引される分だけである。公害が発生してもその分が差し引かれるわけではないし、余暇が増えてもその分が足されるわけでもない。したがってGDPの拡大がどれほど幸福を増やせるのか、という点には議論の余地がある。きわめて貧しい国にとっては、GDPの拡大はたしかに国民の幸福を増やすだろう。だがゆたかな国の場合、GDPがすでに多すぎる可能性は大いにある。富裕国の場合、GDPは、よい暮らしをめざす政策の副産物程度に扱うべきだというのが私たちの考えである。成長率がプラスになるか、マイナスになるか、横這《ば》いなのかは結果としてついてくるものだ。

本書では、よい暮らし、よき人生を成り立たせるのはどのような要素かということを問題にし、正義の問題は論じない。現代の政治理論は、正義とは何か、公正とは何かを問う抽象的な議論から出発し、そこから「正しい」社会のあり方を導き出すことが多いが、私たちのアプローチはちがう。私たちの出発点はあくまでも個人であり、個人のニーズである。それを基点に、公共の利益を考えていく。現代の正義論の中心にあるのは分配の問題であり、たしかにそれはきわめて重要であるが、私たちにとって分配が重要になるのは、よい暮らしに必要な場面に限られる。

ほとんどの人が週一五時間しか働かない世界を想像してほしい。そこでは労働の成果が社会全体にいまより均等に分配されるため、人々の所得は現在と同程度、いや現在以上になるとする。となれば、起きている時間のうち自分の自由に使える時間が仕事よりもぐっと多くなるだろう。経済学者のジョン・メイナード・ケインズが一九三〇年に発表した小論文「孫の世代の経済的可能性」〈山岡洋一訳『ケインズ説得論集』〈日本経済新聞出版社、二〇一〇年〉に収録〉の中で描き出したのは、まさにこれだった。この小論文の主張は単純明快である。技術が進歩するにつれ、単位労働時間当たりの生産量は増えるので、人々がニーズを満たすために働かねばならない時間はしだいに減り、しまいにはほとんど働かなくてよくなるという。そこで「人類の誕生以来初めて、人間は真の永遠の問題に直面することになる。それは、差し迫った金銭的必要性に煩《わずら》わされない自由をどう使うか、科学と複利が勝ちとってくれた余暇をどのように活用して賢く快適に暮らすか、という問題である」とケインズは書いた。そうした状況が百年以内には、つまり二〇三〇年までには実現すると、ケインズは考えていたのである。

執筆当時の状況を考えれば、ケインズのこの近未来的小論が一顧だにされなかったのも驚くにはあたらない。なにしろあの頃は、大恐慌から抜け出すという喫緊の課題を筆頭に、急を要する問題が山積していた。ケインズ自身も、この見解を表立って蒸し返すことはしなかった。だが、「働かなくてよい未来」という夢がつねに思考の背景にあったことはまちがいない。なるほど、ケインズはあの偉大な『雇用、利子および貨幣の一般理論』によって、長期の経済的進歩の理論家としてではなく短期の失業の理論家として世界に知られるようになった。それでも以下に挙げるように、ケインズが一度提起して捨て去った数々の疑問に立ち帰るべき理由は十分にある。

第一に、ケインズは今日ほとんど論じられないことを問題にした。それは、何のための富なのかという疑問、そして、よい暮らし、よき人生を送るために必要なお金はどれくらいかという疑問である。答の出ない疑問のように見えるが、けっして瑣末《さまつ》な疑問ではない。まともな頭の持ち主にとって、金儲けが人生の目的となるはずがない。私の人生の目的はもっともっと金を稼ぐことだと言うのは、食べる目的はもっともっと太るためだと言うようなものである。そして、個人に当てはまることは社会にも当てはまる。金儲けは人類の恒久的な仕事にはなり得ない。理由は簡単だ。お金にできるのは使うことだけだからである。だが永久に使い続けることはできない。いずれ満足するか、うんざりするか、その両方になるときがくるだろう。それとも、満足することはないのだろうか。

第二に、先進国で暮らす人々は、一九二九〜三二年の大恐慌以来最悪と言われる大不況のまっただ中にいる。大規模な危機は装置の総点検のような役割を果たし、社会制度の欠陥をあぶり出し、対策を促す。いま点検されているのは資本主義というシステムであり、ケインズの小論文は、資本主義の未来を考える一つの視点を提供したと言えるだろう。今回の危機は二つの欠陥を暴き出した。ふだんであれば、「いかなる犠牲を払ってでも成長すべし」というほぼ全員一致の決意に隠されていた欠陥である。

一つめは、モラル面の欠陥である。銀行危機は、現行システムの拠りどころが強欲や貪欲という動機にあることをまたしても暴露する結果となった。このような動機は倫理的に好ましいとは言いがたいし、社会を貧者と富者に分《わか》つ。しかも近年では貧富の差が拡大し、それが「トリクルダウン理論」(富者が富めば自然に下の層にも富が浸透するという理論)なるもので正当化されている。一つの社会に極端な富者と極端な貧者が共存すること、とりわけ万人に富が十分行き渡るはずの社会でそのような現象が起きることは、正義の感覚からも受け入れがたい。そして二つめは、資本主義経済の顕著な欠陥である。現在の金融システムは本質的に不安定であり、二〇〇八年のリーマンショックのときのように何かがうまくいかなくなると、その非効率で破滅的な性質を露呈する。債務過多の国では、国民所得の相当程度が失われるまで国債は下がり続けるだろう、と噂されている。巨大な金儲けマシンがこうもたびたび故障するのでは、もっとましなシステムがあるのではないかと考えざるを得ない。

ケインズの疑問に立ち帰るべき第三の理由は、資本主義後の世界がどのようなものか想像してみよ、と問いかけているからである(資本がもはや蓄積されないような経済システムは、名称がどうあれ、資本主義ではない)。ケインズは、「人々の金儲けの本能や金銭欲への絶え間ない刺激」が資本主義を支える動機だと考えていた(1)。そしてゆたかになれば、この動機は社会的に容認されなくなるから、資本主義はその任務を終えて自然消滅するだろうと考えた。だが稀少性を前提とすることに慣れ切ってしまった現代人は、ゆたかな世界ではどのような動機や行動原理が主流となるのか、あるいはなるべきなのか、ほとんど考えようとしない。

それではここで、誰もがよい暮らしを送るのに十分なものを持ち合わせていると想像してみよう。

この場合、よい暮らしとは何か。よくない暮らしとは何か。よい暮らしを実現するためには、いまのモラルや経済システムにはどのような修正が必要だろうか。このような疑問が提起されることは、めったにない。というのも、現代の学問分類では、受けとめるべき分野がはっきりしないからである。哲学者は完璧な正義の体系の構築をめざし、目の前の事実の混乱ぶりなど眼中にない。経済学者は主観的な欲望を満たす最善の方法を求め、欲望の中身にはおかまいなしだ。そこで本書では、哲学と経済学の視点の融合を試みる。どちらの学問も互いを必要としている。一方は実務的な影響力のために、他方は倫理的な想像力のために。本書は、かつてモラル・サイエンスと呼ばれていた経済学、号令で動くロボットではなく共同体を営む人間の学問だった経済学を蘇らせることをめざす。

本書は、ケインズの予言が的中しなかった理由を考えるところから始まる。ケインズの成長予測は驚くほど的確だった一方で、あの近未来的小論が書かれてから百年近くずっと、大半の人が当時と同じくらいがむしゃらに働いているのはなぜだろう。私たちの出した答は、自由市場経済は雇用主に労働時間と労働条件を決める力を与えると同時に、地位を誇示するような競争的な消費をしたがる人々の生来の傾向に拍車をかけたからだ、というものである。ケインズは、資本主義のこの悪弊をよく知ってはいたが、富の創造という本来の任務が終われば、資本主義は消滅すると考えていた。この悪弊が深く根を下ろし、当初めざした理想を見失わせるとは、予見できなかったのである。

第2章では、本来的に好ましくない動機も当面は有益だと考えていたのがケインズだけではなかったことをあきらかにする。ジョン・スチュアート・ミル、カール・マルクス、ヘルベルト・マルクーゼ、そして広い意味ではアダム・スミスも、そうした動機が歴史を前進させる積極的な役割を果たすと認めていた。神話的に言うなら、西洋文明は悪魔との和解と引き換えに、想像を絶するほど膨大な知識、力、快楽の源を与えられてきた。これは言うまでもなく、ゲーテによって不滅の存在となった『ファウスト』のメインテーマである。ただ皮肉なことに、いまや私たちはゆたかさを実現したにもかかわらず、資本主義に教え込まれた習慣のせいで、せっかくのゆたかさを楽しめなくなってしまった。どうやら悪魔は見返りを手にしたらしい。私たちはこの運命から逃れられるのだろうか——たぶん。ただしそれは、幾世紀にもわたって無視され歪曲されてきたよい暮らし、足るを知る暮らしの意味を取り戻すことができたときである。その意味を知るためには、洋の東西を問わず、近代以前の知恵の宝庫を活用しなければならない。第3章ではこの点を論じる。

近年では、成長反対を唱えるかまびすしい声が勢いを増している。成長は人を幸福にできない、そのうえに環境を破壊したという。たしかにそうかもしれないが、このような主張をする人々は、無制限の成長に対する私たちの踏み込んだ反対の意味を理解していない。そのような成長は無意味だと私たちは考えているのである。成長は幸福あるいは環境を損なったという論拠に立脚するのは、成長論者に反証せよとそそのかすようなものだ。実際、成長論者はたちどころにやってのけた。*こうなると

*とくにナイジェル・ローソンとビョルン・ロンボルグは、地球温暖化問題は技術の進歩によって改善され、悪影響は軽減されると主張してきた。また一部の経済学者は、富裕国は現に貧困国よりも幸福だと主張する。くわしくは第4章、第5章で論じる。

議論は学者の世界の袋小路にはまり込んでしまう。重要なのは、たとえ学者や統計専門家が立証できなくとも、とどまるところを知らない富の追求が狂気の沙汰だとみなわかっていることだ。この点を第4章と第5章で論じる。

そして第6章で、私たちからの提案を具体的に述べ、よい暮らし、よき人生とはどのようなものかを描き出す。時代と空間を超えて得たさまざまな知見に基づき、七つの「基本的価値（basic goods）」を提案する〔訳注：basic goods には「生活必需品」という意味もある〕。この七つを持つことは、よい暮らしそのものだと信じる。したがって政府の第一の義務は、その能力のおよぶ限りにおいて、基本的価値が国民全員に行き渡るようにすることである。現実にどうしたらそれができるかを第7章で論じ、よい暮らしという客観的な概念に照らして、際限のない富の追求を抑制するための政策を提案する。欲望を抑えられなければ、現代の文明の命運は尽きるだろう。存続の可能性は万に一つもない。

友人知人に本書の構想を話すと、おおざっぱに言って五通りの反論に遭った。まずは、タイミングに関する反論である。「どう考えても、いまは成長不要論を語るべき時期ではない。当のケインズも、もし生きていたら、失業率を引き下げ政府債務を返済するために、できるだけ早く再び成長できるようにせよ、と言うにちがいない」。この点についてここで議論するつもりはない。ただ、一九三〇年代以来最悪の不況からの短期的な景気回復策と、よい暮らしの物質的条件を整えるための長期的な政策とは区別すべきだと考えている。二〇〇八年のリーマンショックから二年間で世界のGDP合計は六％落ち込み、いまだ危機前の水準には達していない。となれば、最低でも失った分を取り戻さなければならない。現在の経済のあり方では、公的部門・民間部門を問わず、失業と債務を減らす方法はほかにないからだ。だが、当面の緊急課題にかまけて最終的な目標を見失ってはならない。ケインズにしても、自身のユートピアを描いたのは大恐慌の最悪の時期だった。「本論の目的は、現状を検討することではない……目先の重荷をひとまず下ろし、未来に向けて飛翔することである」。本書もまた、この精神で書いたものである。

次は、提案の対象に関する反論である。大勢の人々がいまなおろくに家も食糧もないような国でも、持てるもので満足しなければならないのか。答はもちろんノーだ。本書の議論の対象は、幸福の物質的な条件がすでに達成された国々である。この条件がまだ達成されていない国では、経済成長を優先課題とするのが正しい。そうではあるが、開発途上国が発展を続ければ、いずれは先進国と同じ窮地に陥るだろう。だから、あらかじめ準備をしておいても悪くはあるまい。手段に熱中するあまり目的を見失うという、同じ轍を踏むべきではない。

残る三通りの反論は、より鋭いところを突いている。一つは、「君たちの提案は、やる気をなくさせ、創造性も先見性も失わせる。誰もが怠け者になる世界の設計図と言うほかない」というものだ。さらに、君たちの考え方には退廃的な「古いヨーロッパ」精神が染み付いている、と言われることもあった。これを言うのは、当然ながらアメリカ人が多い。

こうした誤解を解くためにはっきりと言わせてほしい。この本は、怠けることを勧める本ではない。私たちがもっと増やせたらいいと考えているのは、自分の自由に使える時間という意味での余暇(leisure)であり、その自由な活動そのものである。余暇という言葉を正しく理解するなら、怠惰とは似ても似つかないこと、むしろ対極の概念であることがわかるだろう。この言葉のほんとうの意味は、いまではほとんど忘れられているけれども、外から強制される目的を持たない活動、カントの言う「目的のない合目的的行動」である。夢中になって大理石を彫る彫刻家、むずかしいことを一生懸命に伝えようとする先生、楽譜と格闘する音楽家、空間と時間の謎に挑む科学者……こうした人たちは、いまやっていることをやり遂げたいという一心でやっているのだ。その努力に対して報酬がもらえるとしても、それが動機ではない。私たちの言葉では、彼らは自由意志による活動をしているのであって、苦役に従事しているのではない。なるほどこれは理想化した見方ではある。現実の世界では、金銭的報酬を始めとする外からの見返りを完全に忘れ去ることはできない。それでも、必要に迫られてではなく好きだからやる限りにおいて、強制されて機械的に行うのではなく自由意志で行う限りにおいて、労苦ではなく自由な活動である。私たちの理想はまさにこれだ。怠けて無為に過ごすことではない。あらゆる創造や革新は金銭的見返りのない限り生まれないなどと考えるのは、現代の文化があまりに想像力に乏しいせいである。

「たいへん結構」と、怠惰論者は言うだろう。「だが、外部から動機づけられる活動を減らしたからといって、君たちの言ううるわしい〝自由意志による活動〟が増えるとはとても思えないね。私たちのような怠け者は、カネに釣られないと何もしない。カネがもらえないとなったら、生来《せいらい》の怠け癖が頭をもたげ、よい暮らしどころか、退屈と神経症とアルコール漬けに追いやられてしまうだろう。ロシアの小説を一冊か二冊読めば、そんなことはすぐにわかるはずだ」

このような反論に対しては、信念を表明することしかできない。万人の労働を減らす試みはかつて行われたことがないため、その結果がどうなるのか、自信を持って予想することはできないからだ。だが、怠惰論者の言うほど悲惨な結末になるとは思えないし、より幸福な暮らしをめざすという大きな目標が空疎だとか無駄であるとも思わない。刻苦精励の究極の目的が怠惰な生活だとしたら、現行世代の労働や創造が昼間から寝そべってテレビを見る生活を子孫にもたらすだけだとしたら、あらゆる進歩はジョージ・オーウェルの言うとおり、「どうか実現しないでくれと祈るような目標に向けた死にものぐるいの苦闘」だということになる。[2] 新しい試みに駆り立てられるのも、それに価値を認めるからではなく、どれほど無意味な活動でも何もしないよりましだから、ということになってしまう。だからこそ、真の余暇、すなわち自由意志による活動の可能性を信じなければならない。さもなくば、私たちの状況はほんとうに絶望的である。

もう一つ、希望を与えてくれる考え方がある。生来の怠け者で、利得がない限り何もしないという人間のイメージは、現代に固有のものだということだ。とくに経済学者は、人間を牛馬のごとき荷役用の動物とみなし、何をするにもアメとムチの刺激が必要だと考えている。近代経済理論の先駆者ウィリアム・スタンレー・ジェヴォンズは、「最小限の努力で欲望を最大限に満たす」ことが人類の課題だと述べた。[3] だが古代の見方はまったくちがう。古代アテネとローマの市民は経済面では非生産的だったが、政治、戦争、哲学、文学の分野では最高に活動的だった。なぜ牛馬ではなく、彼らをお手本にしないのか。アテネ市民もローマ市民も、余暇の賢い使い方をごく若いうちから教え込まれていた。本書でもそうした教育を提唱していく。時間を苦役のような労働に機械的に費やすことに慣れてしまった社会が、一夜にして自由人の社会になるとは期待できない。だが、この変化が可能であることを疑うべきではあるまい。バートランド・ラッセルは、ケインズが経済危機の効用を論じてから二年後に発表した論文の中で、いつもながらの明快さで次のように書いている。

「ちょっとした気晴らしは楽しいが、もし一日四時間しか働かないとしたら、人間は一日をどうすごしてよいかわからないだろう、と言われる。今日の世界においてもしこれが真実なら、それはわれわれの文明への有罪宣告にほかならない。なぜなら近代以前のどの時代をとっても、それが真実だったことはないからだ。かつて人は愉快に遊ぶ能力を備えていた。だが効率神話によって、そうした能力は制限されている……都会に住む人々の楽しみは、受け身の楽しみが中心になった。映画を観る、サッカーを観戦する、ラジオを聴く、といった具合に。これは、活動的なエネルギーを労働にすっかり吸い取られた結果だと言える。自分の楽しみに使える時間をもっと持つことができるなら、人間は再び自ら進んで何かをする喜びを味わうことができるだろう」(4)

さらにここに、次のように付け加えたい。そうなったのも、余暇という言葉が「自由意志による活動」という本来の意味を失い、受け身の消費に堕してしまったからだ、と。その結果、現代人は、それなら働くほうがましだと考えるようになっている。「人は、好きだからでなければ絶望から働くにちがいない。結局のところ一つだけたしかなのは、労働は快楽ほど退屈ではないことだ」とシャルル・ボードレールは『赤裸の心』に綴った。(5)

私たちに対する四番目の反論は、金儲けを条件付きで擁護する形をとる。「たしかに金儲けは人間の活動の中で最も品があるとは言えない。だが人間の努力や勤勉の目的としては、最も害がない」という主張である。ケインズはこのことを巧みに語っている。「人間の危険な性癖は、金を稼ぎ財産を築く機会が存在するおかげで、比較的害のない方向へとうまく導くことができる。この危険な性癖は、こうしてなだめておかないと、残虐な行為や権力の拡大など見境のない野心の追求にはけ口を求めることになる」。ただしそのあとに「こうした害の少ない活動を刺激し危険な性癖をなだめるために、ゲームの賭け金を現在のように高くする必要はない。もっと少ない賭け金にプレーヤーが馴れさえすれば、同じように目的を果たせるはずだ」と付け加えた(6)。ケインズのこの指摘は、まさに私たちの主張を裏付けてくれる。私たちは、旧ソ連のように金儲けを禁止すべきだと主張しているわけではない。よい暮らしから乖離《かいり》した方向に社会が進まないよう、ゲームにルールと制限を設けるべきだと言いたいだけである。

最後の反論は最も重大である。私たちの提言は反自由主義の性格を帯びているというのだ。ジョン・ロールズを始めとする思想家は、次のように主張してきた。自由主義国家は何らかの明確な指向性を打ち出すことはない。自由主義国家が定めるのは、好みもちがえば理想も異なる人々がうまく一緒に暮らして行くために必要な原則だけである。よい暮らしだとかよき人生といった明示的な観念を社会に広めようとするのは、本質的に反自由主義的であり、悪くすれば全体主義的だという。この反論に対しては後段できちんと応えたい。ここでは、そのような反論は自由主義の完全な誤解に基づいていることだけを言っておこう。個人の自由を尊ぶ伝統は、その長い歴史の大半を通じて、古代ギリシャ・ローマやキリスト教が理想とした尊厳、礼節、寛容の精神で染め上げられている（「リベラル」という言葉がもともとは「自由人にふさわしい」という意味だったことを思い出してほしい。この意味は、今日でも「教養科目《リベラルアーツ》」などの言葉に残っている）。二〇世紀になっても、ケインズ、アイザイア・バーリン、ライオネル・トリリングを始めとする典型的な自由主義者は、そうした文明の維持は国家の役割の一つだと信じて疑わなかった。自由主義はさまざまな善なる思想の中立を意味するというのは、じつに表面的な見方である。いずれにせよ、中立は幻想にすぎない。「中立」な国家は資本の管理者に権力を譲り渡し、その利害に基づいて人々の選好が操作されることになる。

よい暮らしの実現に関して教育面で大きな障害となっているのは、おそらくは経済学であろう。より正確に言えば、世界中のほとんどの大学で、経済学の名の下にまかり通っている極端な正統主義である。最近の教科書にも、経済学は「無限の欲望を満足させるために有限の稀少な資源をどう使うか」を学ぶ学問だと書かれている(7)。だが傍点を振った形容詞は、まったくもって不要である。欲望が無限なら、資源が絶対的な意味でいかにゆたかであろうとも、欲望に対して相対的に有限となるのは自明のことだ。だが私たちは資源が足りなくて死ぬのではなく、無節操な欲に駆られたまま死ぬ。一九六〇年に経済学者のハリー・ジョンソンが書いたとおり、「われわれはゆたかな社会に生きているにもかかわらず、あたかも貧しい社会に暮らしているかのように考え行動することをさまざまな面で強いられている(8)」。世界は貧しい、だから何が何でも効率を重視しなければならない、という視点が現代の経済学には組み込まれている。

かつては、けっしてそうではなかった。現代の経済学の礎《いしずえ》を築いたアダム・スミスは、つねにより多くを求める生まれついての欲求は、いずれ自然の限界や制度上の上限に突き当たり、「定常状態《ていじょうじょうたい》」に達するとした。ケインズの師であるアルフレッド・マーシャルにとって、経済学とは「幸福の物質的要件」を研究する学問だった。この見方は、富は目的のための手段だとするアリストテレスやキリスト教の姿勢を踏襲している。だがマーシャル以降に経済学は方向転換する。ライオネル・ロビンズは、経済学とは「多数の用途に活用可能な限られた手段と目的との関係に着目して人間の行動を研究する学問」であると定義した。(9) ロビンズの定義は稀少性を経済学の中心に据えると同時に、価値判断を排除した。かくして経済学の領域は目的のための効率的な手段の研究に限られた。ただし経済学者は、経済学者としては「目的」について何も言うべき言葉を持たない。ただひたすら、目的は利用可能な手段をつねに上回っていること、すなわち稀少性は人間に与えられた恒久的な条件であることを主張する。

稀少性がつねにつきまとうなら、効率すなわち乏しい資源の最適利用と、経済学すなわち効率を追究する学問は必須ということになる。だが常識的に考えれば、稀少性は一定ではなく、増えたり減ったりするはずだ。たとえば飢饉のときには食糧は極端に不足するが、豊作であれば潤沢になる。トーマス・マルサスは、人口が食糧供給を上回るペースで増大すれば稀少性が増大し、逆であれば減少することを理解していた。しかも稀少性が過去二〇〇年間にほとんどの国で大幅に減少していることは、大方の人が気づいているだろう。上位の富裕国はもちろん、中位の富裕国であっても、もはや餓死することはまずない。このことは、効率の社会的な重要性が薄れたこと、ひいては経済学の有用性が減じたことを意味する。

この問題に健全に取り組む第一歩は、稀少性を欲望（wants）と対比させて考えるのではなく、必要（needs）に対比させることだ。実際にも、たいていの人がそうやって考えている。たとえば家を三軒所有している人を見たら、本人がいかに四軒目を欲しがっているとしても、「もう十分だ」と人は言うだろう。これは、「必要な家はもう十分に持っている」という意味である。目に余る貪欲、たとえば猫だの人形だのをとめどなく欲しがる性癖は一般に病的とみなされ、まともとは考えられていない（ただし経済学者は心理学者と同じく、神経症を正常とみなす傾向がある）。大方の人は、だいたいにおいて欲望を必要の度合いに応じて抑制することができる。問題は、万事を金銭価値に換算する競争経済では、もっと欲しがれ、欲しがれと圧力がかかり続けることだ。経済学者が唱える「稀少性」にしても、この圧力の人為的な産物となってきている。どうしても必要なものを基準に考える限り、先進国の住人が乏しさの中で暮らしているとは言いがたい。むしろ、非常なゆたかさの中にいる。

となれば、少なくともゆたかな国ではよい暮らしの物質的条件はすでに整っているにもかかわらず、見境のない成長の追求がよい暮らしを手の届かない彼方へと押しやっていることになる。こうした状況では、政策を始めとする共同体の指針は、人生の善きもの、たとえば健康、尊敬、友情、余暇がすべての人に行き渡るような経済運営を目的とすべきである。経済成長はそうした政策の余録とみなすべきで、目的とすべきものではない。

時が経つにつれ、この方針転換は経済学に対する人々の姿勢にも影響を与えずにはおくまい。時間の使い方を最大限に効率化することは、しだいに重要性を失っていくだろう。それに伴って、ロビンズ以来発展してきた「科学的」な経済学は、社会科学の女王の座から滑り落ちるだろう。科学的な経済学は、物質的なゆたかさの限界まで私たちを連れて来ることはできた。だが人生の監視役からは退いてもらわねばならない。これこそ、「経済学者が歯医者程度に役に立つ日が来る」と見越していたケインズの念頭にあったことだった。[10] ケインズはいつも言葉の選び方に注意深い。この場合、人類が経済学者を必要とするのは、たしかに歯医者としてであって、医者としてではなかった。つまり人生において最も重要ではないし、つねに必要でもない。まして支配的な存在ではないということである。

第1章　ケインズの誤算

富者の限界が定められたことは、いまだかつてない。

――ソロン

一九二八年、ケインズはケンブリッジ大学の学部生を前に「孫の世代の経済的可能性」というテーマで講演を行った。学生たちが資本主義にすっかり幻滅し、ソ連を希望の光と見始めていることをケインズは承知していた。ケインズ自身は、ソ連の発展は「炭塵《たんじん》と弾薬まみれの汚れた信念」の産物であり、共産主義はその野蛮さゆえに魅力的に見え、「偉大な宗教の最初の啓示」のように受け取られているのだと考えていた(1)。この邪教から学生の心を引き戻すには、資本主義もまたユートピアを実現する思想なのだと、しかも資本主義は万人がよい暮らしを送れるほどの富を実現する唯一効率的な手段であるから、共産主義より一段と効果的にユートピアを実現できるのだと、説得する必要があった。かくしてケインズのケンブリッジ講演は、ユートピア論を初めて公表する場となったのである。

二年後、ケインズが講演録に手を入れて小論を発表したとき、大恐慌が襲ってきた。これで資本主義は経済的にも思想的にも破綻したように見え、共産主義が一段と魅力を増してくる。だがケインズは、この状況に応じて巧みに修正を加えた。「われわれが苦しんでいるのは老いから来るリウマチではなく、急速な変化に伴う成長痛である。経済が一つの段階から別の段階へ移行するときの調整は痛みがつきものだ」。ケインズによれば、恐慌の少なくとも一部は「技術的失業」という症状に表れる。これは、省力化の手段を発見するペースが速すぎて、労働力の新たな活用法を見つけるのが追いつかないことに起因する失業である。技術的失業は、強制されない自由意志による労働を除き、労働が将来的に減っていくことを暗示する。

そこでケインズは、経済的論理に基づく予言を試みた。資本蓄積と技術の進歩に関する過去のデータに着目し、資本財が年二%、「技術的効率」が年一%のペースで増え続ければ「発展中の国ではいまから百年後には生活水準が現在の四〜八倍に達する」と見積もり、この見通しに基づいて「めざましい結論」を導き出した。「大規模な戦争や人口の大幅増がない限り、経済的な問題は今後百年以内に解決されるか、すくなくとも解決が視野に入ってくる」というのである。*

この主張の趣旨は、人類は物質的ニーズを現在の労働の数分の一で満たせるようになる、というこ

*ケインズは、ロバート・ソローの成長モデルに先んじていた。このモデルでは、GDPの伸びを資本要素投入および人口の増加と技術進歩のスピードで説明する。多くの経済学者と同じくケインズも資本収益率の逓減《ていげん》（追加的な資本投入が生む収益は前回の投入より少ない）を仮定し、資本飽和点を設定した。それを超えるGDPの伸びは、資本（物理的資本および人的資本）の量ではなく質的向上に、すなわち技術の進歩に大きく左右されると考えたのである。したがって一人当たりGDPを増やすには、技術の進歩が人口の増加ペースを上回らなければならない。

とだった。多くても一日三時間働けば、「罪深い人間の欲求は満たせる」と言うのだ。こんなに時間がたっぷりできれば、「富裕階級のご夫人方」の間ですでに流行中の「ノイローゼ」が蔓延しかねない。だが言うまでもなく、ケインズがそれを望んでいたわけではない。彼が期待したのは、心から人生を楽しもうとする姿勢、いまのところは芸術家や自由人に限られているそうした姿勢が、社会全体に行き渡ることだった。ケインズの小論は、アリストテレスと新約聖書を織り交ぜたような輝かしいレトリックで頂点に達する。

「私たちは、宗教と伝統的な徳という確実でまちがいのない原則のいくつかに立ち帰る自由を手に入れられるだろう。それは、貪欲は悪徳であり、高利貸しは悪であり、金銭欲は憎むべきだという原則、明日のことをあまり考えない人ほど徳と知恵の道を着実に歩んでいけるという原則である。そして再び手段よりも目的に価値を見出し、効用より善を選ぶようになる。一日を一時間を清くゆたかにすごす方法を教えてくれる人、ものごとをすなおに楽しめる陽気な人、織りもせず紡ぎもしない野の百合《ゆり》に敬意を払うようになる(2)」

ケインズの友人で哲学者のフランク・ラムゼイは、この楽園状態を「至福」と名付けた。

となれば資本主義、より具体的には経済的繁栄と金儲けに明け暮れる生活は過渡的な段階であり、目的のための手段であり、目的はよい暮らしだということになる。ではそれは、どのような暮らしなのだろうか。ケインズはケンブリッジで哲学教授のジョージ・エドワード・ムーアから指導を受けたが、そのムーアは主著『プリンキピア・エチカ』の中で「私たちが知っている中で、あるいは想像しうる中で最も価値があるのは、交友の喜びや美しいものを見る楽しみによく似たある種の意識の状態である」とし、さらに「これらを目的とする場合に限り、すなわちこうした意識の状態にいつの日かできるだけ多く到達することをめざす場合に限り、個人的・社会的義務の遂行は正当化される。人間の活動の合理的な最終目的を形成し、社会の進歩の唯一の指標となりうるのは、このような意識の状態なのだ」と述べた(3)。

ケインズは、これが自分にとって「ひそかな宗教」になったとのちに語っている。経済学者であると同時に投資家でもあったケインズは、資本家の行動をつぶさに観察できるところで終生暮らしたが、それでも片方の目はつねに芸術や知識の探求に向けられていた。ケインズが加わっていたブルームズベリー・グループの芸術家や学者たちは、まさにそうした探求を行っていたからである。「経済的可能性」論は、彼自身の性格の二つの面、すなわち合目的的な自己とありのままの自己を現在と未来に投影し、両者を融和させようとする試みだったと言えよう。

この小論は発表当時ほとんど無視され、あまりに空想的で真剣に論じるにはおよばないとされた。それどころか、思いつきやおふざけにすぎないとさえ言われた。彼の構想と主張はわずか一二ページにまとめられ、未解決の事柄があまりに多い。反論も立ち消えになるほど相手にされなかった。「ここにはケインズの最もよい部分と最も悪い部分が表れている」とケインズ研究者の一人は述べている。「最も悪いのは、社会や政治に関する理論が甘く、精査に堪えられないことだ。顕示的《けんじ》あるいは競争的消費が行われる限り、社会から新たな欲望がなくなるはずはないのである。……最もよいのは、好奇心と探究心にあふれ、直観的で刺激的な精神の発露であることだ(4)」

「経済的可能性」論はたしかにいささか予言的ではあるが、それでもケインズの当面の最大関心事だった慢性的な失業の問題と直接結びついている。失業問題が契機となって、ケインズの名を世界に知らしめた経済政策改革は生まれた。不況によって途切れることのない継続的な完全雇用こそ、この小論に示されたユートピアへの近道だと考えられたのである。ケインズが望んだのは、資本主義システムが最大限に力を発揮して、資本主義終焉《しゅうえん》の日が近づくことだった。

ケインズがこの小論を発表してから八〇年以上が過ぎた。私たちは彼の孫世代であり、どうかすると曾孫《ひまご》世代である。ケインズの予言は当たったのだろうか。

ケインズの予言の結末

ケインズの小論には二つの予想と一つの可能性が示されている。最初の二つは成長と労働時間に関する予想である。ケインズはいくらか単純化した見方として、先進国の住人は一日三時間以上働かなくともすべてのニーズを「十分に」満たせる時期にさしかかるだろうと予想した。一つの可能性は、その結果として手に入る自由に使える時間を「賢く気持ちよく上手に」使えるようになるだろう、というものだった（予想ではなく可能性としたのは、「暇を持て余すご夫人方」というシナリオも捨て切れなかったためである）。さて、実際にはどうだろうか。

富裕国についてのケインズの予想を図1に示した。二〇三〇年に「至福」状態に達して所得の伸びが止まる（誰もが十分な所得を手にするため）と同時に、労働時間はゼロへ向かって減少し始める（人々が必要とするものはほぼ全部機械で生産されるため）。

図1　ケインズの予想

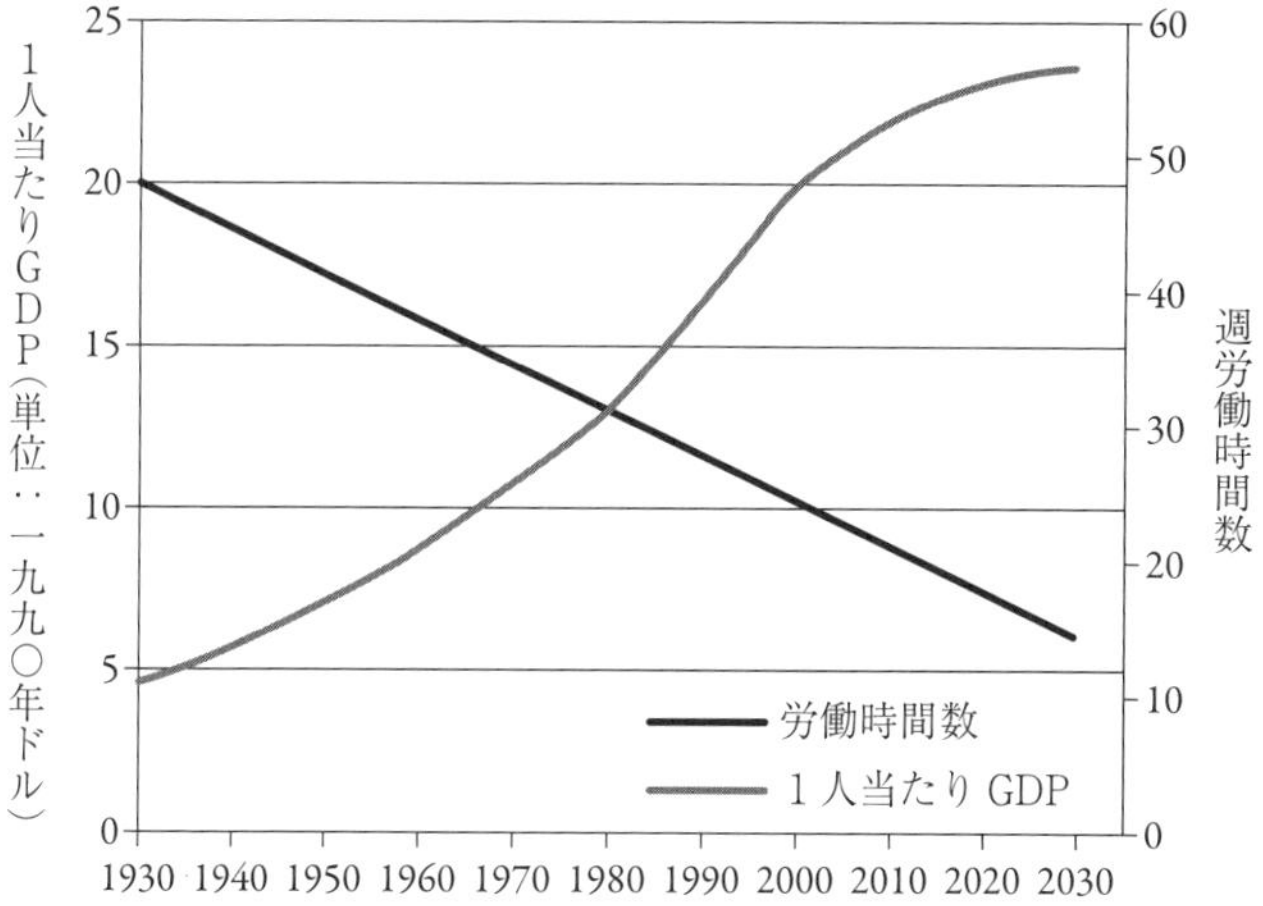

図2　ケインズ以後の経済成長

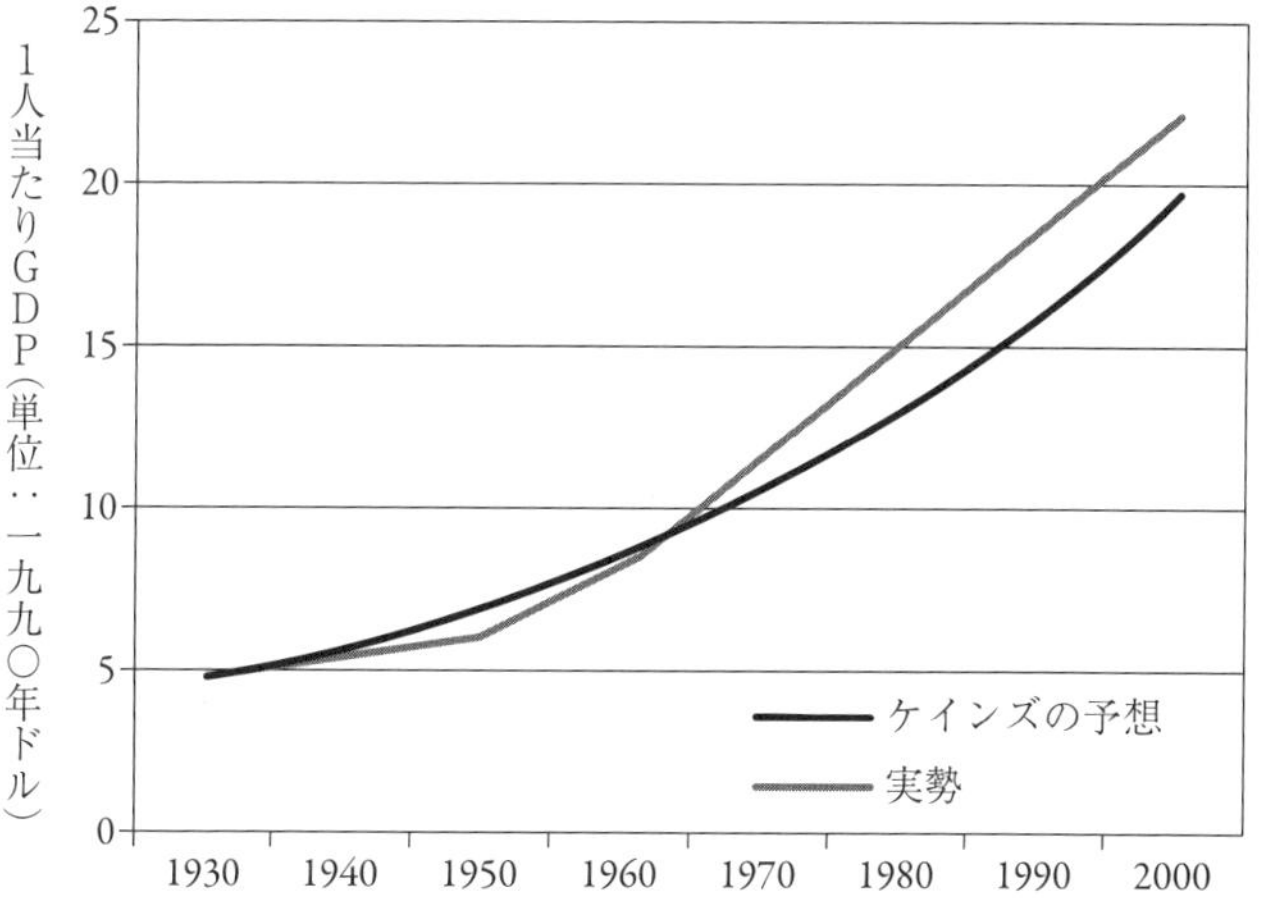

資料：Angus Maddison ; *The World Economy : Historical Statistics*（『世界経済の成長史』OECD, 2005); Measuring Worth (www.measuringworth.com); Eurostat (2012年1月16日にアクセス)

図3　ケインズ以後の週労働時間数

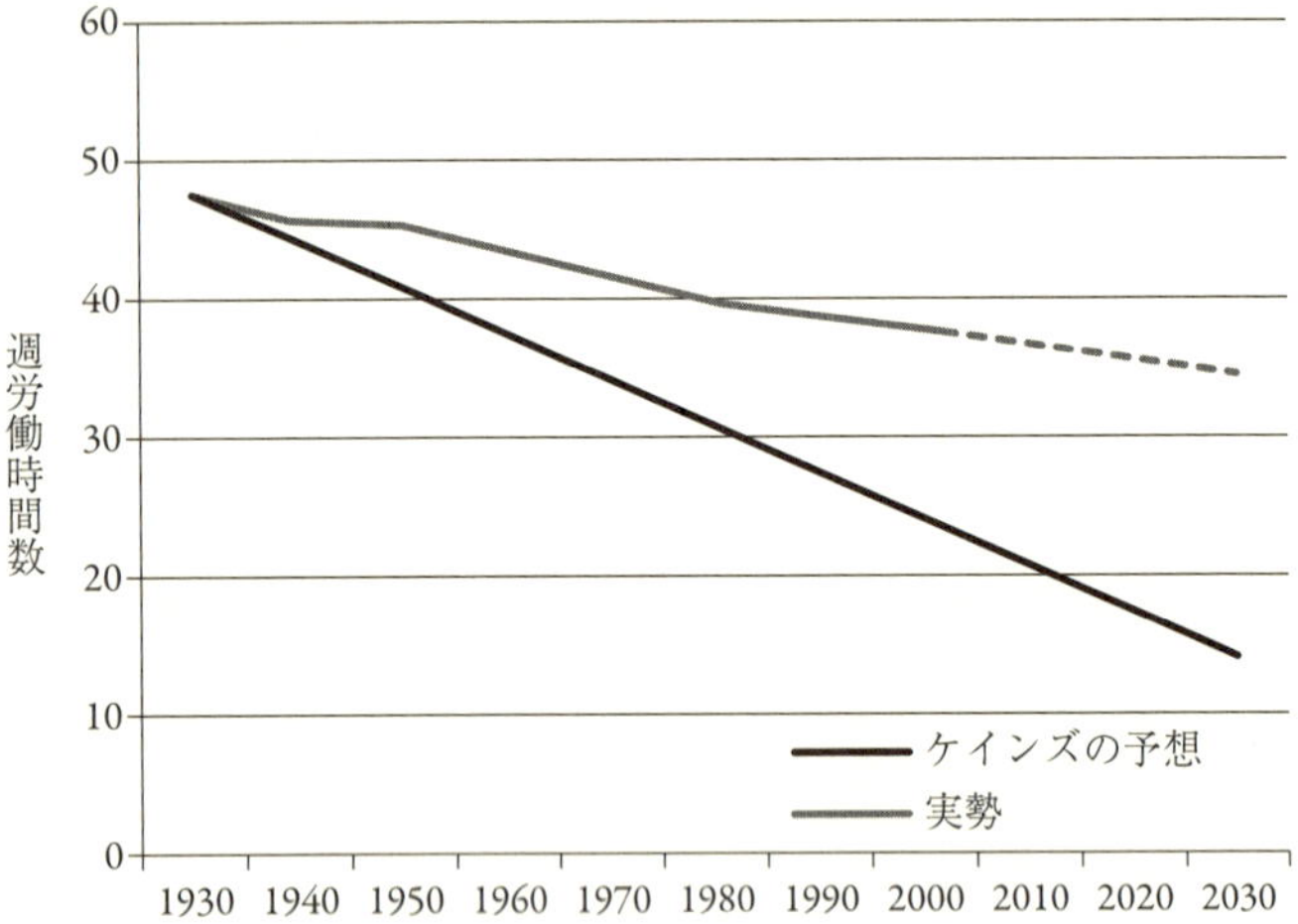

資料：Huberman and Minns ; "The Times They are Not Changin : Days and Hours of Work in Old and New Worlds, 1870-2000", *Explorations in Economic History*, vol. 44, pp. 538-67

では、この二つの予想を実際の結果と比べてみよう。富裕国の経済成長率[5]とケインズの予想を図2に、富裕国の労働時間の推移とケインズの予想を図3に示した。一人当たり実質所得の伸びは、おおむねケインズの予想と一致する。もっともこれは、じつはまぐれ当たりである。ケインズの予想では大規模な戦争や人口の急増はないという前提だったが、実際には世界大戦がもう一度あったし、人口はおよそ二・五倍に増えている。だが彼は生産性の伸びを低く見積もっていた。二つの誤りが打ち消し合った結果、一人当たり所得は一九三〇年からの七〇年間で四倍に増え、ケインズの予想（四〜八倍）の下限に達した。

では労働時間はどうだろう。さきほどの条件の下では生産性の伸びに伴って労働時間は減るというケインズの予想は、所得には限界効用逓減の法則が働くという一見もっともらしい前提に基づいている。つまり、追加的な所得がもたらす満足はしだいに減るという前提である。その結果、社会がゆたかになるにつれ、人々はより多くの所得よりもより多くの余暇を求めるようになる。単位時間当たりの生産高が増えた結果として所得が増えるのだから、追加的労働時間当たりの所得の効用が、追加的余暇時間の効用に等しくなるまで、労働時間は減ることになるはずだ。

だが、そうはならなかった。一八七〇年から一九三〇年にかけて一人当たり労働時間が急減したことを踏まえ、ケインズはこの落ち込みがその後も続くと考えた。そして、「われわれが生きている間に、農業、鉱業、製造業の作業はどれも、これまでやってきた労働の四分の一でやってのけられるようになるだろう」と述べている(6)。だが所得と生産性はおおむねケインズの予想通りに向上したが、一人当たり労働時間は、一九三〇年の四分の一にはほど遠い状況だ。一九三〇年には、先進国の住人はおよそ週五〇時間働いていた。現在は四〇時間である。ケインズの予想に従えば、労働時間は週一五時間になっているか、すくなくともそれに近づきつつあるはずだ。現在の傾向が続くなら、二〇三〇年にはひょっとすると週三五時間にはなるかもしれないが、一五時間はどうみても遠い。生産性の伸びから推定された労働時間の短縮ペースは、なぜこれほど予想を下回るのだろうか。

ケインズは、予想に地理的条件をつけなかった。おそらく二〇三〇年までには、貧困国は富裕国に追いついてくると考えたのだろう。この予想は大外れだったとは言えない。東アジアの国々は欧米並みの生活水準を実現したし、大幅に増えた中所得国もそう遠くない将来に到達するだろう。だがケインズが予期していなかった人口急増の結果、世界人口の四分の一はいまなお極貧に喘《あえ》いでいる。世界の総人口は一九三〇年には二七億人だったが、現在は七〇億人と二・五倍以上になった。富裕国でさえ、一九三〇年と比べればおよそ三割人口が増えている。ここに、ケインズが提起しなかった重大な問題がある。富める人々は、「至福」に到達して貧しい人々に手を差し伸べるときを、どこまで先送りするのか。

平均の幻想

労働時間が経済成長のペースに見合うほど減らない問題についてくわしく検討する前に、数値の計測方法に伴う問題点に触れておこう。

平均は、データセットの中心的な傾向を表す数字にすぎない。しかしほとんどの人は、「代表的な」数値を示すものだと直観的に考えている。たとえば、二〇一一年のイギリスでは国民の平均所得が年間二万五〇〇〇ポンドだと言われたら、国民の過半数が年二万五〇〇〇ポンド前後の所得があり、少数がそれ以上、少数がそれ以下だと考える。だが、必ずしもそうではない。ここで、一〇人が働いている工場を考えてみよう。工場長の年間所得は一六万ポンド、九人の労働者は一万ポンドである。すると、一〇人の所得の平均は二万五〇〇〇ポンドになる。だがほとんどの人は一万ポンドしか稼いでいない。今日のイギリスとアメリカの状況は、まさにこれである。ほとんどの人は平均を下回り、ごく一握りの人間が途方もない所得を誇る。実際には二〇一一年のイギリスの平均所得は二万七〇〇〇ポンドだったが、中央値は二万一五〇〇ポンドだった。つまり、国民の半数の所得は二万一五〇〇

図4　1983年以降の労働時間

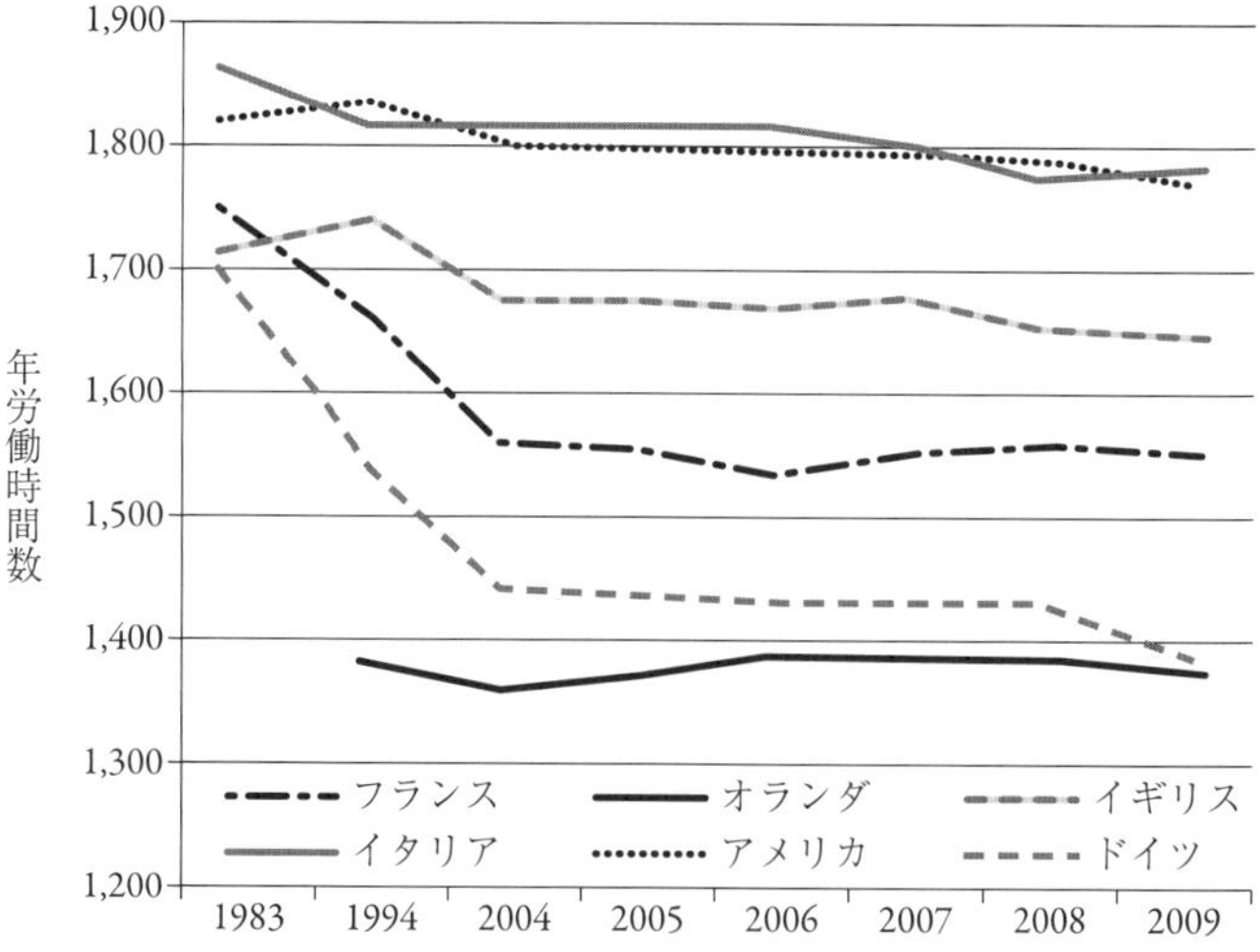

資料：OECD Employment Outlook 2011

ポンド以下で、これを大幅に下回る人もいるということだ[7]。平均から「代表的な」状況を推定するのは誤りであり、この誤りは所得分布と密接な関連がある。国民の所得の実態は、分布を見ないとわからない。ところがこれから取り上げる問題の多くで、この誤りが犯されている。

第一に、平均労働時間は国ごとの大きなばらつき（しかも国別格差は拡大傾向にある）を隠してしまう。このため、アメリカ人はよく働くが「古いヨーロッパ」は働かず、イギリス人はアメリカに近いとされてきた（図4参照）。一九八〇年代以降はどの国でも労働時間が横這《ば》いになっているが、アメリカとイタリアの労働時間は相変わらず長い。また二〇一一年に行われた調査によると、「今日のアメリカ人の年間労働時間は、イギリス人より平均一二二時間多く、ドイツ人より三七八時間（一〇週分に近い）も多い」という[8]。アメリカでは、労働時間が最近になって再び増え始めたという調査報告もある。ケインズの「至福」に最も近づいているのはオランダである。二〇一一年にはオランダ人の年間労働時間は一四〇〇時間（週三四時間）で、一人当たり所得は四万二〇〇〇ドルだ。これに対してイギリス人は、一六五〇時間働いて三万六〇〇〇ドルにとどまっている（アメリカ人は一八〇〇時間で四万八〇〇〇ドル）。*労働、報酬、余暇の傾向のちがいから文化の多様性を探るのは、じつに興味深い。アメリカのような移民社会では、富を築くことが成功の王道とみなされてきた。一方、階級社会の伝統を受け継ぐヨーロッパでは、最上層と最下層では金儲けの機会が限られており、その結果として金儲けを軽蔑する人生観が生まれた。イギリスは両者の中間に位置付けられ、大陸欧州に比べれば富裕志向に寛容だが、平等志向はアメリカほど強くはない。こうした文化のちがいは、税制、社会福祉、労働市場といった各国独自の制度に組み込まれ、またそうした制度によって一段と強化される。イタリアの労働時間が長いのは、非公式のいわゆる地下経済で不定期に働く人が労働力人口にカウントされていないせいかもしれない（これは地中海諸国に共通してみられる特徴である）。

第二に、平均労働時間は、一国の中で階層や集団によって労働時間にばらつきがあることも隠してしまう。労働時間数は全体としてみれば横這い傾向でも、低賃金労働者の多くはもっと働きたいのに働けない。一方、富裕層の多くは必要以上にたくさん働いている。富裕層の労働時間がとくにアメリカとイギリスで増えてきたのは、衝撃的な事実というほかない。所得が増えれば労働時間は減ると最近まで広く信じられてきたが、この反比例関係が逆転しているのである。(9) ケインズの時代には、社会の最上層は最下層よりずっと少ししか働かなかった。貴族階級にいたっては、有給労働を一切しなかったものである。また専門職と言われる職業の人々も、仕事場にいる時間は驚くほど短かかった。だが今日では、「怠け者」の金持ちはもういない。いるのは「仕事中毒」の金持ちだ。社会的な地位の象徴は、もはや働かないことではない。今日のような熾烈《しれつ》な競争社会では、有能だが財産のない人が猛烈に働いた末にようやく、無能な金持ちがかつてやすやすと手に入れた地位を得る。所得と労働時間の長年の関係がこのように逆転した点を踏まえれば、将来的に労働時間が減っていくとは思えない。

第三に、平均労働時間は、年ベースでは休暇が含まれるため、週ベースよりも減少傾向が強めに出る。ヨーロッパでは、法定有給休暇の日数がケインズの時代の四倍に増え、年一週間だったのが四週間になった。あきらかに、余暇が増えたわけである。ところが通勤時間と家事が増えて、せっかくの時間がとられている。驚いたことにイギリスでは、家事労働を軽減するはずの便利な電化製品が次々に登場したにもかかわらず、家事に費やす時間は一九六一年に比べて一日三〇分増えた。** 加えて、ケ

---

*ドル換算は、購買力平価に基づいて行った。購買力平価は、各国の通貨がそれぞれどれだけの財・サービスを買えるかを表す。

**買い物に費やす時間が増えた理由としては、店までの距離の増大、店舗面積の拡大、セルフサービスの普及が挙げられる。育児の時間が増えた理由としては、子育てに対する姿勢の変化が挙げられよう。この変化は、「充実した時間」という表現によく表れている。対照的に、料理、掃除といった決まりきった家事に費やす時間は、電化製品などの導入で短縮されている。Jonathan Gershuny and Kimberly Fisher, "Leisure in the UK across the 20th Century", in A. H. Halsey and Josephine Webb (eds.), *Twentieth Century British Social Trends* (London: Palgrave Macmillan, 1999), p. 632 を参照されたい。

インズの時代に比べると働く女性が格段に増えている。戦後の労働需要の急増が女性を労働市場に呼び込み、さまざまな職業に就く道が開けた。アメリカでは、一九三〇年には女性の就労率は二五％だったが、今日では七〇％に達する。他の先進国も同じような状況だ。[10]ケインズの「ご夫人方」の今日版は、望まぬ退屈のせいでノイローゼになる可能性は低いものの、仕事に買い物（スーパーマーケットへの往復時間やレジの行列待ちを含む）に育児（以前は放任されていた子供の遊びの監視や学校の送り迎えを含む）をこなすストレスからノイローゼになる可能性は高い。[11]

しかも労働統計が対象とするのは、週ベースであれ、年ベースであれ、現に就労している人の労働時間だけだ。教育に費やされた年月は反映されないし、退職から死ぬまでの期間いわゆる引退生活が長くなっていることも考慮されない。教育に充てられるようになった長い年月は、労働の延長とみなすべきなのか、それとも余暇の延長なのだろうか。おそらくは教育の内容次第だろう。職業のための訓練であれば（近年の教育の大半はこちらに該当すると思われる）労働に含めるべきだが、ゆたかな生活の準備となるような教育なら余暇とみなすべきである。

退職後の生活は、余暇の一部とみなすのが自然だろう。したがってこの期間が長くなったことは、ゆたかな暮らしの可能性が高まったことを意味するのかもしれない。一九四八年には、イギリス人男性は平均して六五歳まで働き、それから二年後に死んだ。今日では六七歳で退職し、その後一一年生きる。だが、これだけたくさんの余暇が人生の最後に集中するのは、どうみても好ましくない。働いている間は、来るべき潤沢な余暇をどう使うか準備ができないばかりか、いざそのときには楽しむ能力が大幅に衰えている可能性もある。また社会全体としてみたとき、寿命が延びたのだから余暇も増え続けるはずだとは言えない。退職後に要する費用は単純に年数でみても医療費の点でも増え続けており、所得の中からこつこつ貯金しただけでは賄いきれない＊。このため、就労年数は容赦なく延びていく。この傾向には、年齢差別撤廃という法的根拠もある。こうしたわけで、就労期間中の家計貯蓄が不足すれば、退職年齢は必然的に先送りされるだろう。富裕国の不健全なライフスタイルのせいで長寿化の傾向が逆転するようなことがあれば、話は別だが。

平均に問題があるとはいえ、依然として謎は残る。富裕国では一九三〇年当時と比べて平均して四、五倍はゆたかになったというのに、なぜ平均労働時間は二割ほどしか減っていないのだろうか。労働時間がゼロに近づくというケインズの予想が外れた理由を考える前に、そもそもなぜそう予想したのかを問うてみるべきだろう。なぜケインズは、所得が増えるにつれて人々は働きたくなくなると考えたのか。なぜ四〜八倍になれば「もう十分」だと考えたのか、なぜ二、三倍あるいは一〇倍ではなかったのか。

最初の問いに対する答は、こうだ。人々が物質的に必要とするものの量は有限であり、それはいつの日か完全に満たされるとケインズは考えていた。そう考えたのは、欲望と必要を区別していなかったからである。実際、ケインズはこの二つの言葉を論文の中で混同している。後段で改めて論じるが、

＊データの解釈は簡単ではない。欧米の多くの国では、家計貯蓄率が大幅に低下している。となれば、人々が長時間働くのは老後に備えるためではなく使うためだということになる。とはいえ、この「貯蓄」は家や金融商品を買うためかもしれない。しかし国民経済統計では、それは「投資」として扱われ、「貯蓄」とはみなされない。

これは致命的な誤りである。必要とは、心地よく暮らすために客観的に必要であることを意味し、量的に限りがある。一方、欲望は純粋に精神的なもので、質量ともに際限がない。つまり、経済成長は自然に止まるというものではないのだ。経済成長が止まるとしたら、それは人々が必要以上は欲しがらないことを選ぶからである。

ではなぜケインズは、当時の平均所得の四〜八倍あれば「十分」になると考えたのだろうか。この問いに対しては、ケインズは中流層の標準的な生活、「不自由のない暮らし」とみなしうる生活を想定していたから、と答えるのが正しいだろう。一九三〇年代には、専門職従事者の平均所得は肉体労働者の平均賃金のちょうど四倍以上だった。たとえば医師は五・二倍、弁護士は七・五倍という具合である。(12) そこでケインズは、大半の人の所得が専門職の所得に見劣りしない水準に達したら、よい暮らしを送るのに十分だと考えた。当然ながら、快適な暮らしの水準が全般的に押し上げられることを見越しておくべきだったが、いずれ富裕層は「至福」状態に近づいて貧困層より先に労働時間を減らすので、貧困層は富裕層にやがて追いつくだろうと考えた。富裕層が労働時間を増やし、貧困層との差を拡げるとは思いもよらなかったのである。*

ケインズの「十分」の観念は、所得の完全な平等を求めているわけではない。彼の「十分」は、各人の社会的な役割に見合った所得という意味だった。アリストテレスにまで遡《さかのぼ》るこの見方は、ケインズの時代にはごく一般的だった。経済学者のアルフレッド・マーシャルは、思想家にとっては年五〇〇ポンドあれば「十分」だと認めた。ヴァージニア・ウルフは、作家は年五〇〇ポンドと「自分の書斎」があればよいと考えた。これらの金額は、それぞれの職業上の必要を満たすと考えられるだろう。

ほどほどの快適さを含め、基本の物質的ニーズが満たされていれば、よい暮らしはさまざまな所得水準で享受しうる。

では、ケインズの「可能性」、すなわち「私たちは余暇を賢く気持ちよく上手に使えるようになるだろう」という可能性はどうなったのだろうか。現時点では、この質問に答えられる状況ではない。というのも今日の富裕国における余暇は仕事に代わるものではなく、いまだに仕事の添え物だからである。骨の折れる労働のあとでは、人々はただ「ごろごろしたい」と思う。休暇は、次に働くための充電期間として使われるのである。したがって今日の余暇の過ごし方は、労働時間が現在より大幅に減ったとき、あるいは労働がいまほど苦役でなくなったときの様子を表すとは言いがたい。そのうえ出世の階段を上るにつれ、余暇は仕事と区別がつかなくなり、仕事上の目的のために使われる傾向がある。たとえば企業の重役は高級ゴルフクラブで「オフサイト」ミーティングをし、「ネットワーク」作りのためにパーティーを開き、旅行中でさえオフィスとひんぱんに通信する。ケインズに言わせれば、これは目的をもった行動にほかならない。この重役は自分のためではなく、何か他のことのために余暇を使っているからだ。今日の富裕な社会の文化は、目的を持たないどころかしだいに目的性を強めており、ゆとりを持つどころか一段と急き立てられるようになっている。この矛盾を説明す

＊実際には、二通りの考え方が可能である。一つは、富裕層は追加的な所得を貧困層ほど必要としないので、貧困層より早いペースで労働時間を減らすというもの。もう一つは、富裕層も貧困層も同じペースで労働時間を減らしていくが、富裕層はそもそも労働時間が短かかったため、切り詰めるべき労働時間は少ないというものである。

ることは、本書の目的の一つである。

なぜケインズの予想は外れたのか

所得の伸びに応じて平均労働時間が減らなかった理由として、おおむね三通りの説明が考えられる。働くのが楽しいから、働かざるを得ないから、もっともっと働きたいから、である。

○働くのが楽しい

レーニンは「働かざる者食うべからず」と言ったが、これはもともとは聖パウロの言葉である。ケインズは当時の経済学の考え方に従い、労働は必要なものを手に入れるためのコストだとみなした。たとえばアダム・スミスは「ものの真の価格……は、その生産に要する労苦である」と書いたし、ジェレミー・ベンサムは「労働を正しい意味で理解する限りにおいて、労働愛という言葉は形容矛盾である」と述べた[13]。こうした見方は、けっして目新しいものではない。聖書には、人間は神に逆らった罪滅ぼしとして額に汗して働くことを運命づけられた、とある。だが時代が下ると、「労働＝労苦」というこの古くさい方程式はもはや成り立たないか、成り立つ度合いが減っていると言い出す人たちが現れた。労働はもはや経済学者の言うような苦役ではなく、好きでやるものであり、刺激の源であり、自己を確立し、価値を高め、人間関係を育む場だという。要するに労働は単なる目的のための手段ではなく、それ自体としてよろこびや満足感を与えてくれる。人が「必要」以上に働くのは、そのためだという。

もっとも「労働のよろこび」論者も、次の点では経済学者に同意する。労働はつらいから金銭的見返りが必要だという経済学者の労働観は、かつて多くの人が従事していた肉体的に苛酷《かこく》な労働、機械的な労働、単調な労働には当てはまるかもしれない、ということだ。ただしそのような労働観は、今日の労働の実態には当てはまらないという。「ポストモダン」の今日では労働の肉体的負担は減り、おもしろくてやり甲斐があり、創造性に満ちている。専門職と呼ばれる職業は、とくにそうだ。だから、高給取りは低賃金労働者よりたくさん働く。「創造的」な仕事はどんどん増えており、「必要な」仕事にしても、選択肢は以前よりずっと広くなった。だから消費だけでなく仕事に生き甲斐を見出すことは十分に可能だという。「労働のよろこび」論者はこうも言う。ケインズはブルームズベリー・グループの労働蔑視に毒されていた、だから当時でさえ多くの人々が労働に見出していた本質的な満足感を見落としてしまったのだ、と。(14)

仕事愛の裏返しは、暇になることへの恐怖である。働かなくてもよくなったら、人間は何をするだろうか。酒浸《びた》りになるか、麻薬に耽《ふけ》るのではないか。あるいは日がな一日テレビにへばりついているのではないか、という声をよく聞く。こうした問いの背後にあるのは、人間は生来《せいらい》怠け者だから、生産的にさせるには仕事が必要なのだという考え方である。馬車馬のように働かせろ、犬のように昼寝させてはだめだ、というわけだ。だがそれだけではない。仕事は人間に自ずと社会性を与えるが、暇は人間を孤独に追いやるという。トム・ラックマンの小説『ザ・インパーフェクショニスト』の中で、仕事中毒の新聞記者はこう言う。「週末は大嫌いだ。休暇なんかとりたくない。何をしたらいいかわ

からないからね。四週間ずっと、おまえは負け犬だと言われ続けるような気分になるんじゃないかな」(15)

お金をもらってやる仕事からも満足感が得られることを否定するのは、ばかげているだろう。ほとんどの人は、パンのためにだけ働くわけではない。チームのために働く人もいれば、雑事から逃れるために、退屈を紛らわすために、家族のために働く人もいるだろう。ここで問題にしたいのは、労働の中の「よろこび」が昔より増えているのかどうか、である。これはあまりはっきりしない。一部の仕事はたしかに昔よりおもしろくなった。人に何かを教える仕事も増えている。よく言われるように、インターネットは仕事を遊びに近づけた（その一方で遊びを仕事に近づけた）だけでなく、仕事中に遊べる機会を増やした。なにしろクリック一つでフェイスブックに飛べるのである。そして職場環境は「楽しさ」優先で設計されるようになってきた。* だが、狭い領域への特化あるいは専門化の結果、多くの仕事のやり甲斐が乏しくなっていることも事実だ。アダム・スミスは、特化によって労働から技能が失われてしまうと考えていた。「技能の習熟」と呼ばれるものの多くは、かつては少なくともある程度の知識と注意と熱意を要した仕事を、ひたすら機械的にこなすことの婉曲《えんきょく》表現にほかならない。職人、機械工、大工や左官、肉屋、パン屋の技能は失われ、膨大な仕事が単調な作業に置き換えられた。そうした作業は、文字通り人間を無感覚にする。今日のスーパーマーケットやコールセンターの反復作業は、ベルトコンベヤーの発明者テイラーの名をとって「デジタル・テイラー方式」と揶揄《やゆ》される。(16) 徹底したコスト削減の結果、いわゆるフェイスタイム（対人関係のことを今日ではこう呼ぶ）は激減した。多くの仕事の「創造性」なるものは謳《うた》い文句にすぎない。「新しい日々を創造するがむしゃらで意欲あるシェフ」とは、ある有名なファストフード・チェーンの募集広告の一節である。金融業界のトッププロでさえ、仕事で最重視するのは何と言っても「報酬」である。「働くよろこび」は二番目だが、「報酬」に大きく水を空けられている。[17] 彼らが昔よりたくさん働きたがるのは、仕事がおもしろくなったからではなくて、収入の不確実性が増してきたからなのだ。たしかに、仕事の中には以前より楽しくなったものもあるだろう。だがそれ以外は、相変わらず楽しくないままである。

働くのは楽しい、暇はいやだと言う割には、アメリカも含めた先進国の大半では、もっと働きたいと思う人より働く時間を減らしたいと思う人が増えている。ヨーロッパで最近行われた調査では、たとえ所得が減っても労働時間を減らしたいという人が多いことがわかった。減らしたい人が五一％で、もっと働きたい人は一二％にすぎない。[18] 日本でも同じような結果が出ている。アメリカではそれほど極端ではないが、やはり労働時間を減らしたい人のほうが多い（三七％対二一％）。[19] 言うまでもなく、

＊エジンバラにできたロイヤル・バンク・オブ・スコットランドの新しい本社はすばらしく現代的な外観を誇り、人工のアーケードを取り巻く形に建てられている。そこには、現代人のニーズを満たすコーヒーショップから薬局、花屋、美容院にいたるおしゃれなショップが建ち並ぶ。しかしこの銀行は、二〇〇九年に破綻した。Alastair Darling, *Back from the Brink* (London: Atlantic Books, 2011), p. 60 を参照されたい。ダグラス・エドワーズによれば、グーグルの本社であるグーグルプレックスは「家よりも楽しい」そうだ。ゲーム、バランスボール、エアホッケー、スナック菓子、ジュース・バー、ピアノ、何でもござれだという。だが階層や構造の不在は不安感を募らせる。「グーグルは働く者の天国だった。だが私は、自分がそれに値しないと感じていた」(*I'm Feeling Lucky: The Confessions of Google Emploee Number 59* (London: Penguin, 2011), p. 126)。

人間は仮定の条件下でやると言ったことを、実際に条件が整ったときにやるとは限らない。それにしても、労働時間を短くしたい気持ちがあることだけはたしかである。

仕事がおもしろくなったとか、暇はいやだという傾向は、労働時間がいっこうに減らない理由の一部ではあるかもしれない。だが主な理由とは言えない。額に汗して働くことを運命づけられたアダムの呪いは和らいだが、なくなったわけではないのである。

○働かざるを得ない

資本主義経済においては、労働者は「搾取」されるため、必要以上に長時間働くことを強いられるか、選ばざるを得なくなる――これがマルクス主義の伝統的な主張である。搾取とは、労働が雇用主にもたらす価値以下の賃金しか得られないことを意味し、そうなるのは雇用主が労働市場を支配しているからだという。別の言い方をするなら、労働者は生産性向上の見返りを十分に得ていない。二〇世紀半ばの「社会民主主義」全盛の時代には、強力な労働組合が賃上げをもぎとることができたし、国家は税制を使って富裕層の不労所得を貧困層に再分配していた。こうした所得均衡化は利益を侵食し、富裕層の暮らし向きはやや悪化した。

一九八〇年代に入ると、労働時間の減少傾向に歯止めがかかるのとほぼ時を同じくして、こうした傾向が逆転する。労働時間が減らなくなった理由はあきらかだと考えられる。労働時間を減らしたくなるほどには実質所得が伸びない、ということだ。長時間労働と余暇のどちらをとるか、労働者自身が天秤にかけて決めたとしても、それはあくまで資本家が支配するシステムの中でのことである。

図5　最富裕層1%が国民所得に占める比率

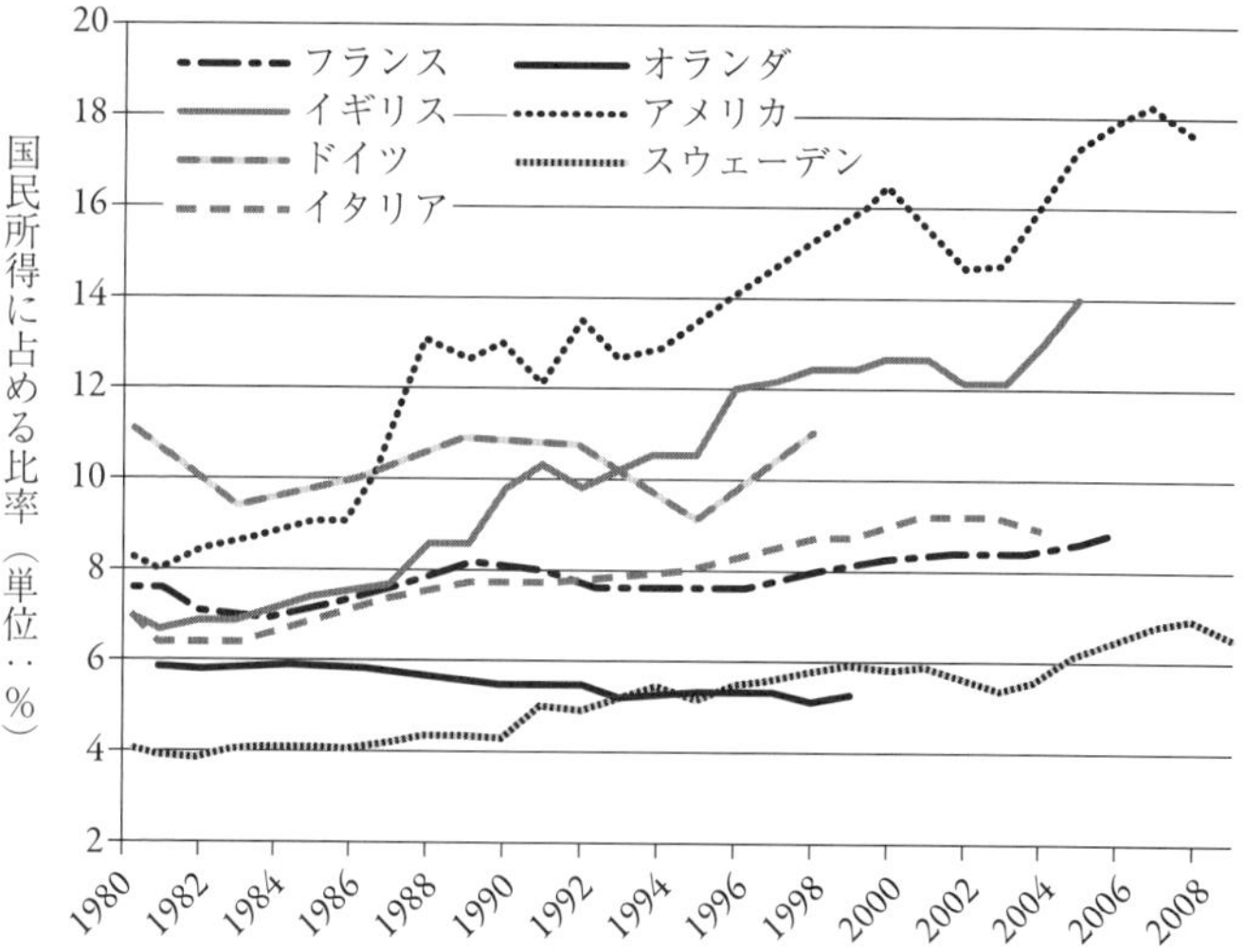

資料：World Top Incomes Database（http://g-mond.parisschoolofeconomics.eu/topincomes/）

データを見ると、アメリカとイギリスで一九八〇年以降に所得格差が拡大したことがわかる。生産性の向上がもたらす利得の大半が富裕層に流れたのだ（図5参照）。

たとえば、次のような数字がよく報道される。アメリカでは、所得番付最上位のCEOの報酬は、一九七〇年には平均的な労働者の三〇倍だったが、今日では二六三倍である。[20] イギリスでは、FTSE（ロンドン株価指数）構成企業のうち上位企業のCEOの基本報酬は平均的労働者の四七倍だったが、二〇一〇年には八一倍になった。一九七〇年代後半から現在までの間に、アメリカでは最富裕層二〇%の所得が最貧困層二〇%の九倍のペースで、イギリスでは四倍のペースで上昇した。[21] 図5を見ても、国民所得のうち富裕層が得る割合がしだいに拡大していることがわかる。多くの国で平均所得が増えているにもかかわらず、所得の中央値すなわち分布の中央にいる人の所得がさほど増えないのは、このためだ。アメリカで言えば、中央値はここ四〇年以上横這いである。最近の調査によれば、アメリカでは四六〇〇万人が貧困のうちに暮らしているという。イギリスについては、ガーディアン誌のラリー・エリオットが次のように書いている。

「専門職に従事する中流層、とくに南東部の中流層の暮らし向きはきわめてよい。しかし所得水準がこれより下の人々は、実質所得が伸び悩んでいるため、借金頼みの生活だ。さらにその下には、最低賃金で働く人々がいる。彼らは税金を免除されないと暮らしていけない。そして最底辺にいるのは仕事のない人たちだ。彼らの多くは、親や祖父母の代から職がない」[22]

さらに近年では、サービス経済の発展が所得分布に重大な影響を与えている。しかも賃金水準が相対的に低いサービス産業が発展すれば、所得格差は不可避的に拡大するにもかかわらず、税制を活用してそれを打ち消す対策が不十分だ。この二つの要因が相俟《あいま》って、労働時間の短縮が進まなくなっている。ケインズの時代には、先進国における製造業とサービス業の比率はＧＤＰ比で八対二だった。現在ではこの比率が逆転している。しかし製造業を駆逐したサービス業の賃金水準は、製造業に比べて平均的に低い。その一因は、製造業ほど自動化できないこと（学校の先生、看護師、美容師、タクシー運転手を考えてほしい）、製造業ほど強力な組合を組織できないことにある。アメリカとイギリスでは、所得の再分配がうまくいかないために、サービス業のうち賃金水準の低い職業、とくに小売業、旅館・旅行・運輸業、介護や家事支援などのパーソナルサービス業に従事する人々の多くが、労働時間を増やさざるを得なくなっている。さもないと貧困に転落してしまうからだ。*

社会学者のジュリエット・ショアは、労働市場を資本家が支配する状況に警鐘を鳴らす。ショアは『働きすぎのアメリカ人』の中で、競争が激しく労働者の権利保護が手薄な社会では、雇用主は多くの労働者に広く薄く仕事を分配するよりも、既存の労働者に長時間労働を強いることを選ぶと指摘する。前者を選べば、雇用主は法律で定められた有給休暇や健康保険その他を用意しなければならないうえに、教育訓練や管理によけいなコストをかけなければならないからだ。ショアが言うとおり、「企業にとっては少ない人間を長時間働かせるほうが、その時間を大勢の人間（しかも彼らには有給休暇も与えなければならない）に配分するよりずっと利益が多い」[23]。その結果、労働人口は、フルタイムで働く正社員（その数は減り続けている）が形成する核の部分と、パートタイムやいわゆる非正規雇用で働く人々（こちらは増え続けている）が形成する周縁部とに分化してきた。前者はおそらく望む以上に働き、失業者や非正規労働者を増やしている。これに対して、後者は望むほど十分に働くことができない。彼らがともかくも働き続けられるようにするためには、税控除で低賃金を埋め合わせる必要がある。

これらを考え合わせると、コンシューマリズムは、念願の余暇がいっこうに手に入らない労働者を

＊アメリカでは、賃金が最も低い層五％の労働時間は、一九八六〜二〇〇四年に二六％増えた。しかし、すべての富裕国でこうした現象が見られるわけではない。ＯＥＣＤ（経済協力開発機構）加盟国では、同時期に最低賃金層の労働時間が平均して五〜一〇％減っている。OECD, *Divided We Stand : Why Inequality Keeps Rising* (Paris : OECD, 2011) を参照されたい。

なだめる装置と位置付けられる。彼らの欲求不満を解消し、おとなしくさせておくために、愚にもつかない役立たずの商品が次々に供給されるという仕掛けだ。ショッピングには「リテール・セラピー」というしゃれた名前がついているが、これは不快で気の滅入ることをやり遂げたご褒美という意味で正鵠《せいこく》を射ている。人為的なニーズが創出されるからこそ、労働者は勤労意欲を保っていられるのだ。ショアは「新しい消費政策に向けて」と題する論文の中で、「経済には労働を減らしモノを減らす道もあるはずだし、人々は長時間労働・多消費よりそちらを好むだろう。だがその道が閉ざされているなら、人々がたくさんモノを買うという事実は、それだけでは消費欲の証拠とはなり得ない。仕向けられたとおりの行動をとっているだけなのかもしれない」と述べた(24)。別の言い方をすれば、人々は選好を環境に順応させ、欲しいモノを手に入れるのではなく、手に入るモノを欲しがるようになっている。

所得と余暇のトレードオフを巡るマルクス主義的な見方は、十分に説得力があるとは言いがたい。一九八〇年代以降、所得の中央値が平均所得ほど伸びておらず、労働時間が減らない理由の大半をこれで説明しうることは否定できない。だが、消費者行動に関する彼らの見方は納得しがたい。消費者の選好が真のニーズから乖離《かいり》することはあるとしても、完全に無関係にはなるまい。個人の好みは、何か得体の知れない仕掛けで植えつけられるものではない。そのように主張するのは、個人の行為主体性を否定し、アリかミツバチのようなものとみなすことにほかならない。マルクス主義の社会学者アンドレ・ゴルツは、資本主義下の個人を論じた著作の中で、そう主張しているように見える。「行為をするのは「私」ではなく、私を通じて他者として作用する社会制度の自動化論理である」とゴルツは書いている。[25] たしかに広告は欲望を形成することができるが、無から生み出すわけではない（たとえば、すでに前々から欲しかったものと結びつかない限り、犬の糞を買わせることはできない）。広告が消費者の心を摑むには、もともとそれを好む傾向がなければならない。もしそうでないなら、私たちの上には不気味な広告帝国がそびえ立っていることになる。

こうしたわけだから、労働時間が所得に反比例して減らなかった理由を構造的に説明するためには、人間に生来備わった欲望と満足の性質を調べなければならない。

○もっともっと働きたい

ケインズは、物質的な欲望は満たすことができる、すなわち「もう十分」と言えるときが来るはずだと考えた。だが人間が貪欲で、欲望がとどまるところを知らないとしたらどうだろう。辞書によれば、貪欲とは、すでに持っている以上のものを求め続けて満たされることのない望みを意味する。たとえば、「ロマンティックなインド製の天幕（三八〇〇ポンド）はいかが。あなたの庭園にすばらしいくつろぎのスペースを演出します」といった広告は、「すでに何もかも持っている」人々を対象にしている。[26] 何もかも持っている人がもっと欲しがるように見えるのは、なぜだろうか。

この問いへの答え方は二通りある。一つは人間の欲望を単独で捉える見方、もう一つは他人の欲望との関係性で捉える見方である。両者の対比が多分に人為的であることは認めよう。欲望自体はあくまで個人的なもので、社会が関わってくるのは、欲望がどう表現されるか、奨励されるか抑圧されるか、といった面である。どちらの説明方法を選ぶかは、個人の心理を解明したいか、それが人間の社会的行動に与える影響を解明したいかによって異なる。

経済学者ティボール・シトフスキーの『人間の喜びと経済的価値』は、単独アプローチの好例と言えよう。同書は一九七六年に出版され、多大な影響を与えた。シトフスキーは貪欲の原因をごく簡潔に恒常的な不満が原因だと説明している。持っているものにすぐ飽きてしまう。必要がすべて満たされ、あらゆる不都合が取り除かれても、充足したおだやかさは訪れない。たちまち不満になり、ちょうど掻かないとかゆみがおさまらないように、何か新しいことで不満を鎮《しず》めようとする。ゆたかになればなるほど退屈は増し、躍起《やっき》になって刺激を求める。人間は、持てるもので満足できないように生まれついている。だから、倦《う》み果てた物欲を刺激するために働き続けるのだという。

もう一つの単独アプローチでは、ある種の財の本来的な稀少性に注目する。最高級のリゾート地での贅沢な休日、造園技術の粋を凝らした広大な庭園といったものはもともと稀少であり、いかに金持ちになろうとも、一つの社会の中では全員が享受することはできない。限りある供給に需要が殺到する結果、この種の財の価格は途方もなく高くなり、通常の所得では永久に手が届かなくなってしまう。ところが人々はこの不運な事実を受け入れようとせず、つねに最高のものを求め続ける。しかし最高のものは、その性質上、万人に行き渡るはずがない。かくして、これが貪欲を生み出す原因となる。

ケインズの弟子であるロイ・ハロッドは、師の楽観的見方を暗に批判した論文の中で、こうした本来的に稀少な財を「少数独占財」[27]と呼んだ。その代表例が、いわゆる巨匠の作品である。大画家の手になる作品は、供給が増えることはあり得ない。もちろん美術館にあれば誰でも見ることができるし、この件に関する限り、それは「民主的」な解決だと言えよう。だが個人の満足を考えれば、行列に並んで分け前にあずかるより、金を払って手に入れるほうがずっといい。そうすれば、美術史上最高の作品を我が家で鑑賞するよろこびを独り占めできる。

少数独占財は、物理的に稀少である必要はない。「社会的に稀少」という場合もある。これはつまり、もしそれがたくさんあったら、手に入れたくなる理由がなくなってしまう、というほどの意味である。たとえば「手つかず」と称する自然は、入り込む人を制限しているからこそ手つかずなのだ。ハロッドは次のように書いている。

「いつか大金持ちになってニューヨークの高級住宅街に家を構えようとか、最高級の芝居やオペラで特等席の常連になろうとか、高級クラブに出入りしようとか……有望なアーティストのパトロンになろうなどと考える若者がいるとしよう。この若者が少数独占的な大金持ちになれば、すべてを手に入れることはできるかもしれない。だが、民主的なやり方でなれる程度の金持ちではとうてい無理だろう。不平等な富の分配がまかり通る状況でのみ、大金持ちはふつうの人の手の届かない水準まで稀少財の価格を吊り上げることができる」

ハロッドによれば、富の平等な分配の影響はまだある。執事や召使いを雇えるのは、金持ちの中でも一握りの人間だけだ。「豪奢《ごうしゃ》な邸宅、広大な庭園、厩舎《きゅうしゃ》に……ヨット」といったものを維持するには使用人になる階層が存在しなければならないが、富の分配が平等になるほど使用人になる人は減り、なかなか雇えなくなる。家事労働の負担を減らす便利な発明がいくら生まれたところで、豪勢な暮らしに必要不可欠な使用人の不在は埋め合わせられない。

経済学者のフレッド・ハーシュは、ハロッドの「少数独占財」を「地位財」と言い換えた。そうした財を手に入れられるかどうかは、絶対的な富の水準ではなく、他人と比較しての「地位」に左右されると考えたからである。オリンピックの金メダルと同じで、地位財を獲得できる人は限られている(28)。社会が全体としてどれほどゆたかになったところで、地位財は最富裕層に買い占められることになる。彼らの地位財獲得合戦はけっして終わらないだろう。それどころか、経済成長に伴い地位財への支出が所得に占める割合はしだいに大きくなるため、競争はいっそう激しくなるはずだ。地位財の存在は、誰もが「もう十分」と言える日が来るというケインズの予想に暗い影を落とす。マーシャルが必要最低限とした五〇〇ポンドの年間所得（正確には今日の相当額）を全員が確保できたとしても、全員が最高級の家に住み、オペラの特等席に座ることは理論上できないからだ。

また別の単独アプローチは、経済学者の言う「効用の最大化を図る合理的な人間」像に基づいて貪欲を説明する。その先駆けとなったのが、アメリカの経済学者ゲーリー・ベッカーだ(29)。余暇は誰もが欲しがる利得だとケインズは考えたが、これとは逆にコストとみなす見方もある。働かないことのコストである。夜劇場へ行くコストとは、単にチケット代金ではなくてその時間に働かないコストであり、その分は仮定の所得から差し引かれる。その時間働いて収入を得るメリットと働かずに使うメリットを人々は天秤にかけているのだ、とベッカーは分析する。この見方では、働くか遊ぶかの選択は基本的に時間配分の問題になる。余暇は高くつく時間なのである。そして所得が多い人ほど、時間の値段は高くなる。ベッカーが正しいなら、裕福になるほど労働時間が減ると信ずべき理由は何もない。むしろ、働かないコストが上昇するから労働時間は増えると考えるのが正しいことになる。

スウェーデンの経済学者スタファン・リンダーは、著書『時間革命』の中で、ベッカーの分析をさらに深めた。リンダーの主張は、こうだ。余暇のために労働を放棄するのだとすれば、余暇のリターンを労働のリターンと等しくしなければならない。余暇の収穫を増やすには、「設備投資」が必要だという。「道具や機械を使えば労働生産性が向上するのと同じで、単位時間当たりの小道具や仕掛けを増やせば、余暇からより多くを得られる」(30)というわけだ。つまり海やリゾート地へ旅行するだけでは不十分で、バーベキュー、ウェットスーツ、サーフボード、テニスラケット、ビーチボール、ゴルフクラブ等々に投資しなければならない。

リンダーが関心を抱いたのは小道具の消費とセットになった余暇の性質の分析だったが、彼の指摘は、労働時間がなかなか減らない理由の説明にもなる。余暇のリターンを増やすために、車、ボート、キャンピングカー、テレビ、DVDプレーヤーといった耐久消費財が数多く投入されるようになるほど、それを賄うために所得を増やす必要が出てくる。実り多い余暇に必要なものが増えたせいで、一段とがむしゃらに働かなければならない、というわけだ。

以上の単独アプローチ（恒常的な不満、地位競争、余暇の効用の最大化）はいずれも、個人が欲しがるものと他人が持っているものとの比較をしていない。この点で、単独アプローチは非現実的である。というのも、欲望の表現はつねに社会的な性質を帯びているからだ。そこで貪欲の原因を探る社会学的なアプローチでは、欲望の相対的な性質に注目する。物質的にどれほどゆたかでも、私は自分の持っているものでは満足できない。誰かが必ず私よりたくさん持っているからだ。こうして富の競争が始まれば、あるいは富の象徴である消費の競争が始まれば、それはたちどころにステータスすなわち社会的地位の競争に移行する。そしてこれは、ゼロサム・ゲームだ。全員が最高の地位に到達することは、定義からして不可能だからである。私が競争相手より高価な財を買えば、私のステータスは上がるが、相手は下がることになる。相手のステータスが上がれば、私は下がる。地位や立場や体面を獲得・維持するためとなれば、所得の追求がいずれ必ず終焉《しゅうえん》すると考えるべき理由は何もない。

じつに意外にも、ケインズはステータスのための支出の存在に気づいていた。その証拠に、論文の重要な挿話の中で、ニーズには大きく分けて二種類あると書いている。

「一つは絶対的なニーズで、他人がどうあろうと無関係に感じる。もう一つは相対的なニーズで、それが満たされれば他人を上回るとか優越感を味わえるときにのみ感じる。後者は優越願望を満たすためのニーズであり、限りがないと言えるだろう。全体の水準が上がるほど、さらに上をめざしたくなるからだ。これに対して、絶対的なニーズはそうではない。このニーズが満たされ、金銭以外のことにエネルギーを向けたくなるときは、すぐに来る。おそらくは、誰もが考えているよりずっと早く来るだろう(31)」

ケインズはこのように社会的に誘発される貪欲という妖怪を取り上げたものの、すぐさま放棄してしまった。そして論文の残りの部分では、あらゆるニーズは絶対的であるという前提で話を進めている。なぜだろうか。おそらく「相対的なニーズ」は小さすぎて真剣に論じるにはおよばないと考えたのだろう。ケインズが生きていたのは、家計支出の大半がパン、住居、衣服、暖房などの光熱費に使われる時代だった。他人と張り合って消費するなどということに使われるのはごく小さな割合にすぎなかった。今日では状況は逆転している。家計支出の大半が、厳密に物質的な意味では不要だが地位や体面を保つには役立つモノに使われているのだ。貧困層の家計も例外ではない。「物質的な財」の観念自体も拡大され、売買できるものは何によらず含まれるようになった。アイデア、メロディーの断片、アイデンティティまで財に含まれる。

経済学者と社会学者によれば、ステータスを強化するための消費には三つのタイプがある[32]。こまかい点はやや専門的になるが、そのメカニズムはおなじみのものだ。第一は、バンドワゴン効果による消費、すなわちみんなが持っているから欲しくなるというタイプの消費である。その一部は羨望《せんぼう》に起因するが、みんなと同じでいたい、乗り遅れたくないという要因も働く。子供の場合、この傾向がとりわけ強い。その結果、親は子供を満足させようと、本来必要とされる以上に働くことになる。

第二は、スノッブ効果による消費、すなわちみんなが持っていないから欲しくなるというタイプの消費である。人に差をつけたい、自分だけは特別でいたい、「その他大勢」とのちがいを見せつけたいという気持ちがこの消費に向かわせる。スノッブ効果を煽《あお》る商品は必ずしも高価である必要はないが、持ち主に優越感をもたらすことが特徴だ。今日では、無名のアングラバンドを聴きに行くとか、知る人ぞ知るの映画を見る、隠れた名店に通う、といったことが該当するだろう。スノッブ効果とバンドワゴン効果は重なり合うこともある。スノッブ財の多くはやがてバンドワゴン財に移行し、本物のスノッブからは見捨てられる。アートやファッションの世界では、この循環が繰り返されている。

第三に、この二つのどちらとも重なる効果として、ヴェブレン効果というものがある。顕示《けんじ》的消費という言葉を作ったアメリカの経済学者ソースタイン・ヴェブレンに敬意を表して名付けられたもので、値段が高いことが広く知られているから欲しくなるというタイプの消費である。つまりヴェブレン財には、買う人の財力を宣伝する効果があるわけだ。たとえば、いまなお階級社会であるビジネスの世界では、ファーストクラスで出張するか、ビジネスクラスか、エコノミーかということがその人の社内の格付けを示す。また、「見せびらかし効果」なるものもヴェブレン効果の一種だ。有名人が贔屓《ひいき》にするブランドのラベルは高価格の証であり、それがブランドの魅力の大半（おそらくは全部）を占めている。値段が高いほど、そのブランドの高級感や排他性は強まる。もし値段を下げたら、買う人も減るにちがいない。ロシアのジョークはその点をみごとに突いている。成金のロシア人二人が出くわした。「あんたのネクタイはいくらだったかね？」と一人が訊《たず》ねる。「どうだ、一〇〇〇ドルだぞ」と相手は答える。「おあいにくさま、俺のは二〇〇〇ドルさ」。このように顕示的消費は、国や時代を問わず、成り上り者の特徴とみなされている。

出世競争の勝者は、しばしば豪勢な消費で成功を誇示する。だがその必要があるわけではないし、それが競争の動機になる必要もない。わざわざ高価な品物を買って見せびらかさなくとも、所得が十分に成功の指標となるはずだ。たしかに昔は、気前よく使うことが自分は金持ちだと世間に知らしめる主な手段だった。だが、雑誌の長者番付などで所得と資産が広く公表されるようになった現代では、富の大きさを消費で示す必要はなくなっている。出世の階段を上り詰めた人々が富を追求するのは、消費のためではなく、卓越した功績の証となるからだ。石油王だった故H・L・ハントは、世界でも名だたる億万長者だった当時、「お金なんてものは、数える手段にすぎない」と言い放った。

他人を意識して行うある種の消費が、好ましい結果をもたらすことは否定できない。慈善行為の多くは顕示的消費に由来する。また自分の富や権力や美意識を他人に印象づけたいという願望から、すばらしい建造物が次々に建てられた。いまでは美術館に飾られている作品の大半も、そうした願望から発注されたものだ。今日でもまったく同じ願望から、アメリカの資産家は熱心に寄付をしている。だが美術評論家のロジャー・フライ（彼はケインズの友人だった）が指摘するとおり、見せびらかしが偉大な作品を次々に生み出す結果につながったのは、文明度がきわめて高い時代だけだった。[33] 今日の慈善行為の大半は、実利的な目的がないと正当化できない。

個人の貪欲と社会の貪欲の原因は、あきらかに密接に結びついている。「社会的に稀少」とされる多くの財は、スノッブ効果があるか、顕示的消費の機会を与えてくれるから稀少なのである。たとえば超一流大学の卒業証書は、最高の仕事に就職できるということを別にしても、見せびらかす価値がある。洗練されたセンスの持ち主が「最高のもの」を選ぶのは、そのもの自体がよいからだとしても、それを買うことによって、自分が上質の趣味と富の持ち主であることを顕示している。リンダーの言う「小道具」づくめの余暇にしても、放棄した労働に見合うだけのものを手にしたいという個人的な欲望の表れだけではあるまい。他人の小道具と差をつけたいという欲望もあるはずだ。個人の貪欲と社会の貪欲の原因が重なり合うことを見落とした結果、これらは別々の学問領域で扱われるようになり、人間の行動の理解が著しく狭められている。

とはいえ私たちは、貪欲についてこれまでに行われたさまざまな説明のうち、どれかを選ぶ必要はないし、どの説明が重要か、順位を付ける必要もない。ここでは、貪欲がある地点を超えると、必ず人をよい暮らしから引き離してしまうことを認識すれば十分である。

このことに例外はあるまい。第3章で改めて論じるが、貪欲になりがちな傾向は多くの哲学者や道徳学者が大昔から認識し、批判してきた。貪欲は人間の本性と社会的性格に根付いており、資本主義という特定の経済システムの性質に起因するのではない（マルクス主義者はそう言いたがるが）。ただし、貪欲に走りがちな生得の傾向に資本主義が火をつけたという点に関する限り、マルクス主義者は正しい。従来は慣習や宗教が貪欲を抑えてきたが、資本主義はその縛りを取り払い、次の四通りの方法（これらは互いに関連する）で貪欲を燃え上がらせた。

第一に、企業は資本主義の競争原理に駆り立てられ、人々の欲望を操作して新たな市場を開拓する。広告が貪欲を生み出すわけではないにしても、あつかましく貪欲を利用することはまちがいない。「もっと」消費しないと二流のつまらない生活を送ることになるぞ、と広告は耳元で囁き続ける。ゼネラル・モーターズの元研究所長が言い当てたとおり、広告は「満たされない思いを組織的に創出する」のである。[34]

第二に、資本主義は地位競争の範囲を大幅に拡大する。アレクシス・ド・トクヴィルは一九世紀の古典的名著『アメリカのデモクラシー』の中で、アメリカで見られる「広く平等な条件」は労働意欲と物欲を育《はぐく》むのに最適の土壌だと指摘した。[35] これに対してヨーロッパでは、金儲けに血道を上げる人はいないとトクヴィルは言う。下流階級には金持ちになる希望が一切持てないし、上流階級は金のことを考えるのは下品だとみなしているからだ。アメリカの労働者だけが、一生懸命働けば財を成し、金持ちの贅沢ができるようになる、と信じることができた。こうしてアメリカ流の社会的な平等と所得の不平等という組み合わせが以後の資本主義の標準となり、社会の成員はある意味で誰もが互いに競争するという状況が出現した。所得の不平等が大きいほど、競争圧力は高まる。経済学者のリチャード・B・フリーマンは「賃金格差が大きいと、所得分布の上の方をめざす誘因が強まり、長時間労働につながる」と指摘した。賃金格差の大きい国では労働時間が長くなりやすいし、格差の大きい職業ではそうでない職業より労働時間が長くなりがちである。[36]これはおそらく、アメリカ人とイギリス人の労働時間が大陸欧州の人々より長いことの説明になるだろう。

第三に、自由市場資本主義のイデオロギーは、ある程度のお金があれば「もう十分」だとする考え方に一貫して敵対的である。そのような考え方は覇気がなく、現状に安住し、よりよい生活をめざす自然の願望に反するという。「(胎内から墓場までの全期間に)自分の生活に完全に満足して、変化や改善を何も望まなくなるときは、おそらく一瞬たりともないだろう」[37]とアダム・スミスは書き、これがその後の基調を決定づけた。スミスの描いた野心的な生き方は、とくにアメリカよりヨーロッパで、優雅な生き方という慣習的な基準に長らく邪魔されていたが、ついにあらゆる障害を乗り越えて勝利を収めるにいたる。昔の銀行家は金を貯めて引退すると土地を買った。いまではたとえ金を貯めて土地を買っても、もっと富を増やそうと、株式市場から目を離さない。今日では、働かない理由を「優雅に暮らすには十分なものをすでに蓄えたから」と説明するのは、もはや非常識なのかもしれない。八〇年前にはけっしてそんなことはなかったのだが。

そして第四に、資本主義は万事をお金に換算することによって貪欲を助長する。この現象には二つの側面がある。一つは、より多くのモノやサービスが市場で扱われるようになり、お金で買えるようになった結果、金銭価値に換算可能な範囲が拡大し、モノの直接比較が容易になることである。土地ひとつとっても、金銭表示のない時代には二つの物件を比べるのは容易ではなかったが、いまでは簡単かつ自動的に比較できる。価値のあるものにはどんどん値段が付けられ、競争の中に取り込まれていく。たとえば教育がそうだ。教育はもはやゆたかな暮らしのための準備とはみなされず、「人的資本」の価値を高める手段とされている。

もう一つは、万事をお金に換算する傾向の陰湿な面として、お金をそれとして愛するという意味での金銭愛に火がつくことである。マルクスがゲーテを引用して警告を発したように、お金は「それ自体への愛」を獲得するようになる。[38] 先物、デリバティブといった高度な金融商品を扱うトレーダーは、自分たちの取引の末端にある現物について何も知る必要がない。純粋にマネーの世界に浸《ひた》り切った彼らは、ものの価値の感覚を失っている。「あらゆるものの値段は知っているが価値は知らない」のは皮肉な生き方だとするなら、世界の金融センターは皮肉屋を育てる温床だと言えよう。

ケインズの誤りは、資本主義の下で自由に行われるようになった利益追求はゆたかになれば自ずと終息し、人々は文明的な生活の実りを享受するようになる、と考えたことにある。そう考えたのは、自然な欲望には決まった量があるとみていたためだ。ケインズは、資本主義が欲望創出の新たな原動力となり、習慣や良識による伝統的な抑制が働かなくなることを予測できなかった。となれば、私たちはケインズが生きた伝統的な社会よりはるかに裕福になったにもかかわらず、よい暮らしの実現にとっては、ずっと不利なスタートラインに着くことになる。資本主義は富の創出に関しては途方もない成果を収めたが、その富の賢い活用という点では、私たちは無能なままだ。

利益追求がモラルの縛りを免れるようなシステムがどうして作られたのか。利益追求を再び抑制することはなぜ不可能になってしまったのか。次章ではこの点を論じたい。

第2章　ファウストの取引

あなたは救いの天使、それとも私を地獄に引きずり込むのかしら？
——タチヤーナの言葉、『エヴゲーニイ・オネーギン』より

ケインズは、資本主義文明に深い疑念を抱いていた。この文明は、よい結果を生むために悪い動機を解き放った。繁栄を実現するまでは、モラルを棚上げしなければならなかった。というのも、繁栄があって初めてよい暮らしが万人に可能になるからである。「すくなく見積もっても今後百年間は、きれいは汚く、汚いはきれいだと自分を偽り、他人を偽らねばならない。なぜなら、汚いは役に立つが、きれいは役に立たないからだ。もうしばらくは、強欲と高利と用心がわれわれの神にならざるを得まい」とケインズは書いている(1)。資本主義文明は未来に実りを手にするために、ある程度まで意識的に、従来「汚い」とされてきた動機を容認することにしたのだと、ケインズは理解していた。かつては夢でしかなかったもの、すなわち労苦や暴力や不正に満ちた世界とは無縁の世界を実現するために、闇の権力と取引したのである。この取引を、知恵と快楽と権力と引き換えに悪魔に魂を売り渡したファウストに敬意を表して、「ファウストの取引」と呼ぶことにしたい。

この取引の物語は、古代の人々が抱いたユートピアへの憧れから始まる。この憧れは、地上の楽園を建設するという一大事業に姿を変え、過去三〇〇年にわたり先進国の人々を魅了し続けた。地上の楽園をめざす試みは、途切れがちながらいまなお続けられている。この流れの中で、近代以前にはつねに存在した野心の倫理的な抑制はいつの間にか失われ、人類が繁栄の頂点に上りつめ自然界に君臨するとの希望の下、創造と破壊の眠っていたエネルギーが解き放たれた。この長い旅路のさまざまな段階で、その時々の偉大な思想家が終着点を見きわめようとしている。終着点とは、人類が足るを知るときである。だが結局は、自分たちの作った機械がもはや制御できなくなったことを発見しただけだった。いまやこの機械は、常軌《じょうき》を逸した固有の論理に従う進歩のゲームをプログラムされた、フランケンシュタインの怪物なのだ。これが、物語の全貌である。こうして人類は目的のない進歩の夢、際限のない富の罠に落ち込んだ。

ユートピアという発想、夢から歴史へ

人類は苦しみや不正のない世界を、そして何よりも働かなくてよい世界を夢見てきた。アダムとイヴは「見て美しく食べておいしい木々」の茂る楽園で暮らしていた。神が額に汗してパンを得なければならないと定めたのは、二人が罪を犯した後のことである。ギリシャの詩人たちは、「肥沃な土壌は手をかけずともゆたかな実りをもたらし」（ヘシオドス）、「せせらぎには葡萄《ぶどう》酒が流れ……魚は自ら火に飛び込み、焼かれて食卓に載る」（テレクレイドス）と謳《うた》った[2]。この古代の夢物語の大筋は、幾

世紀を経てもほとんど変わっていない。コケーニュの描いた中世の国では、ローストされた豚が、切り分けるためのナイフを背中に載せてうろつく。一九二〇年代の流行歌「ビッグ・ロック・キャンディ・マウンテン」では、めんどりは半熟卵を産み落とし、酒が山から流れてくる。そして「労働を発明した馬鹿者を吊るし首にする」のだ。

民衆の信じた愉快で素朴なユートピアには、惰眠《だみん》と安楽への人間の永遠の憧れがよく表れている。これに対して、哲学者の考える都市型のユートピアはそれほど親しみやすいとは言えない。そこでは、欲求はひたすら満たされるのではなく、合理的な政府によって抑制される。その原型となったのは、プラトンの『国家』である。そこに描かれた理想の都市国家は、英才教育を受けた選ばれしエリートによって統治される。彼らはすべてを、そう、財産や妻まで共有する。そうやって国家のために定期的に子供を産ませるのだ。トーマス・モアが一五一六年に発表した『ユートピア』は、このジャンルの文学の名付け親となった作品だが、そこに描かれているのもやはり不気味な国である。モアのユートピアでは、支配階級のみならずすべての階級が財産を共有する。労働時間は一日六時間と短い。それが可能なのは、技術が進歩したからではなく、欲求が厳格に抑制されているからだ。「人生のささやかな楽しみ」は厳重に禁じられている。[3] 飲酒は禁止で、住民はみな同じ地味な服を着る。余暇はあるけれども、消費に費やすわけではない（そもそも消費するものがあまりない）。人々は余暇を「楽しく学び、議論し、読書し、朗読し、書いたり、散歩したり、心と体を鍛える」ことに費やす[4]（同じく消費財の欠乏から、旧ソ連では余暇活動としてチェスが奨励された）。次のような記述を読むと、人々を常時監視するビッグブラザーが連想される。「誰もがあなたを見ているので、あなたは熱心に働くこ

と、余暇を適切に活用することを強いられる」。女性は男性に従属し、二度姦通をすれば死刑に処される。(5)

近代以前のこれらのユートピアには、共通する特徴がある。どれも歴史の外にしか存在しないことだ。これらはすべて一種の神話であり（エデンの園、「金の時代」）、地上のどこかに一時的にせよ出現したことはない。プラトンの国家は純粋に理論上の存在で、現実の世界のはるか上を浮遊している。モアのユートピアは、そのギリシャ語の語源である"ou-topia"が示すとおり「どこにもない場所」だ。プラトンにしてもモアにしても、自分たちの理想をどう実現するかは、自らの雄弁術に頼る以外何も具体的に考えていなかっただろう（プラトンは哲学者が統治する国について希望的に語ったことがあるが、どこまで本気だったのかはっきりしない）。残念ながら、当時歴史と呼ばれていたものの中には、ユートピアへの道はどこにも見当たらない。歴史においては、何か一つの流れが徐々に勢いを増し続けるのではなく、あたかも季節のように、時折何かが誕生しては花開き、やがて朽ち果てるということが繰り返される。成長と繁栄のあとには贅沢と退廃が訪れ、この循環が無限に続く。ニッコロ・マキアヴェッリはこの古典的な歴史観を美しく表現した。「勇気は平安を生み、平安は安心を、安心は無秩序を、無秩序は破滅を生む。そして破滅から秩序が、秩序から勇気が、栄光と幸運がもたらされる」。(6)この伝統はその後も受け継がれ、一八九一年には法王レオ八世が、「ある世紀に起きた出来事は、他の世紀の出来事と驚くほどよく似ているものだ」と述べた。(7)さらに二〇世紀になると、シュペングラー、トインビー、ソロキンらの循環史観が登場する。

これとは異なる歴史観を最初に打ち出したのは、ユダヤの預言者たち、中でもイザヤだった。善と悪が戦い最後に善が勝つという歴史観である。預言者の語る歴史は循環的ではなく方向性があり、倫理的であって悲劇的ではない。マキアヴェッリの歴史は終わりのないシーソーのようだが、預言者の語る歴史は終着点に向かう。それは「狼は子羊とともに宿り、豹は子山羊とともに伏す」世界だ。こうした歴史観は初期のキリスト教徒に受け継がれ、「キリストの再臨」と今日呼ばれるものでクライマックスを迎えるとされている。詩と狂気に満ちた黙示録には、「新しい天と新しい地」の到来が告げられている。そこでは「もはや死はなく、もはや悲しみも嘆きも労苦もない」。

この千年至福説はキリスト教的歴史観に深く根を下ろしており、苦難や混乱の時代が来るたびに新たに力強く息を吹き返す。ただしキリスト教の主流的思想は、この説から用心深く距離を置いてきた。かつてはプラトン学派だったアウグスティヌスは、「神の国」は歴史の終着点ではなく時の流れの外にあるとし、「人の国」は循環的な運命に委《ゆだ》ねた。こうして聖なるものの歴史は、世俗の歴史から切り離された。とはいえ、両者が混ざり合う可能性はつねに存在した。たとえば一二世紀の神秘主義者フィオーレのヨアキムは、三位一体論に基づく独創的な人間的歴史観を打ち立てた。父なる神の時代はキリストの誕生をもって終わりを告げ、子の時代も終末に近づいている。そして精霊の時代が迫っている。その時代にはキリスト教徒はもはや法律に縛られることなく、精神の新たな王国に集うことができるというのだ。言うまでもなく、そのときが来ても何も起こらず、ヨアキムの教えは異端と宣告された(8)。だがこの教えが残した目に見えない影響は長いこと消えず、ヘーゲルやマルクスにまでおよんでいる。

ファウストの取引という本章のテーマにとりわけ関係が深いのは、悪の存在は救いにとって不可欠だという考え方である。多くのキリスト教的歴史観にはこの考え方が潜んでいる。もしアダムが罪を犯さなかったらキリストはこの世に送り込まれていなかっただろう、だからアダムの罪は「幸運な罪（felix culpa）」というわけだ。だがこれは危険な先例である。「もし罪を犯し続けたら、この世は神の恩寵《おんちょう》であふれるのだろうか」と聖パウロは修辞的に自問し、そしてすぐさま断固として答えた。「神は許すまい」。キリスト教の正説からして他の答は考えられない。将来の善のために悪を許容することは完全に神意に属す事柄であり、人間は神意ではなく神の法に従って自分のなすべきことをしなければならない。その神の法は、悪を絶対的に禁じている。

しかし宗教改革後のヨーロッパでは教条的な正説の定めはゆるみ、聖パウロの疑問が今度は本気で問われるようになる。一六世紀のルター派の神秘主義者ヤーコプ・ベーメは神自身の中に闇を感じとり、これを「無底」と呼んだ。ジョン・ミルトンの悪魔は上品かつ弁舌さわやかで、山羊の頭をした中世の邪悪なイメージとはだいぶちがう。ウィリアム・ブレイクが、ミルトンは知らないうちに悪魔の一味に加わっていたと言ったことは有名である。ブレイク自身はベーメやミルトンよりも過激で、悪魔を創造性ゆたかな活力あふれる生き物と捉え、静的でいくらか虚弱な善を補うために必要な存在だと考えていた。「反力がないと進歩はない」とブレイクは『天国と地獄の結婚』の中で書いている。「吸引力と反発力、理性と活力、愛と憎しみはどれも人間に欠かせない。このように対極の存在があるからこそ、宗教者が善と悪と呼ぶものが生まれるのだ。善は従順で、理性にしたがう。悪は行動的で、活力から生まれる」(9)

ケインズが「孫の世代の経済的可能性」を書いたとき、こうした神秘主義の伝統を汲《く》む思想の数々を思い浮かべた可能性はある（偶然にもケインズは錬金術に魅せられており、卑《ひ》金属を金に変える試みの中で、ある種の貨幣を発明したこともあった）。それでも、ケインズがファウストの取引を支持したのは、経済学という世俗の伝統からだった。

経済学者——強欲から自己利益へ

ルネサンスは、人間の欲望を悪徳として罰するのではなく、逆に利用して社会を治めることを再発見した。ニッコロ・マキアヴェッリによれば、賢い支配者は民衆をあるがままに扱い、あるべき姿を強要しない。支配者は民衆の気まぐれ、偽善、強欲を利用して目的を達成する。政治における徳の試金石は成功であって善ではない……。マキアヴェッリの主張はキリスト教倫理学者にとってあまりに衝撃的であり、ニッコロに由来する「オールド・ニック」が悪魔の代名詞となったほどである。それでもマキアヴェッリの持論は、結局は受け入れられた。トマス・ホッブズもジョン・ロックもマキアヴェッリに追随し、政府とは人間の欲望を禁ずるのではなく、平和裏に満足させる装置だと論じた。国家をこのように現実的に捉える学説の背後には、世の中の暴力をできるだけ減らしたい、とりわけ宗教による暴力を抑えたいという立派な野心があった。そして一八世紀が訪れ世の中がいくらか平和になると、人間の情熱を有益な目的に向けようとする発想が経済学を生む。

経済が学問になる前は、金銭欲は倫理的に好ましくないうえ、歴史的に見ても社会を破壊するとみなされていた。アウグスティヌスは、金銭欲を人間の最悪の罪だと告発し、権力欲や性欲より悪いと述べたほどである。政治哲学者もほぼ同意見だった。強欲と贅沢が文明国を蝕み、富に毒されていない好戦的な野蛮人の餌食にしてしまうことは過去の経験が実証している、というのだ。昔から繰り返されてきたこのパターンが、サルスティウスを始めとするローマの歴史家が抱いた循環史観の裏付けとなっており、マキアヴェッリ、モンテスキュー、ギボンの頭にも焼き付いていた。

過剰な富は退廃につながるという教えは、軍人貴族階級や民兵を持つ共和国に自然に浸透していった。だが近代初期のヨーロッパでは専門の職業軍人が登場し、そうした教えの意義が薄れる。その一方で統治者の側には、富の創出を促す理由が山ほどあった。収入源を確保し、傭兵を雇うこともできれば、軍隊を維持し給料を払うこともできる。となれば、富の蓄積は権力維持の手段でこそあれ、権力衰退を招く悪徳とはみなされなかった。しかも富が権力に直結するとなれば、繁栄と衰退を繰り返す昔ながらの循環はついに断ち切られることになる。経済の永遠の発展が可能になるのだ……。

一八世紀初めには、この新しい論理が、当時ヨーロッパ随一の商業国だったイギリス、オランダ両国政府のよりどころとなる。それでもどちらの国も、表向きは強欲と贅沢を悪徳とみなす倫理観に与《くみ》していた。となれば、偽善に陥るのは避けられない。オランダで生まれイギリスで人気を博した三文《さんもん》文士バーナード・デ・マンデヴィルは、その実態を辛辣に風刺した。

マンデヴィルは、経済学におけるマキアヴェッリのような存在である。つまり人間にあるべき姿を説く道徳学者とは対照的に、あるがままの姿を見ようとして人を苛立《いらだ》たせるタイプだ。マンデヴィルは、強欲と高利で潤いながら、それを非難する連中の偽善を暴いた。代表作『蜂の寓話――私人の悪徳、公共の利益』には「政治家は追従に自尊心を刺激され、計算ずくで徳を行う」という有名な一節がある[10]。マンデヴィルにはどこか悪魔的なところがあった。精神科医だったマンデヴィルは心気症やヒステリーの治療が専門で、暇な時間に風刺や政治パンフレットを執筆していた。批評家はその皮肉な物言いにショックを受け、学識者は彼の書物を「悪魔的な着想による」と断じている[11]。

『蜂の寓話』はじつに興味深い作品である。韻を踏まない長い詩に哲学的な注釈が付くという形式で、気難しい蜜蜂の群の運命を物語る。蜜蜂の巣が一八世紀のイギリスを指すことはあきらかだ。マンデヴィルの蜂の群は「不正、贅沢、自尊心」に取り憑かれていたが、それでもこうした「私人の悪徳」を商工業の「公共の利益」に変える「巧みな政治」のおかげで繁栄していた。

「悪の根源たる強欲
呪わしくも邪悪有害なあの悪徳は
気高い罪悪「浪費」に仕えた
その傍らで奢侈《しゃし》は百万の貧乏人を雇い
醜悪な自尊心がもう百万雇った
羨望《せんぼう》と虚栄は
産業の召使いとなった[12]」

ところが徳が入り込むと蜂の巣は弱体化し、しまいには崩壊してしまう。倹約がきっかけで没落していく蜜蜂の物語にケインズは大いによろこび、『一般理論』にも『蜂の寓話』から数節を引用している。マンデヴィルの倫理観は単純明快だ。富と悪徳は共存する、貧困と徳は共存する、しかし富と徳は共存できない。さあ、あなたはどちらを選ぶのか。

マンデヴィルの騎士道的な悪徳の扱いは、王政復古後のイギリスの気風によく合っていた。だが半世紀も経つと、ある種現世的な清教徒思想が優勢になる。そうなると今度は、たとえ風刺であっても、悪徳を科学発展の基礎に置くのは不信心だとみなされた。しかしすぐに当時の進歩的な思想家は、マンデヴィルの逆説から刺《とげ》を抜く方法を見つける。徳と悪徳を再定義し、経済的な効用と不効用に一致させたのである。この新手法の先駆者であるデイヴィッド・ヒュームは、こう書いた。「いかなる倫理体系においても、悪徳が社会にとっておおむね有益だと語るのは、表現として矛盾している」[13]。「強欲」という古い言葉はしだいに使われなくなり、「自己利益」という中立的な言葉に置き換えられた。ただし「強欲」という言葉がなくなったわけではなく、退蔵《たいぞう》などの病的な物欲や詐取などの犯罪的な奪取はこの言葉で呼ばれた。一方、通常の商業活動はかつてほど蔑《さげす》まれず、穏当な言葉で形容されるようになる。「働く理由として、金儲け以上に害のない理由はほとんどない」とジョンソン博士が指摘したことは有名である。フランスのジョンソンと言えるモンテスキューも、商業のおだやかさについて語った[14]。

こうして倫理的に不名誉な行為ではなくなった金儲けは、その原因と結果が論じられるようになる。この方面で先駆者となったのが、ヒュームの友人でやはりスコットランド出身のアダム・スミスだった。一七七六年に刊行された代表作『国富論』では、人間は生来の自己改善願望に突き動かされる生き物で、自由競争の下ではあたかも「見えざる手」に導かれるようにして公共の福祉を促進するとされている。同書ではニュートンの機械論的自然観が経済に敷衍《ふえん》され、自己利益はさしずめ重力の役割を果たすとされた。これは、革命的な発想である。従来の倫理観では公共の利益に尽くす組織として社会を認識していたが、スミスは自己中心的な個人が生み出す関係性と捉えた。スミスが古風に「宇宙の偉大な指揮者」と呼んだ神は機械を最初に動かすだけで、その後は利己心がその利益のために働くに任される。まさにアレクサンダー・ポープが謳ったとおり、「神と自然が骨組みを作り／利己心と社会に同じことをするよう命じる」のである。(15)

スミスの自己利益論は、強欲を美徳に変えただけではない。かつての美徳を悪徳に変える働きもした。浪費の顕示《けんじ》は疎《うと》まれ、「倹約」や「貯蓄」が重んじられるようになった。スミスの政治経済学では、禁欲は自己利益に基づく徳であり、資本蓄積に役立つとみなされた。*慈善は、怠惰を助長するからよくないとされた。性欲だけは相変わらず、金儲けや蓄財から気を逸《そ》らさせる破滅的な悪徳と決めつけられた。浪費や贅沢であれ、性的快楽であれ、せっかくの稼ぎを無駄な消費に費やすのは罪深いことだとみなされたのである。必要なのは富の蓄積であり、のちにフロイトが指摘したように、本能の抑制だった。

スミスの経済学は、知性の節約の勝利だったと言える。つまり、「オッカムの剃刀《かみそり》」と呼ばれる思

---

*プロテスタンティズムが経済に果たした役割については、以下の古典的名著で論じられている。Max Weber, *The Protestant Ethic and the Spirit of Capitalism*, tr. Talcott Parsons (London : Routledge, 1992, first pub. 1905)(大塚久雄訳『プロテスタンティズムの倫理と資本主義の精神』岩波文庫、一九八九年ほか)、Richard Tawney, *Religion and the Rise of Capitalism* (London : J. Murray, 1926)(出口勇蔵・越智武臣訳『宗教と資本主義の興隆』岩波文庫、一九五六・一九五九年)。

考節約の原理「できるだけ単純な理論でできるだけ広範な事象を説明すべし」を人間の社会行動に応用したところに独創性があった。複雑に絡み合う人間の感情や情念を、自己利益という単一の動機に収斂《しゅうれん》させたのである。おかげで、経済学は固有の分析能力を備えることになる。マキアヴェッリによって後世に伝えられた政治学とは異なり、互いに矛盾する多様な情念を理解し利用することは、もはや悩ましい問題ではない。自己利益に基づく富の追求という最上位の動機が、他のすべての動機を包含する。もっともスミス自身は後継者ほど極端ではなく、自己利益に加えて「共感」をもう一つの動機と認めており、それについて『道徳感情論』で詳細に論じている。だが経済学が学問として発展するにつれ、そうした複雑な感情は無視されていった。「あるべき姿」ではなく「あるがままの姿」の人間研究が、数学のような論破不能の学問として信奉者を虜《とりこ》にし、反論は無駄な抵抗となったのである。

スミスによる自己利益の擁護に誰もが納得したわけではない。これでは経済学は美徳から輝きを奪い悪徳から毒を抜いてしまう、という非難の声も上がった。最初にこうした批判をしたのは、スコットランドの哲学者トマス・リードである。リードは、スミスの倫理学説は利己心に公正の仮面をつけるものだと述べた。イギリスの哲学者エドマンド・バークは、いかにも古典的な保守主義者らしく、「騎士道の時代は過ぎ去った。これに続くのは詭弁《きべん》家、経済学者、計算屋の時代である。かくしてヨーロッパの栄光は永遠に失われた」と歎いた(16)。アメリカとフランスの革命論者も商業主義に反発し、カエサル以前のローマのような農耕国家的「共和制の美徳」に立ち帰れと主張した。

スミスはマンデヴィルの「利己的な体系」を熱心に攻撃したものの、当人がその体系から大きく隔たっていたとは言いがたい(17)。個人の悪徳を公共の利益に活かすというマンデヴィルの中心的な思想はスミスの「見えざる手」に生きており、「悪徳」を害のない自然な性質と再定義する単純な方法で、悪の要素を取り去った。以来、ごく少数の例外を除き、これが経済学の常套《じょうとう》手段になっている。価値観の入り込まない「効用」や「選好」といった言葉は、資本主義に伴うファウストの取引を見えにくくした。

スミスがマンデヴィルの影響を受けたことがはしなくも露呈された箇所はごくわずかだが、その一つが、『道徳感情論』の中で金持ちの悪徳が社会全体に恩恵をもたらすことを説いた有名な一節である（ここは偶然にも、スミスが「見えざる手」の比喩を初めて使った箇所でもある）。その一節を引用しよう。

「金持ちは生まれつき利己的で貪欲でいつも自分の便宜だけを考え……彼らの唯一の目的は自分自身の底なしの空虚な欲望を満たすことかもしれない。それでもなお彼らは、土地の活用によって得られた生産物を貧しい人々に分配するのである。彼らは見えざる手に導かれて、大地がそこに住むすべての人の間で均等に分けられていたら行われたはずの分配とほぼ同じように生活に必要なものを分配し、意図せず知らずして社会の利益に貢献する(18)」

この文脈でスミスは堂々と、強奪、虚栄、貪欲といった古い道徳の言葉を使っている。一時的に仮面が剝《は》がれた瞬間と言えよう。

またスミスは、商業を美化しようと努力したけれども、やはりそれが労働者の生活や人格におよぼす悪影響を無視することはできなかった。分業に伴う歪みを論じた箇所は、マルクスを思わせる。

「ごく少数の単純作業だけで一生をすごし、その作業の結果がおそらくいつも同じかほとんど同じであるような場合、そうした労働者はむずかしい問題に直面することはなく、したがって問題の解決策を見つけるために知恵を働かせたり、工夫を凝らしたりする機会もない。その結果、頭を使う習慣をいつの間にか失い、およそ人間がなりうる限りで最低の無知と愚鈍に陥る。頭が鈍っているため理性的な会話を楽しむことができず、会話に加わることさえできない。それればかりか、寛大さ、気高さ、やさしさといった感情も抱けなくなり、私生活上のごくふつうの義務の多くについてもまともな判断を下せなくなる(19)」

人間を無能にするこうした傾向を食い止められるのは教育であろう、とスミスは、いくらか弱々しく希望を託す。そしてこのテーマを打ち切ってしまった。将来の利得を考えれば、ピン工場の単調な労働もやむを得ないコストだと考えたことはあきらかである。

スミスが美徳と悪徳に関する従来の見方を覆したことによって、何が得られ何が失われたのだろう。ここで立ち止まって考えてみる価値はありそうだ。プラス面は、経済成長を促す意欲が解き放たれたことである。公益に資するという条件付きながら、欲望はよいものとされた。マイナス面は、社会として実現する公益の観念が失われ、個人が市場で自己利益を追求した結果が公益とみなされるようになったことである。人類のほとんどの社会で、経済には互恵の精神が根付いていたが、スミス以降、契約は互恵の論理から切り離された。そして経済が発展するにつれ、必要と欲望を区別することはどんどんむずかしくなっていく。この意味でケインズは新古典派の伝統の継承者と言える。ケインズの「飽和」の概念が古風に響くのはそのためだ。

スミスは工業時代が到来する前の人だったので、経済の進歩を終わりなき成長とは考えず、制度や習慣や政策にできうる限りの成長と想定していた。いや実際には、スミスも同時代の思想家も、成長について語ってさえいない。彼らが論じたのは「改善」であり、この言葉には物質的のみならず倫理的な意味合いも含まれていた。改善の道のりの終着点は「定常《ていじょう》状態」、すなわちそれ以上の改善はあり得ない状態である。古典派経済学者はみな、ゆたかさの基準にちがいこそあれ、この終着点を意識していた。

スミスに続く二人の著名な経済学者、トーマス・ロバート・マルサスとデイヴィッド・リカードは、スミスほど楽観的ではなかった。マルサスの『人口論』（初版一七九八年、第六版一八二六年）は、「富の平等な再分配により万人にゆたかさを実現できる」というウィリアム・ゴドウィンのユートピア的な主張を批判するために書かれたものである。『人口論』の論理は端的に言って循環論である。厳格な「道徳的抑制」をしない場合、人口の増加に耕作可能な土地の増加が追いつかない。そして人口圧力の変動が、所得の拡大・縮小のサイクルを決定することになる。さらにリカードが『経済学および課税の原理』（一八一七年）で土地の収益逓減《ていげん》説を唱えた結果、せいぜい経済学者に指摘できることと言えば、士気を高め作業効率を上げて実現できるようなわずかばかりの改善にすぎなくなった。かくして経済学は、「陰気な学問」という名前を献上される。

いくらか楽観的な見通しを示したのは、一九世紀半ばのジョン・スチュアート・ミルの著作である。当時は産業革命の効果が現れ始めていた。ミルは、人口増加が抑制されるなら、すでに達成されたゆたかさの水準でもって、当時のイギリスでも国民全員によい暮らしを実現できると考えた。欲望には競争的な性質もあることをミルは十分承知していたが、所得をより平等に分配して競争を抑制すべきだとは考えていなかった。

「苦労して前へ進むのが人間の正常な状態だと考える人たちが掲げる理想には、じつはあまり魅力を感じていない。互いの足を踏みつけ、押しつぶし、蹴飛ばし合うというのがいまの社会の状況だが、こうした手合いは、それが多くの人間にとって最も望ましいと考えている。すくなくとも、産業の進歩の不快な一面であるとはまったく考えていない。なるほどこれは、文明の進歩にとって必要な段階であるのかもしれない。ヨーロッパ諸国は幸運にもこれまでその段階に陥らなかっただけで、これから突入するのかもしれない……だが人間の最善の状態とは、誰も貧乏でないと同時に、誰もそれ以上の富を望まず、自分だけは上に這《は》い上がろうとする他人のせいで貧乏に押し戻される心配のない状態である[20]」

ミル以降、「定常状態」という観念は、陰気な経済学からも楽観的な経済学からも切り捨てられていた。これを復活させたのはケインズである。その頃には技術の進歩により、無制限に富を蓄積しうる可能性が見え始めていた。

文学における比喩としてのファウスト

世俗的な学問が使う合理的な言葉で覆い隠された真実は、詩の中では衝撃的にくっきりと姿を現す。進歩と引き換えにした悪魔との取引を、経済学者は率直に認めることができなかった。いや正確には、

「コスト」という中身を隠すような形で扱うことしかできなかった。しかしその取引の完璧な象徴を、ファウスト伝説に見出すことができる。ファウストは他に類のない近代の神話であり、異教徒の伝承でも聖書の口伝《くでん》でもない。ファウスト伝説にはギリシャ・ローマ文化やキリスト教文化とは無縁の思想が詰まっており、悪魔を単に抵抗すべき負の存在ではなく、人間界のものごとにとって創造的な正の存在とみなす。

ファウスト伝説は、実在したドイツの学者ヨハン・ファウスト（一四八〇～一五四〇）博士に由来する。ファウスト博士の偉業は悪魔との密約のおかげだと言われていた。初期の伝説では、ファウストは錬金術師兼魔術師というごく中世的な人物として描かれ、自分の悪魔的な力をくだらない目的、たとえば女を誘惑するとか人をだますといったことに使っているとされた。やがて伝説は進化し、ファウスト博士は錬金術師ではなくなって、あきらかに現代的な人物として描かれるようになる。自然を征服しようと試み、自らの所業の恐ろしい運命に怯《おび》える科学者である。

ファウストの最初の文学的傑作を生んだのは、エリザベス朝の劇作家クリストファー・マーロウである。戯曲『ファウストゥス博士』がそれだ。この戯曲では、博士は無限の知識と権力を求めるという罪を犯す。ファウストゥスが願ったのは女たちを征服することだけではない。途方もない大事業、たとえばドイツを真鍮の防御壁で取り囲む、ライン川の流れを変えてヴィッテンベルグの周りを流れるようにする、学生たちに絹の服を着せる、スペインをオランダから追い出すといったことをやってのける力も夢見ていた。もっとも実際には博士は悪魔の力をくだらぬことに浪費してしまい、最後は元のファウスト伝説と同じく、悪魔に契約の履行を迫られて悲惨な末路を迎える。それでも、博士の野望は軽蔑の的のままで終わったわけではなかった。「ファウストは、始めは歴史上の、次には伝説上のペテン師にすぎなかったが……五〇年の間に、権力欲に翻弄されたルネサンス的悲劇の英雄になった」のである。(21)

マーロウが『ファウストゥス博士』の構想を練ったとき、モデルにしたのは同時代の哲学者にして政治家のフランシス・ベーコンだったと思われる。ベーコンは近代技術の予言者であり、自然を征服して人類向上の歴史を作り出そうと考えた最初の人だった。古代と中世の学問の思索的な方法に代えて「ものごとの真の原因を調べる」ことの必要性を説き、それを人間のために活用すべきだと考えていた。「知識は力なり」という彼の言葉は有名であり、これに続けて「原因を知らなければ結果を生み出すこともできない」と語っている。マーロウは、ベーコンの試みに何か悪魔的な要素を嗅ぎ取っていたのだろう。この戯曲はベーコンの学問探究にファウストの暗い影を落とし、すくなくともヨーロッパではそれがいつまでもつきまとった。

一九世紀に入ると、ゲーテの『ファウスト』が発表される（第一部一八〇八年、第二部一八三二年）。ここではファウストは、絶え間なく何かを求め続ける現代的な人物の象徴として登場する。誤りも犯すが、最後は愛に値する人物である。ゲーテの『ファウスト』では、政治経済学者の言う「幸運な罪」が文学的に表現されていると言えよう。神は人間（ファウスト）をまどろみから目覚めさせるために悪魔（メフィストフェレス）を送り込んだ。メフィストフェレスの力を借りて、ファウストはありとあらゆる悪行を重ねる。だが最後にはファウストの魂は、「立派に抵抗した」として天国へ行くのである。不道徳ないたずら者から歴史に残る世界的な英雄へ。ファウストがこのように大出世を遂げた背景には、キリスト教の正説やキリスト教による悪の絶対的禁止が薄れてきたという世相がある。この物語には、悪魔と取引しても最後に勝つのはわれわれなのだ、という異端の思想が見え隠れする。

ゲーテがファウスト伝説に付け加えた新機軸は、まずプロローグ「天上の序曲」を書き加えたことである。このプロローグでは、神が自分の抱える悩みを悪魔メフィストフェレスに打ち明ける。神の見るところ、神に似せて作った人間は進歩の可能性を秘めてはいるが、どうも生来《せいらい》怠け者でやる気がないという。「人間は呆気《あつけ》なく意気を挫《くじ》かれ、無為を欲する」。そこで神は悪魔に取引を持ちかける。おまえは本来であれば塵芥として蛇に呑み込まれこの世から消えてなくなるところだったが、人間を刺激し続ける限りは地上にとどめてやろう、と。悪魔は、罪深い快楽の人生で人間を虜《とりこ》にするチャンスは十分にあると踏む。神の僕《しもべ》たるファウストに道を踏み外させるなどたやすいことだと自信満々の悪魔は、「こっちが勝つに決まっている」と神に言い放つ。ゲーテの次なる新機軸は、ファウストと悪魔の取り決めを、従来の契約から賭けに変えたことである。伝説では二四年という期限が切られていたが、ゲーテの作品では、悪魔はファウストを完全に満足させられたら権利を行使できるという条件で、ファウストに無制限の奉仕を申し出る。ファウストは賭けに応じる。悪魔が提供するという快楽と贅沢と権力三昧の人生などにけっして自分は満足するはずがない、と自信があったからだ。ファウストは悪魔に、もし自分がすっかり満足したら永遠に地獄に堕ちることを受け入れる、と言う。「おれが過ぎ行く瞬間を惜しみ、「止まれ。おまえはあまりに美しい」と時に向かって言ったら、そのときは終わりだ。君はおれを鎖で縛りあげるがいい、おれはよろこんで滅びよう」。悪魔はこの条件を呑み、ファウストは新しい人生に踏み出す。「放蕩《ほうとう》と混乱こそおれの望み。それ以上は望まない」[22]

プロローグが終わると、取引の顚末《てんまつ》が展開されていく。さまざまな場面を貫くテーマは「幸運な罪」である。罪を犯すほどよい人間になれる。第一部では、ファウストは素朴な田舎娘グレートヒェンと恋に落ち、「時よ、止まれ」と言いたい誘惑に駆られる。だが地上にできるだけ長くとどまりたい悪魔はファウストに別の女を与えて妨害する。悪魔が仕掛けた一連の災難の結果、グレートヒェンは死んでしまう。そこでファウストは、自分が彼女の愛に値する人間だと証明しようと決意する。贖《しょく》罪《ざい》のためには罪が必要だったわけである。

「幸運な罪」というテーマは、第二部にも繰り返し表れる。ゲーテはマーロウの戯曲の魔術的な部分や空想的な部分を手直しし、物語として成熟させた。グレートヒェンの死から数年後、ファウストはチャールズ五世の宮廷に出入りするようになる。与えられた魔力を享楽のためには使わず、王国に金を供給して、宮廷がいつまでも贅沢を誇示できるようにする。ここでは、金は一つの手段にすぎないというゲーテの意図がはっきりとうかがえる。戯曲の最後では、年老いたファウストが王国の領土改善の大事業に乗り出し、海の干拓のために堤防や運河を築く。だが計画を進めるためには、頑固な老夫婦バウキスとフィレモンの立ち退き（悪魔は結局彼らを殺してしまう）が必要だった。二人は自分たちの小さな土地から出て行くことを断固として拒絶するが、これはあきらかに一八世紀の「囲い込み（エンクロージャー）」によって農民を共有地から追放したことを踏まえている。これ以上魔法の力を借りずに計画を完成させたいと考えたファウストは、高らかに宣言する。「もう言ってもいいだろう、時よ、止まれ、おまえはあまりに美しい、と。私の努力の跡は消えることはない。どれほど時が過ぎても、永遠に残る。そう考えることは比類のない幸福だ、私はいま、至高の瞬間を味わうのだ」(23)

運命の言葉を口にしたファウストは、最初に誓ったとおり絶命する。これは「最終状態」であり、ファウストが晩年に渇望した地上の楽園の実現であるはずだった。だがゲーテは、ファウストの完全な満足の表現を条件法にするというトリックを使って、定められた結末を巧みに避ける。悪魔が人間を導くことができたのはそこまでで、最後の仕上げを天国に委《ゆだ》ねるのだ。ゲーテは、獲物を神と悪魔に分け与える。ファウストの肉体を悪魔に、英雄的な努力をしたファウストの魂を神に。

ゲーテ自身はファウストを「狂気の沙汰」と呼んだが(24)、その理由を説明しようとはしなかった。偉大な詩はどれもそうだが、明快なようでいてわかりにくい。哲学的に言えば、この作品が残した最も重要な遺産は、進歩は絶え間ない「否定」にある、すなわち伝統的な倫理観を覆すことにある、とする歴史観である。これはゲーテからヘーゲルへ、そしてマルクスへと受け継がれ、近代の思想に決定的な影響を与えた。

今日では、進歩のために悪を容認するようなことはない。ゲーテのように悪魔と戯れるのはあまりに無知で危うく、悪の実態を忘れてしまった時代の放縦《ほうしょう》としか思えない。ドイツの哲学者カール・ヤスパースは一九四八年にこう書いた。「もはやゲーテは読まれなくなった。人々が読むのはシェークスピアであり、アイスキュロスであり、あるいは聖書だ。もしわれわれがまだ読書をするとしての話だが(25)」。ゲーテは人間の完全性を信じていなかったが、原罪も信じていなかった。また、ヨーロッパは野蛮な時代を超えて永遠に進歩し続けると信じていた。そうでなければ、メフィストフェレスをあのように愛すべき悪魔として描くことはできなかっただろう。現代では、ゲーテは道徳的とはみなされていない。そこには、トーマス・マンの小説『ファウストゥス博士』(一九四七年)の影響もあるかもしれない。これは意図的にマーロウのタイトルを採用した作品で、ファウストを常軌を逸した人物、現世ですでに地獄に堕ちた人間として描いている。

カール・マルクスの外れた黙示録

カール・マルクスはゲーテを愛し、著作ではメフィストフェレスを思わせる人物を使って、資本主義に伴うファウストの取引を隠し続けてきたアダム・スミス以降の経済学者たちの仮面を剝《は》ぎ取った。まさにマンデヴィルが揶揄《やゆ》したように、飽くことを知らない貪欲そのものとして資本主義を暴いたのである。その一方で、マンデヴィルにはなかったものも付け加えている。それは、個人は資本主義の代償を自分や家族のために進んで引き受けるのではない、資本家階級の権力によって押し付けられるのだ、という見方である。このような権力を粉砕し、地上に正義の王国を築くには、暴力が必要だと彼は考えた。この意味でマルクスは、ユダヤ・キリスト教の啓示の苛酷《かこく》な試練や「浄罪《じょうざい》の流血」の継承者であることを図らずも露呈したと言える。この結果、マルクスにおけるファウストの取引は、文学作品にはなかったある種の恐怖がつきまとうようになった(26)。

マルクスによる資本主義批判は、根本的には倫理的なものである。マルクスの考えでは、資本主義はあまりに疎《うと》ましく不正だから長続きするはずがなかった。資本主義は労働者を強制的に生産手段から疎外し、ひいては人間らしさから疎外し、搾取されやすい存在にする。資本主義は「人間の生産的な生活」を「金儲けのシステム」の犠牲にし、使用価値を交換価値の犠牲にする、とマルクスは主張した。この点ではマルクスは、アリストテレスの流れを汲《く》むと言える。経済史家のリチャード・ヘンリー・トーニーは、マルクスを「最後の教育者」と呼んだ。

だが資本主義は、たとえ不正だとしても、人類を貧困から解放してくれる手段でもあった。言ってみれば資本主義はもうひとつの「幸運な罪」であり、神の摂理《せつり》の一部だとみなすことができる。一八五三年の新聞記事によると、マルクスはイギリスによるインド統治について、停滞した社会に刺激を与えるから好ましいと述べた。「イギリスが犯した罪がどうあれ、知らずして歴史の道具となったにすぎない……」[27]。資本主義に対するこの矛盾した姿勢は、その後ずっとマルクス主義者を悩ませることになる。一方からみれば資本主義は打倒すべき悪だが、他方からみれば進歩に不可欠の手段だった。

マルクスのこの矛盾した資本主義観を解決する申し分のない知的手段となったのが、ヘーゲルの弁証法である。ヘーゲル哲学は、まさにフィオーレのヨアキムの世俗版と言えるもので、歴史を理性の発達の物語とみなす。人間の自己意識や知力の発達段階は不完全であり、否定を繰り返しながらより高次の段階へと進み、最後は絶対的精神に到達するという。その状態では、現実はすべて絶対的精神によって決定される。よって歴史の使命は、「国家あるいは階級によって、罪や情熱とは無関係に、無意識のうちに遂行される」という[28]。

マルクスはこの歴史観を受け入れたものの、若い頃の政治活動の経験から、プロシア国家が理性を体現しているとのヘーゲルの主張には懐疑的だった。そこでマルクスは、ヘーゲルにおける観念の対立を階級の対立に置き換える。すなわち歴史とは階級対立の物語であり、ヘーゲルの言う理性の発展段階における連続的な対立は単に所有関係の対立であるとした。この見方に従えば、啓蒙思想家が目の敵《かたき》にする宗教は、持たざる者から現実を隠すために、持てる者がかける精神のヴェールということになる。

マルクスが解明したのは「弁証法的唯物論」の一局面、すなわち封建主義から資本主義への移行だけである。(29) この物語では、裕福にはなったが政治的には従属者である都市の「自由市民」が「ブルジョワジー」(マルクス主義における資本家階級)を形成し、土地に基づく荘園制に取って代わる。ブルジョワジーは労働者を組織的に搾取した最初の階級であり、この搾り取った余剰を贅沢や戦争や聖堂建立などには使わずに資本蓄積した。だが資本主義は、やがて生産力の開発にとって足かせとなる。そして資本主義が生み出したプロレタリアートによって必ずや打倒され、階級のない共産主義の時代が幕を開ける……。

専門的に言えば、資本主義がなぜ必ず滅亡しなければならないのかをマルクスは説明しきれていない。資本主義は滅亡に値する、搾取した者は搾取されるに値する、さもないと正義が否定されることになる、というだけである。だが、具体的に何が契機となってどのように終焉《しゅうえん》を迎えるのか。これは、マルクスが生涯の大半を費やして解明しようとしたが、ついに解明できなかった問題である。マルクスの聖書的な正義感覚からすれば資本主義の終末は必然であったけれども、それを証明する手だてはなかった。

経済学者になる前のマルクスの弁証法的アプローチが最も矛盾なく表現されているのは、簡潔な散文で高らかに謳い上げた『共産党宣言』(一八四八年)である。資本主義のファウスト的性格をマルクスほど生き生きと描写した人はほかにいない。* ブルジョワジーは「先行世代をすべて合わせたよりも、もっと大規模で巨大な生産力を作り出した」[30]。そして「最も野蛮な国民をも文明に引き入れ……自分の姿に似せて世界を創造する」[31]。だが、その代償はおそろしく大きい。「深く根を下ろした固定的な関係は、それに伴う古きよき観念や見解とともに解体され、新しく形成された関係は、どれも定着するひまもないうちに古びていく。すべて堅固なものは雲散霧消し、神聖なものはすべて世俗と化す……[32]」

マルクスは、資本主義の破壊性を倫理面から適切に評価した最初の経済学者だった。アダム・スミスやゲーテと同じく、マルクスも資本主義を進歩に必要な「代償」とみなしていた。ただマルクスの場合、産業革命が始まってから七〇年後に執筆しているため、進歩も代償も先人が考えたよりはるかに大きくなりそうだと理解していた。それでも彼流の弁証法的視点からは、資本主義の「深く根を下ろした固定的な関係」の解体は歴史的に正当化しうる。人間の潜在性を荒々しく解き放つことによって、資本主義を破壊する階級と手段を呼び込むからである。

だが『共産党宣言』の主張は、この点まで来るとぷつりと糸が切れてしまい、代わってレトリックが連ねられることになる。怪奇小説『フランケンシュタイン』よろしく、マルクスは資本主義を「自

＊マルクスは「資本主義」について語ったことはない。彼は資本主義制の階級的特徴を強調するために「ブルジョワジー」という言葉を使った。だがこの言葉を「資本主義」に置き換えても意味は変わらない。杓子定規《しゃくしじょうぎ》に言えば、資本主義とは資本の所有者が単一の階級（ブルジョワジー）に集中し、この階級が利益を求めて資本を活用する制度のことである。

らの呪文で呼び出した冥界の力をもはや制御できなくなった魔術師」になぞらえる。[33] そして、資本主義は自らの「墓掘り人夫」を生み出した、とした。[34] 予想がたびたび歴史に裏切られても、資本主義は終焉するとの確信をマルクスは片時も失わなかった。『共産党宣言』から二〇年後の『資本論』には、「資本主義における私有財産制の弔鐘が鳴り響く」とある。「搾取する者は搾取されるのだ」と。[35]

資本主義は必ず崩壊するという信念をマルクスが抱いたのは、経済学に取り組む前のことである。『共産党宣言』のあと彼は大英博物館に通い詰め、二〇年かけてこの確信を証明しようとしたが果たさなかった。マルクスは直観で理解するタイプの経済学者ではない。四〇歳から経済学を始めた人は、そうはなれないのである。その歳になれば頭の中にいろいろなことが詰まっている。経済学者というものは、邪魔な考えを何も知らない状態で始めなければならない。頭の中がまっさらでないと、人間の行動に関する公理モデルを作ったり受け入れたりはできない。こういう学問を始めるのは、思春期後半ぐらいが理想的だ。

マルクスは、資本主義崩壊のシナリオを二通り挙げている。一つは「収益性の危機」、もう一つは「実現の危機」である。よくできているのは前者のほうで、搾取理論に依拠する。この理論は、マルクスが壮年期に直面したリカードとの対決から生まれた。マルクスの主張はこうだ。労働者から労働力を除くすべてを略奪した資本家は、賃金以上の価値を搾り取ることができる。この差額が「剰余価値」となり、利益の源泉となる。しかし、製造業では機械(機械に要するコストを実際より少なく払うことはできない)がしだいに労働者に置き換わるため、利益率は下がっていく。剰余価値を維持するために「搾取率」を引き上げれば、いずれは怒ったプロレタリアートが蜂起し、資本主義を打倒するだろう……。しかし一九世紀後半には、労働者の実質賃金が上昇する傾向を目の当たりにして、マルクス経済学は当惑することになった。理論のどこかに誤りがあったにちがいない。マルクスは、省力化技術への投資によって労働生産性が向上する可能性を見落としていたのである。生産性が向上すれば、利益率を押し下げることなく実質賃金を引き上げることが可能になる。いずれ利益率は下がると見込む必要はなかった。

もう一つの「実現の危機」の原因も『共産党宣言』で示唆されている。「商業の危機においては、生産物だけでなく生産能力の大半が周期的に破壊される……なぜなら、文明化が行き過ぎ、産業も商業も多すぎるからだ。……ブルジョワ社会の条件はあまりに狭く、創出された富を受け入れる余地がない」[36]。この不正確な主張をマルクスは以後まったく顧みなかったのだが、過小消費理論に先鞭《せんべん》をつけたと言える。後年、イギリスの自由主義者ジョン・アトキンソン・ホブソンとドイツのマルクス主義者ローザ・ルクセンブルクがこの理論を発展させた。ルクセンブルクは、実質賃金が伸び悩んでいる場合、新型機械でどんどん製造される製品の市場を肉体労働者階級がどうやって形成できるのか、と疑問を提出した。「結局のところ、投資の唯一の目的は、売って利益の上がる商品を作ることにある。もし売れないなら、資本家はなぜ投資を続けなければならないのか」[37]。ケインズも一九三〇年代に同じ疑問を提出した。二一世紀に入って最初の一〇年間に起きた出来事を考えれば、この疑問はいまなお的を射ている。なにしろ先進国では、資本収益率に対して実質賃金が落ち込んだのだから。

資本主義が予想外にしぶとく生き残った原因を説明するために考え出されたのが、帝国主義説である。レーニンが貧困国を労働者搾取の予備軍とみなしたのに対し、ルクセンブルクは貧困国が新しい市場となり、資本主義における生産過剰（武器を含む）を吸収しうると考えた。彼らの説明の有効性がどうあれ、いずれにおいても資本主義の崩壊は予告されていない。むしろ、グローバリゼーションなどを通じて、内部的な危機を脱する能力を備えていることが示されている。現代のマルクス評論家メグナッド・デサイの言うとおり、「マルクスは……資本主義はいずれ没落するというストーリーを描くことはできなかった」のである。[38] マルクスが『資本論』の最後の二巻を完成しなかったのは、終末の日を特定できないと気づいたからだろう。

資本主義の「衰退」を巡る多くの不確実性を考えれば、マルクスが資本主義後の世界にさほど注意を払わなかったのも驚くには当たらない。友人で共同執筆者のフリードリヒ・エンゲルスは「必然の王国」のあとに出現する「自由の王国」について語ったが、マルクスは「未来の雑事」なぞに頭を使おうとはしなかった。『経済学批判』の序文にある有名な一節には、こう書かれている。「いかなる社会秩序も、すべての生産力が発展の余地がないほどまで発展しないうちに崩壊することはない。また、新しいより高度な生産関係は、その物質的な存在条件が古い社会の胎内で成熟するまでは、古いものに取って代わることはない。だから人間が立ちむかうのは、いつも自分が解決できる問題だけである」。[39] これが、当時のユートピア実験を却下するマルクス流のやり方だった。来るべきユートピアについても、マルクスの考えは漠然としている。「朝に狩りをし、昼に釣りをし、夜に家畜を寝かせ、夕食後に批評をする……だが猟師にも漁師にも羊飼いにも批評家にもならない」というのだ。[40] レオン・トロツキーの予想にしても、より合理的とは言いがたい。トロツキーによれば、共産主義の下では平均的な人間は「アリストテレス、ゲーテ、マルクスの高みに達することができ、そこを超えると次の高みが見えてくる」という。[41]

マルクスは、資本主義が終焉すべき説得力のある理由は提出したものの、終焉する理由は提示できなかった。マルクスは、資本主義システムの持続的なダイナミクスやハードルを乗り越える能力を見落とした。さらに重大なのは、弁証法の罠に無知だったことである。マルクスが生きていたらスターリニズムを歓迎しただろうと言ったら、こじつけがすぎるかもしれない。だが彼の論法にはスターリニズムに対抗しうる論拠がないし、その意味では毛沢東思想に対しても同じである。毛沢東は大躍進によって数百万人を死に追いやったが、無慈悲にもこう言ったとされる。「死はむしろよろこぶべきものだ……われわれは弁証法を信頼しており、したがって死をよいものとしないわけにはいかない」[42]

報復の失敗——マルクスからマルクーゼへ

『資本論』が一八六七年に出版されてから一〇〇年後に、革命社会主義は、その機が熟したはずの国々で打ち負かされた。そしてマルクスが考えてもいなかった国々に勝利をもたらした。一九五〇年代後半に先進国の経済問題を解決したように見えたのは、社会主義ではなく資本主義だったのである。ただし、マルクスが必死に読み解いて分析した資本主義ではない。国家管理、社会保障、労働組合などの大幅修正を施され、これが同じイデオロギーかと見まがうほどの資本主義だった。[43]一九五八年にはジョン・ケネス・ガルブレイスが、富のもたらす病弊のほうに関心を切り替える。そしてベストセラーとなった『ゆたかな社会』の中で、先進国の市民はいまやきわめて裕福であり、もはや差し迫った経済問題に悩まされてはいないと指摘した。つまり、ケインズの言うゆたかな時代が（予想より早く）到来したわけである。いまは成長よりもよい暮らしに注意を向けるべきだ、とガルブレイスは述べた。彼自身の考えはかなり生真面目で、新たに獲得した富の多くは公的サービスに振り向けるべきだという。だがこのメッセージを受け取った一九六〇年代の過激な若者たちは、ぐっと刺激的なものに変貌させた。それは、性の解放である。彼らの神は、マルクスではなくフロイトだった。

一九六〇年代の高揚的な時代の空気は、青春時代に意識的に体験した人々に消しがたい痕跡を残した。ユートピアについての著作やユートピア的なコミュニティは過去にもあったが、このとき歴史上初めて、ユートピアが影から光の中へ、理論から現実へと躍り出たのである。労苦から解放され、争いも戦もない生活というユートピアの夢が、若い世代の心と頭を捉えようとしていた。フリーラブ、あふれるゆたかさ。これらは素朴なユートピア信仰の象徴だったが、一九六〇年代でも例外ではなかった。ヒッピーたちは野の百合《ゆり》に憧れ、髪に花を飾り、稀少性の経済学を根拠とする労働倫理を退けた。彼らの目には、もはや生活のために働く必要はなさそうに見えたのである。セックス、ドラッグ、音楽、神秘主義、反戦活動、荒っぽいロマン主義精神が混ざり合って、自己解放の熱狂を生み出した。マリファナは「真実の血清」であり、「そこかしこで革命の赤旗がはためいていた」[44]。

性のユートピアを物質的に支えたのは、「高収益の継続的な維持」[45]である。おかげで一九四〇年代生まれのベビーブーム世代は、親の代を苦しめた雇用不安とは無縁だった。第二次世界大戦から二五年を経て、先進世界はかつてない高度成長を遂げ、しかもその成長は揺るぎなく着実だった。開発途上国も追いつきそうな勢いを見せた。資本主義の危機の心配は消え失せたのである[46]。ゆたかさを実現できるかどうかはもはや問題ではなかった。せっかく実現したゆたかさを享受するほうに、障害が現れた。

性のユートピアに忍び寄る蛇は、資本主義ではなくテクノロジーだった。歴史学者のセオドア・ローザックは、「テクノクラート（高度な技術専門知識を持ち政策決定に関与する上級技術官僚）による全体主義[47]」を指摘した。彼らは核兵器開発競争に血道を上げ、人類が楽園を手に入れつつあるまさにそのときに、一瞬にして世界を吹き飛ばす恐れが出てきたのである。スタンリー・キューブリック監督は、この悪夢を『博士の異常な愛情』で描き出した。とはいえテクノロジーには二つの顔がある。何と言っても技術は、すくなくとも北米では、人々を貧困から解放した。チャールズ・ライクは『緑色革命』の中で次のように書いている。

「重要なのは、テクノロジーが〝人間性の変革〟を可能にしたことである。この変革は長い間望まれてきたが、窮乏に邪魔されて実現するにいたらなかった。要は、簡単なことだ。十分な食べ物と雨風をしのぐ住居が万人に確保されたとき、人間はみな互いに対立するという前提を社会に置く必要はなくなる。かつて人間性と呼ばれていたものは、稀少性と市場システムがもたらした必然の産物だった。新しい人間性は愛と尊敬であり、こちらも必然の産物である。なぜなら、これらがあって初めて、われわれはテクノロジー時代の果実を手にすることができるからだ[48]」

学生運動は、一九六〇年代後半に伝染病のように欧米の大学を通じて世界に拡がったが、その中心はアメリカだった*。その理由はいくつか考えられる。アメリカにはユートピア実験の伝統があること、ヨーロッパに比べてゆたかだったこと、加えてベトナム戦争という問題を抱えていたことである。しかし最も重要な要因は、大学進学率が高かったことだろう。アメリカの若者は、ヨーロッパの若者に比べ、働き始めるのが五年も六年も遅かった。これが青春と労働の物理的な不協和をもたらした。対立を引き起こすにはこれだけで十分だったのであり、大学は革命家を養成する教育工場となる。一九六〇年代の急進主義は大学キャンパスを席巻《せっけん》し、教授たちが運動に理論的裏付けを与えて後押しした。

とりわけ強い影響力を持っていたのが、亡命哲学者のヘルベルト・マルクーゼである。深いゲルマン的教養を備えたマルクーゼは、人間のエロス的解放をめざす新しい理論を打ち立てた。著書『エロス的文明』（一九五五年）や『一次元的人間』（一九六四年）は学生運動家のバイブルとなり、彼の言う「抑圧的寛容」は、過激派にとってアメリカ文明を特徴づける言葉となった。マルクーゼもマルクスと同じく、ユダヤ的メシア信仰の伝統を受け継いでいる。それによれば、「現実および真正の人間的価値に関する議論はすべて終末論に帰結する」のであり、「改悛《かいしゅん》のいらない楽天的なユートピアへの扉が開かれる。そのユートピアは、救済されない世界を基準にした概念で語ることはできない」(49)という。

文章はしばしば理解不能だが、マルクーゼ自身は冗談好きである。真に進歩的な姿勢はただ一つ、否定だと彼は主張する。「真実ではあり得ない」が彼の決まり文句だった。常識では真実と見える所与の事実は、実際には真実の否定であるから、真実は「否定の否定」によってしか発見できない。マルクーゼはこうした「批判理論」を使って、社会通念のくびきを外そうとした。サンディエゴ大学で彼の講義を受けていた学生の一人は、「マルクーゼには、大哲学者を学生にわかりやすい姿に変えてみせる特異な才能があった。カントやヘーゲルやマルクスをティーンエイジャー向けハリウッド映画の登場人物のようにしてしまう[50]」と語っている。

『エロス的文明』は、西洋文明のフロイト的解釈を示した著作だが、そこにはフロイトの悲観論は見当たらない。フロイトが「タナトス（死の欲動）」と呼んだものは人間の本性に本来的に備わっているわけではなく、抑圧の中で、とりわけ先進国の資本主義による「過剰な抑圧」の中で生まれるという。抑圧は、労働の自動化によって不要となったが、権力者にとっては好都合であるため、いまだに固定化されている。だから革命のカギとなるのは性を再び解放することだとマルクーゼは説く。人間は「多形倒錯的」な子供の状態に立ち帰ることが必要である。その状態では肉体全体がエロス的快楽の根源となり、資本主義を成り立たせてきた抑圧を破壊する。

だが『一次元的人間』を執筆する頃には、マルクーゼは革命の希望を失っていた。「社会改革を封じ込めたことは、先進工業社会が成し遂げたことの中でおそらく最大の功績だろう」と彼は書いている。コンシューマリズム、広告、大衆文化、イデオロギーが個人を資本主義的秩序の中に組み込み、「批判的哲学」の可能性を完膚《かんぷ》なきまでに破壊した[51]。現代の社会はもはや恐怖を必要としない、テクノロジーがあるからだ、と。

『一次元的人間』は、「幸福な意識」の悪夢のような世界を描き出す。舞台が現代のアメリカである

＊若者が親世代の価値観に反抗するのは学生に限ったことではない。一九六〇年代の政治改革主義も、その表れだった。

ことを除けば、オルダス・ハクスリーのディストピア（暗黒郷）小説『すばらしい新世界』と見まがうような世界だ。テクノロジーは本能や直感を制限し、管理し、抑制された表現に導く。反対意見を抑圧する必要は、もうない。なぜなら、反対は起きないからである。文化とはショッピングと同義であり、逸脱者は精神病院送りとなる。これが幸福な世界であり、マルクーゼが「抑圧的脱昇華」と呼ぶものの一つである。「ニーズを満足させたいと思うまで」抑圧する世界は、「仲間や計画的な陳腐化に遅れをとるまいとする、狂気のような競争の継続を必要とする」[52]。解放を求める必要はもうない、なぜなら、それは美しく包装されて届けられているからだ。なるほど戦いは続いている、だがそれは「外」のこと、開発途上国のことにすぎない……。

幸福な意識の世界では、改革の社会的基盤となるものが消滅している。労働者階級は既定の秩序の支持に回り、絶対的な否定は「政治的無能力」となる。自動化が人間を労働から解放しても、テクノロジーはなお人間の精神を支配する。『エロス的文明』の中で、マルクーゼは同性愛を始めとする「性的倒錯」の「決定的に重要な」役割を称賛し、「性的逸脱は……生殖器の虐待に対する抗議である」と述べた[53]。だがその後の著作は、このテーマに触れていない。「倒錯」が新しい正常の一部になったからである。もはや逃げ道はなかった。

それとも、あったのだろうか。「保守的な大衆という基盤の下には、社会からのけ者にされたアウトサイダー、搾取され迫害された人種や民族、失業者や雇用不適者で形成される基底層がある」とマルクーゼは言う[54]。この層こそが革命の新しい妖怪となるはずだった。しかしマルクスがブルジョワジーに警告を発すべく呼び出した妖怪に比べると、この基底層はいかにも力が弱い。そこでマルクーゼは「幸運に頼るほかはない」と締めくくるのである。

言うまでもなく、私たちは性のユートピアが実現しなかったことを知っている。これは意外でも何でもない。ユートピアとは完成された社会であり、そのようなものは、けっしてこの世に出現することはないからだ。性のユートピアの夢がその後いくらかでも実現に近づかなかったのはなぜなのか、それを考えるほうが興味深い。

最もはっきりした理由は、先進国経済が万人のゆたかさという約束を守れなかったことである。一九六〇年代の抗議運動が終息する間もなく、アメリカではケインズ政策による経済運営が破綻を来す。ゆたかさの実現の希望がかかっていた政策の破綻で、ユートピア主義も死に、欧米ではマルクーゼははやくも過去の人となってしまう（中南米ではそうではなかったが）。再び雇用不安が起き、平等な所得分配をめざす傾向は逆転し、創造的破壊が戻って来た。レーガン&サッチャー時代になると、資本主義はかつての海賊精神を取り戻し、管理されたゆたかさという跳躍台から本能的に逃れようとする傾向は下火になった。

もっとも、たとえ以前のペースで成長が継続したとしても、一九六〇年代のユートピア主義は敗北しただろう。マルクーゼ自身が、社会改革を「封じ込める」資本主義の力に気づいていた。セックス、ドラッグ、ロックンロールの若者文化は、多少の修正は加えつつも、既存の支配関係の維持と完全に共存可能だったのである。いまにしてみれば、資本主義はセックス革命の商業化で大成功を収めたと言えよう。資本主義は革命を呑み込んで販売可能な商品に仕立て上げた。暴力は、犯罪的であれ革命的であれ、エンターテイメント産業の標準装備品となった。資本主義システムは罰も批判も吸収し、けっして転覆しない途方もない能力を誇示する。言わば巨大なサンドバッグであり、どれほど叩きのめされても、必ず戻ってくる。必ずしも同じ形ではないが、中身はあきらかに同じだ。

ただ、マルクーゼが「封じ込め」という言葉を使ったのは正しくない。封じ込めるだけでなく、多元的共存も伴っているからだ。現に自由主義を奉じる民主社会は、利得追求に反対する多くの活動家をも保護している。これに対してマルクーゼは（非妥協的なマルクス主義者と同じく）、社会民主主義政府と労働組合を同じ抑圧装置の一部とみなし、全面的に否定すべきだと考えた。また、ファシズムと民主主義の質的なちがいや、それぞれが与える恐怖の度合いの差に、いかなる意味でも適切な重み付けをしなかった。彼が「死の欲動」を強調したのは、言うまでもなく、現実に起きたホロコーストと核兵器によるホロコーストの可能性に強く影響されたからである。「幸福な意識」に関する皮肉きわまりない一節では、消費社会のありとあらゆるがらくたを備えた核シェルターが描写されている。

マルクーゼの根本的な誤りは、ユートピア信奉者が犯した誤りと変わらない。それは、生来《せいらい》の欲望という人間のあきらかな「原罪」に目をつぶったことである。その結果、彼は、性に伴うあらゆる悪徳、すなわち嫉妬、ポルノグラフィ、サディズム等々をどれも資本主義の抑圧の産物とみなした。こうした抑圧を取り除けば、性は自動的に子供の無邪気な状態に回帰するという。これは安易な発想であり、フロイトでさえ是認したことはない。性的欲望は根源的に権力と脆弱《ぜいじゃく》性に結びついている。したがってその制御は一過性のものではなく、文明的な人間にとって基本条件である。

マルクーゼは性欲のみならず、強欲の底深さも見落とした。マルクス主義者と同じように、欲望の増殖を強いるのは生産性至上主義だとみなし、そこから自由になりさえすれば欲望は「自然」のレベルに戻ると考えた。倫理的な縛りをかけない限り、欲望がそれ自体で勝手に膨《ふく》れ上がることに気づけなかった。現に一九六〇年代の快楽主義は、いつの間にか一九八〇年代には消費主義に移行している。

以上では、資本主義がファウストの取引の上に成り立っていることを論じてきた。貪欲と高利は人間を貧困から救い出してくれた後に永遠に退場するとの了解の下、この悪魔は野放しにされた。そうすればゆたかさの楽園が出現する。かつては一握りの幸運な人だけが住んでいたその楽園に、誰もが自由に住むことができるのだ……。この手のさまざまな神話は、マルクスにもミルにもマルクーゼらにも見受けられる。実現までに要する時間や道筋はちがえど、遅かれ早かれ、それぞれの道のりをたどって至福の時が来るという点では一致している。もしそうでないなら、いったい何のために苦労し、みじめな生活に耐え忍ぶというのか。資本主義には輝かしい未来の構図が必要だった。それなしには、屈辱的な労苦は堪えがたい。

だが、おとぎ話が語るとおり、悪魔は形の上で約束を守るだけで、ほんとうの意味で守るわけではない。たしかに私たちは以前より裕福になったし、ケインズが予想したほどではないにせよ、労働時間も減った。だが、ゆたかさの楽園は出現していない。物質的な利得の絶え間ない追求、ミルの言う「互いの足を踏みつけ、押しつぶし、蹴飛ばし合う」状況は、しばらく先まで続くだろう。経済的ニーズの長いトンネルを抜ければ、至福のまばゆい光の中に出られるはずなのだが、どうやらこのトンネルはどこまでも続いているらしい。

第1章で指摘したように、ケインズの誤りは、物質的な欲望は自然に止まると仮定したことにある。

この理由から、そしてこの理由があるからこそ、ケインズはくびきを外された欲望という妖怪を容認できた。いつの日かこの欲望は完全に満たされ、人々は「もっともっと」という欲求から解放されるだろうと、ケインズは信じていたのである。だがいまでは、私たちはもっとよく知っている。経験からすれば、物質的欲望が自然に止まることはない。意識的に歯止めをかけない限り、とめどなく膨らむだろう。資本主義は、まさにこのとどまるところを知らない欲望の膨張の上に成り立っている。だから、これほどの成功を収めたにもかかわらず、愛されないのだ。なるほど資本主義は数え切れないほどの富をもたらしはした。しかし、富が伴うはずの大きな恩恵、すなわち足るを知る感覚はもたらさなかった。

近代以前の思想家は、ケインズの幻想とは無縁だった。彼らは何かを手に入れることを本来的な目的とみなす点ではケインズと同じだったが、ケインズとは異なり、目的が達成された瞬間に物欲が急停止するとは考えなかった。物欲の衝動はつねに行き過ぎになりがちなもので、そうならないように歯止めをかけるのは意志の力だということを承知していたのである。近代以前の思想家は、物欲の衝動から道徳のくびきを外してもよいとは露ほども考えなかった。そもそも、それをよしと言いくるめる「弁証法」など持ち合わせていなかった。古代の賢人は、この点についてみな同意見である。快楽主義者の筆頭とされるあのエピクロスでさえ、金銭欲を始めとする無用の欲望をすべて退けたとき、最高の快楽が得られると述べている。だが物欲に冒された現代の快楽主義者の大半は、この金言に耳を貸そうともしない。

啓蒙時代以前の経済思想は、偏見と無知の産物と片付けられることが多い。だが近代がユートピアの約束を果たせなかったことを考えれば、これらの思想をもっと大切に扱う必要があるだろう。いまとなっては、資本主義がもうすこし上品なものに自然に変質する見込みがないことはあきらかだ。放っておけば、この欲望製造装置は無意味な回転を永久に続けることだろう。だからここで、半ば忘れられた前近代の思想家たちを改めて取り上げてみることにしたい。私たちの目下の行き詰まりを打開するカギは、ひょっとすると彼らが持っているかもしれない。

第3章　富とは——東西の思想を訪ねて

富める者は誰か——何も望まない者である。
貧しい者は誰か——守銭奴である。

——アウソニウス

ファウストの取引が世にはびこる前は、富について考えるとき、それは必ず限りある富を意味した。その限界がどこかは人によって意見がちがうにしても、限界が存在することを疑う人はいなかった。ウェルギリウス然《しか》り、マキアヴェッリ、聖フランチェスコ然り。他の点では一致しなくとも、この点では同じ意見だった。また、以下で取り上げるが、はるか遠国のインドや中国の思想家も同じ見方をしている。

アリストテレスは、次の二つの理由から、近代以前の経済思想の祖と言える。第一に、いささか過激な先達のプラトンとは異なり、理性のみから社会の理想を導き出そうとはせず、教養高い同時代人の学説を系統立てて一つの体系にまとめようとした。ジョゼフ・シュンペーターはアリストテレスの経済関連の著作を「謹厳で単調でやや凡庸《ぼんよう》。常識に勿体《もったい》をつけたようなもの」と揶揄《やゆ》したが、当たらずといえども遠からず、と言わねばなるまい。(1) 第二に、先の点とも関連するが、一二〜一七世紀のあらゆる経済理論に圧倒的な影響を与えた。アリストテレスが提出した観念の枠組みは、さまざまな修正を施されながら生き続けた。それに取って代わる思想は、まさるとも劣らぬ巨人アダム・スミスを待たねばならない。

ところで「アリストテレスの経済関連の著作」という表現は、言うまでもなく時代錯誤である。アリストテレスは経済学のようなものはいっさい知らなかった。エコノミクスの語源となったオイコノミクス（oikonomikos）なら知っていたが、これは世帯の切り盛りを意味し、葡萄《ぶどう》酒の醸造や奴隷の懲罰といったことまで含まれていた。いま「アリストテレスの経済学」とされているものは『政治学』と『ニコマコス倫理学』から抜き出した二つの部分のことで、それぞれ購買と交換を扱っている。これらの著作での議論は倫理と政治が中心で、商業は共同体の生活の一要素として扱われ、他の要素同様、正義と徳に支配された。アリストテレスにとって経済学が存在しなかったのは、当時は経済と呼べるような固有の運動法則に従う領域が、社会に存在しなかったからである。

だから、アリストテレスが分野としての「経済学」に無知だったのは、当然と言えよう。紀元前四世紀のアテネは、まだ完全な農耕社会だった。生産の基本単位は世帯であり、家長、家族に加えて使用人、奴隷、臨時雇いという構成である。ほとんどの家庭は自給自足だった。交換のために作られるものはごく少なく、品目も限られていた。貨幣は流通してはいたが、資本投資も貸付けもほとんどなく、貨幣を手に入れた人はただ地中に埋めておくだけである。こうした社会では、取引や貸し借りなどの行為は、友人間かそれ以外かを問わず、個人ベースで行われるものと理解されていた。商業目的で行われることがなかったわけではないが、あくまで邪悪かつ例外的で、社会機能のまともな役割とは認識されていなかった。あらゆることに倫理的な見方がおよんでいたのである。*

　アリストテレスの倫理思想における第一の原理は、人間にはあらゆる種と同じくテロス（telos）が存在する、ということである。テロスとは、ものごとの終わりの状態あるいは完成された状態を意味する。アリストテレスは、このテロスは「よく生きること（euzen）」だとした。なぜなら、これは「それは何のためか？」と問うことが意味をなさない唯一のものだからである。人生には、その完成を超える目的はない。これとかけ離れた目的、たとえば革命あるいは繁栄のためにこの目的を犠牲にすることは、愚かである。いや、もっと悪い。だからといって、自堕落な生活が容認されるわけではない。歌に出てくる放浪者は、めんどりが半熟卵を産んだり山から葡萄酒が流れてきたりする世界を夢見るが、アリストテレスはそんなものを意味してはいない。よき人生が意味するのは、単に欲望が満たされることではなく、その欲望に適切な目的があることだった。教育や感化によって、欲望を真に望ましいものへと導かなければならない。徳育とは感情の教育であるとアリストテレスは考えていた。

　今日では倫理的な議論は義務論者と主観的な自己表現主義者に支配され、アリストテレスの言うよい暮らし、よき人生を支持する人はほとんどいない。義務論者からすれば、アリストテレスの考えは自己中心的な自己満足だ。環境活動家なら、「私の義務はよい暮らしをすることではない、地球を救うことだ」と言うにちがいない。自己表現主義者は、アリストテレスの考えを無意味とまでは言わないにしても、パターナリズム（父親的干渉主義）の余計なお節介だと言うだろう。現にフランク・シナトラは「心《マイ》の《・》まに《ウェイ》」と歌って人々の心を捉えている。義務と自己表現という二つの行動原理が現代の倫理観を二分し、一方は市民としての行動を、他方は自己啓発を律している。よい暮らしが入り込む余地はどこにもない。

対照的に古代の世界では、どうすれば最もよく生きられるのかということが倫理的な議論の中心テーマだった。この問いに対する答は、ペリクレスの政治的な行動主義からエピクロスらの哲学的な静《せい》寂《じゃく》主義まで、多種多様である。アリストテレスはこの議論におおむね宥《ゆう》和《わ》的な姿勢で臨み、市民の倫理観にも軍人の名誉心にも最大限の寛容を示した。しかし最終的には哲学者の側につき、「純粋性と不動性に驚嘆する」快楽に満ちた生き方という答を出している(2)（言うまでもなくアリストテレスは、現代の学究的な哲学とは無縁である）。もっともここでは、議論の詳細は問題ではない。重要なのは、議論の参加者が共有していた二つの前提である。第一は、好みや信条がどうあれ、ある種の生き方は他の生き方よりもよいという前提であり、第二は、この最もよい生き方は自分のやりたい自由な活動をして暮らすことだ、という前提である。古代ギリシャの人々にとって、労働は目的のための手段にほかならず、よい暮らしを成り立たせる条件の一つにさえ数えられなかった。数少ない条件の仲間入りができたのは、外から与えられた目的を持たない活動、とりわけ哲学と政治だった。どちらもその

＊この解釈には異論もあろう。ここで私たちが採用したのはいわゆる原始主義学派の視点で、古代の経済と近代の資本主義の間には大きな乖離《かいり》があると考える。Scott Meikle, *Aristotle's Economic Thought*（Oxford : Clarendon Press, 1995）を参照されたい。本書は同書に多くを依《よ》っている。

頃は、何かのための手段ではないと考えられていたのである。後段で論じるように、こうした姿勢はその後長く受け継がれることになった。

よい暮らし、よき人生には、人格や知性のさまざまな美質（勇気、中庸、寛容、知恵等々）のみならず、そうした美質を実現するための「外的な財」が必要だとアリストテレスは述べた。「必要なものがなければ、人はよく生きることはできない。いや、生きることさえできない」[3]。アリストテレスの考える必要なものとは、耕作のための土地、それを耕す奴隷、そして家、衣服、家具などだった。マルクス経済学で言う「使用価値」を持つ財である。これらのうちどれをいくつ必要とするかは、生活様式によって異なる。政治家の生活ではいくらか多くなるし、哲学者の生活ではいくらか少なくなるだろう。だがどのような暮らしであっても、ソクラテス一派が主張するようにまったくなしで済ますわけにはいかない。ただし質素な暮らしであれ贅沢な暮らしであれ、必要品の追求には自ずと限度がある。服やベッドや家その他を潤沢に所有しながら、限度を超えてなお欲しがるのは、たとえば二七〇〇足の靴を持っていたイメルダ・マルコスのような例は、常軌《じょうき》を逸していると言わざるを得ない。まともで穏当な人は、よい暮らしを送るのに必要なものを手に入れたら、そこで止める。

だがものには使用価値のほかに、何かと交換できるという価値がある。使用価値とこの交換価値（マルクスに従ってこう呼ぶことにしよう）との関係は、アリストテレスにとって頭痛の種だった。*使用価値は多種多様であり、単純な比較はできない。ベッドとブタはどちらもよい暮らしに貢献するが、その方法は異なる。前者は眠るためのものだし、後者は食べるためのものだ。あるベッドが他のベッドよりよいということはありうるが、あるベッドがあるブタよりよいとは言えまい。まして、ベッドはブタより五倍よいなどとは言えるはずもない。ところがベッドとブタを交換する、あるいは両者に値段をつけるというときには、価値を測る共通のものさしが前提されている。「同じでない」ものを「同じ」にしてしまうこのからくりはまったくの謎であり、アリストテレスはとうとうこの問題を解決しなかったし、彼の前提からすれば解決は不可能だった。交換は形而上学の立場からすれば破廉恥《はれんち》行為であり、それぞれに固有の性質に対する冒瀆《ぼうとく》と考えられていたからである。あとに続く思想家も、同じような懸念を抱いていた。ドイツの社会学者ゲオルク・ジンメルは、「人生の実体的な価値が貨幣の仲介価値に置き換えられてしまう」と歎いた(4)。ケインズもまた、「連結決算上の単なる一支店ではなく、ほんとうに買い物ができる店」を好んだ点で、まごうかたなきアリストテレス学徒だった(5)。

アリストテレスは、形而上学的に不適切だからといって交換を全面的に否定するほど過激ではなく、「富を獲得するための自然な技術」と名付けたものは受け入れていた。これは、生活をゆたかにしてくれるものを家庭や国家に供給する技術を指す。しかし、この自然な技術が行き過ぎて不自然になったときには問題が生じる。貨幣は、物々交換では認識されていなかった可能性、すなわち使うために買うのではなくもっと高い値段で売るために買う可能性を示すという点で、楽園の蛇である。当初貨幣は正しく交換の手段だったが、たちどころにそれ自体が目的と化し、財の使用価値を貨幣の入手手

＊マルクスの用語法がアリストテレスを論じる際によく当てはまるのは、偶然ではない。マルクスはアリストテレスから多大な影響を受けていた。

段に貶《おとし》めた。家も農地も道具も本来の目的を剝《は》ぎ取られ、無機質な貨幣価値の貯蔵手段となる。手段から目的へ、目的から手段へのこの変容は、貸金業の出現で最高潮に達した。「金貸しは、貨幣の自然な対象物からではなく、貨幣それ自体から儲けを得る」(6)。

このプロセスでとくにアリストテレスを悩ませたことが二つあった。一つめは、人間の活動の適切な目的を、金儲けという副次的な目的に向けてしまう力を貨幣が持っていることだった。『政治学』には、「一部の人間は、あらゆる資質や技量を金儲けのために使っている」(7)とある。このような堕落は社会のそこかしこで見受けられた。医者は診察代のことしか考えず、兵士は給料のために戦い、学者は金と引き換えに知恵を売る。職人魂も金に毒されていた。その例として、アリストテレスは「デルフォイのナイフ」を挙げている。ナイフとしても金槌としても使えるといういい加減な代物で、どちらの役にも立たない（現代で言えばソファーベッドのようなものだ）。アリストテレスが言いたかったことは、こうだ。よいものにするためでなく儲けるためにやることは、悪いものになりやすい。あるいは、通常許される限りで最悪のものになりやすい、ということである。ゼネラル・モーターズ（GM）の元CEOトーマス・マーフィーは、「GMは車をつくる企業ではない。金を儲ける企業だ」と言ったが、もしそれがほんとうなら、見識のある車好きは他のメーカーから買うべきだろう。

アリストテレスの二つめの悩みは、貪欲だった。先ほど述べたとおり、財の使用価値にはよい暮らしに役立つという制限的な使途があり、それを超えての追求は意味がない。これに対して、貨幣には制限的な目的がない。貨幣は無記名で目的を問わず、その用途は人間の欲望と同じだけある。つまり無制限である。千ポンドから一万ポンドに増やす理由があるなら、一万ポンドから十万ポンドに増やす理由もあるにちがいない。もちろん、品物も際限なく溜め込むことは可能だが（たとえばイメルダ・マルコスのように）、そのような行動はあきらかにばかげている。でなければ、その品物は貨幣価値を貯蔵する媒体として扱われている。貨幣は、けっして「十分」にはならない。貨幣には「もう十分」ということが論理的に当てはまらないからだ。このうえない健康、このうえない幸福はあっても、このうえない富はあり得ない。

古代ギリシャの人々は、貪欲に関してアリストテレスと同じ懸念を抱いていた。「人間には、富に関していかなる限度も設けられていない」と詩人にして立法者のソロンは指摘した。ミダス王の伝説では、手で触れたすべてのものを金に変える力を授かった王が、黄金の品々に囲まれて餓死するという結末に終わっている。使用価値から交換価値への転換の犠牲者を衝撃的に描いた伝説と言えよう。喜劇作家アリストパネスの戯曲『福の神』は、同じテーマをユーモアたっぷりに扱っている。「もうたくさんというほど富を手に入れることは誰にもできない」と、富を司《つかさど》る神プルータスにクレマイルスは言う。

「ほかのものなら、あり余るほど手に入れることができる。愛だって、パンだって、教養、干した果物、名誉、菓子、価値、いちじく、野心、大麦パン、権力、スープ、何でもかんでもだ。だが富だけは、誰にも存分に手に入れることはできない。八万ドラクマ持っていたら、なおのこと一〇万ドラクマ欲しくなるだろう。そして一〇万ドラクマ手に入れたら、今度は二五万ドラクマ手に入れない限り人生に価値はないと思うだろう(8)」

無限というものに対する不信は、天文学や数学も含めて古代ギリシャ思想全般に共通する特徴である。アリストテレスは、完璧な天体である恒星は有限な円運動をするはずだと考えた。ピタゴラスは無理数を憎むあまり、その不運な発見者を殺してしまったと言われる。現代の資本主義だけが堂々と表明する無限への思慕や無限大への切望を、ギリシャ人はついに知らずに終わった。ギリシャ人は、最もファウスト的でないと言えよう。

古代ギリシャの思想家はみな、欲望を必要なものに限らなければならないとするアリストテレスの主張に賛同していた。ただし、何が必要かの解釈はまちまちだった。ひどく極端だったのは、シノペのディオゲネスである。ディオゲネスは紀元前四世紀の犬儒《けんじゅ》学派の哲学者で、樽の中に住んでいた。一つだけ持っていた椀も、あるとき子供が素手で水を飲んでいるのを見て、捨ててしまったという(アレクサンドロス大王から何かしてほしいことはないか、とひなたぼっこ中に訊《たず》ねられて、「日陰になるからどいてほしい」と答えた話は有名である)。ディオゲネスと同時代のエピクロスは、禁欲主義者ではあるがもっと親しみやすい。美食家という言葉はエピクロスに由来するが、当人はじつは菜食主義者で禁酒家であり、快楽は欲望を満足させることではなく、欲望を最小限に減らすことにあると考えていた。弟子たちは市場の喧噪《けんそう》から遠く離れた学園で暮らし、議論や学問に打ち込んだ。

富者に対する哲学者の軽蔑は古代ギリシャからローマへと受け継がれ、前章でも触れた共和制ローマの質実剛健の伝統と結びついた。強欲と贅沢に対する非難は、過剰な性欲に対する非難と並んで、風刺の題材としてさかんに登場する。古代ローマの詩人ホラティウスは、守銭奴《しゅせんど》にこう呼びかけた。「夏の暑熱も、冬の寒さも、火も海も剣も、おまえに金儲けを諦めさせることはできない。おまえより裕福な男がいなくなるまで、おまえは止まらない(9)」。ローマの哲学者は学派を問わず質素を称賛し、浪費家は奢侈《しゃし》禁止令で取り締まられた。ローマの人々が手本としたのは「節食」である。腹一杯になったら食べるのを自制するのと同じく、十分になったら溜め込むのを止めるよう、個人にも社会にも自律が求められた。

アリストテレスを始めとする古代の哲学者は、現代のありさまをどう思うだろうか。貪欲や浪費の個々のケースには、さして驚かないだろうと思われる。古代にも、ミダス王や富者クロイソスのような例はあった。また、第1章で論じた欲望創出のからくりにも驚きはしまい。規模は小さくとも、古代世界にも同じようなものが存在したからだ。だが、貪欲やとめどない欲望が下劣で醜いとはみなされず、社会のしくみにとってごく正常かつ必須であり、さらには社会の活力の象徴だとさえ考えられていることを知ったら、たいへんな衝撃を受けることだろう。アリストテレスは、貪欲を個人の悪徳としてのみ認識し、政治が主導する集団的な貪欲など想像もしなかったし、ましてそれが成長と呼ばれるなど、なおのことである。フランスの哲学者ベルトラン・ド・ジュヴネルが名付けた「つねにもっと（toujours plus）」の文明は、倫理・政治両面で狂気の沙汰であるとして、アリストテレスを当惑させたにちがいない。

ヨーロッパとアジアの経済観

アリストテレスは、奴隷所有が公認された寡頭《かとう》政治国家の観念論者と片付けられることがあり、それも理由なしとしない。たしかに彼の考えるよい暮らしは、あくまであの時代のあの場所に即したものだった。その暮らしには、キリスト教やロマン主義が重んじる自然や孤独や芸術的創作や宗教的恍《こう》惚《こつ》の喜びが入り込む余地はなかった。そのうえ、よい暮らしはあくまでギリシャの上流階級の男性に限られ、女性、外国人、奴隷は対象外である。紀元前四世紀のアテネの社会秩序を背景とする思想が、今日どれほどの意義があるというのか。

こうした批判はもっともではあるが、アリストテレスの思想の深く永続的な価値を見落としている。なるほどアリストテレスの考えるよい暮らしは視野が狭いかもしれないが、よい暮らしが現に存在し、金銭は単にそれを享受する手段にすぎないという前提は、世界の偉大な文明のどれもが共有していたものである——現在の先進国の文明を除いて。この前提を厳密に表現することによって、アリストテレスは多種多様な倫理観に応用可能な思考の枠組みを作り上げた。ユダヤ教、キリスト教、イスラム教文明はいずれもこれを活用したのであり、遠く離れたインドや中国のような文明の中にさえ、この枠組みを見出すことができる。これほど多くの文明で受け入れられてきたことを考えたら、むしろ蓄財に没頭しそれが目的と化しているような現代文明のあり方こそ異常であり、弁明が必要だと言えよう。

キリスト教の誕生は、経済に対する姿勢に、革命的とまではいかないが一つの変化をもたらした。キリストの「野の百合《ゆり》を見よ」というメッセージは、貪欲と贅沢に対する古代の非難とすんなり一致する。キリストの教えが古来の多神教とちがうのは、貪欲や贅沢を個人の個別の表現としてではなく、社会全体のあり方として全面的に拒絶したことだった。キリスト教では、禁欲の動機として、自給自足に代わって隣人愛を説いた。また、「大地を受け継ぐ者」である貧者にとくに情けをかける一方で、不浄の財である金にはほとんど宗教的な嫌悪感を抱いていた[10]。結局のところ、ユダがキリストを裏切ったのも金のためではないか……。とはいえ商業に対するこうした反感は、古代ギリシャ・ローマやユダヤの感覚とさほどちがうものではなかった。キリスト教の真の新しさは、別のところにある。

古代の伝統がキリスト教におよぼした影響は、人間の生活を活動的生活（vita activa）と瞑想的生活（vita contemplativa）に分ける有名な二元論に最も顕著に表れている。この二つの理想的生活の対比は古来さかんに論じられてきたが、決着をつけたのは中世のキリスト教だった。修道院での禁欲生活に代表される瞑想的生活があきらかに優位とされ、活動的生活は自動的に二位の座に落とされることになった。一方、労働は相変わらず卑しい「第三身分」のままだった。このように中世は、さきほど述べた古代の前提、すなわち、ある種の生き方はそれ自体としてよい、働かねばならない暮らしはよい暮らしではない、という前提を受け継いでいる。唯一のちがいは、中世ではよい暮らしのあり方が教条的に決定されたことだった。

古代と中世との間にはこうした連続性が存在したため、アリストテレスの思想が一三世紀初頭にイスラム優勢のスペイン経由でキリスト世界のヨーロッパに還流されたときも、無理なく受け入れられた。すぐれてアリストテレス的なトマス・アクィナスの『神学大全』の一節には、「目的へ導くものとしての物欲は人間にとって自然である」とある。「したがって、その目的のために自然が定めた限度に収まっている限りにおいて、物欲は誤りではない。しかし、それを超えた貪欲は罪深い[11]」。言うまでもなく、トマス・アクィナスの考えていた「目的」は、アリストテレスの目的とはまったく異なる。したがって、目的のために必要なもののもちがっており、もっと控えめだった。だが構造的に見れば、両者は同一である。どちらも、人生のテロス（最終目的）が富の追求に歯止めをかける点では同意していた。そしてどちらも、人間の本性の中にはこの限度を超えたがる強い欲望が潜んでいることを認めていた。

さらに、何にもまして中世の人々の心を捉えたのは、高利に対するアリストテレスの断固たる批判だった。この批判では、利子という言葉自体に対する嫌悪感も深くかかわっている。利子を意味するギリシャ語のトコス（tokos）は、金の子供というほどの意味である。だが、物質である金が子供を産むのは奇怪でおぞましい。このように金利に醜悪な出自を与えることは、神学的想像力にとって必然だった。カノン法学の父ヨハンネス・グラティアヌスが一二世紀に編纂《へんさん》した教会法体系の中には、「まことに卑しく狡猾《こうかつ》な高利によって、金は繰り返し金自体から生まれる」という一節が見受けられ、「強欲な人間に満足はない。欲の追求に終わりはけっしてあるまい」とされている。[12] 高利貸しは生殖本能が倒錯した人間として、しばしば男色と同列に扱われた。ダンテの『神曲』では、高利貸しも男色も、地獄の第七圏に落とされることになっている。貪欲な人間や高利貸しと言えば、金貨の詰まった袋を片時も離さないずんぐりした気味の悪い男とされ、多くは鉤鼻で、ときには硬貨を排泄すると言われたものである。このような姿がヨーロッパ中の書物や聖堂に描かれた。まことにグロテスクな姿だが、心理的には真実でないとは言えない。当時の芸術家や著作家は、貨幣の人工的な生産力を子宮の自然の豊饒な繁殖力と対比させていた。ナサニエル・ホーソーンが脚色したミダス王の伝説では、愛娘を金に変えてしまうという結末になっている。こうして王の唯一の「子供」は金になったわけだが、これなどは詩的な比喩と言えよう。

だがレトリックはさておき、中世後期になると、キリスト教が基本的に商業と宥和する傾向が認められる。中世後期は資本主義が拡大した最初の時代であり、教会はそれに対してまったく無力だった。高利を排して公正価格を説く教義は徐々に修正され、薄められ、ついには廃《すた》れた。それでもプロテスタント教会とは異なり、カトリック教会は経済活動を高邁《こうまい》な目的に従属させようとする意図を完全に放棄したわけではない。「営利を自己目的とする活動は恥ずべきことであり、社会の既存の秩序の維持のために寛恕《かんじょ》する必要があるにすぎないという感情は、けっして失われることはなかった」とマックス・ウェーバーは指摘する。[13] フィレンツェ大司教アントニヌスは、「富は人間のために存在するのであって、人間が富のために存在するのではない」と語ったが、このように経済的秩序は人間の目的に従属するという考え方は、今日にいたるまで、経済に関するカトリック教会の最終的な見解となっている。

一方、古代インドでは、よい暮らしとは何かについて、宗教と切り離された議論は行われなかった。インド文化では、倫理的な問題と宗教的な問題は明確に分離されていない。* それでも、バラモンの古法典ダルマスートラに明示された富と商売に関する姿勢は、アリストテレスやスコラ哲学者と相通じ

---

*古代インドに世俗の知的生活がなかったわけではない。そのことは、アマルティア・センの近著にもあるとおりだ（*The Argumentative Indian* [London: Allen Lane, 2005]）。数学、天文学、形而上学、論理学の分野で重要な業績があったし、世俗的な視点から書かれた統治に関する論文もある。それでも、理論や政治思想の対極としての倫理学は、神話や宗教と密接に結びついていた。

るものがある。ダルマスートラでは、人生には三つの目的があるとする。ダルマ（法と正義）、アルタ（富）、カーマ（快楽）である。どれも善きものであるが、序列があって、ダルマはアルタより上、アルタはカーマより上とされた。そして「法と利益が衝突したときに利益を選ぶ」ような人間にはきびしい苦行《くぎょう》が課される。富を得るために法を悪用するのは、これに匹敵する悪行である。法典によれば、「現世の利益のために法に背く人間には、収穫の時期が来ても法は実りを与えない」という。「実を収穫しようとマンゴーの木を植える人間には、実だけでなく、木陰や香りももたらされる。それと同じように、法を守る人間には他の恩恵ももたらされる。たとえ何の恩恵もなかったとしても、すくなくとも法の下で害を受けることはない」(14)。この条《くだり》は、「あらゆる資質や技量を金儲けのために使っている」輩《やから》に対するアリストテレスの軽蔑を思い起こさせる。金にはすべてを相対化し、あらゆるものを交換可能にする力が備わっている。高い目的の品位をその力が汚すのではないかという恐れが、アリストテレスの思想と同じくダルマスートラに見受けられる。

目的に序列を設け、富を下位に位置づける思想は、古代インドのカースト制にも暗示されている。ダルマスートラには四つの階級が示されており、最上位は聖職に就けるバラモン、次が王族や戦士のクシャトリヤ、続いて農工業や商業に従事できるヴァイシャ、最後が肉体労働者や職人のスードラである。この身分制度が社会の現実にどこまで対応していたかは議論の余地があるにせよ、伝統的なヒンドゥー文明の理想像として、この序列が重大な規範的影響をおよぼしてきたことはまちがいない。

インドのカースト制が体現するのは、中世ヨーロッパの身分制度と驚くほどよく似た社会観だ。どちらの制度も、聖職者が最上位、貴族が二番目、労働者が三番目という序列になっている。両者の間で大きくちがうのは商人の位置付けで、インドでは農民より上だが、ヨーロッパでは下である。[15] だが、労働が宗教や政治よりおおむね下に位置づけられるという点は、完璧に一致する。バラモンが耕したり物を売ったりすることを許されるのは必要に迫られた場合だけであり、利子をとって金を貸すことはいかなる場合にも禁じられた。* 彼らの義務は、奉仕により人々を導き儀式を執《と》り行うことであり、さもなくば隠遁者になるか諸国を放浪する苦行者になることである。とはいえこれはあくまで理想にすぎず、現実には宗教儀式を一手に握るバラモンは、ヨーロッパの僧侶と同じく、途方もなく裕福になった。だが、たとえ無視されても理想は理想である。カースト制の頂点に名目上であれ禁欲と瞑想に身を捧げる階級が存在することによって、西欧のようにあからさまな商業的世界観は生まれなかった。インドでは、現実には金が大切にされていたかもしれないが、最終的な価値を決めるのは、けっして金ではなかったのである。

さらにダルマスートラには、ヨーロッパと同じく、貪欲に対する懸念が表明されている。富への欲望は、生への欲望と同じく執拗で、しかもむなしい。「人間は年老いると、髪が白くなり歯が抜けて、歳をとったことが外に表れる。ところが生と富の渇望は、歳とともに衰える兆しがない。愚かな者たちは、この渇望をなかなか捨てられない。歳をとっても、渇望はいっこうに弱まらない。これは、生

*ダルマスートラは、利子の問題では一致しておらず、一部の法典では認められているが、多くの法典では禁じられている。

きている間ずっと続く病だ。この渇望を捨てられる人間は幸福を見出すだろう」[16]。しかし、西洋と東洋が似ているのはここまでである。西洋の伝統的思想では、貪欲は行き過ぎた欲望あるいは方向を誤った欲望だが、バラモンは、貪欲を欲望そのものに本来的に伴う症状とみなす。そこで、アリストテレスとトマス・アクィナスが欲望を対象物に釣り合う程度に抑えるよう助言するのに対し、ヒンドゥーの経典は欲望を完全に捨て去れと命じる。「欲望を持たない者、欲望から解放された者は……ブラフマー（梵天《ぼんてん》）の元へ行く」[17]。この理想は、ヨーロッパでは仏教の言葉である涅槃《ねはん》として知られ、ストア哲学で言うアパテイア（情念に乱されない心の状態）にいくぶん似ているが、それ以外に西洋との共通点はない。

インドと中国は、西洋人の曇った目には同じ「東洋の叡智《えいち》」の担い手のように映るが、実際にはインド文明と中国文明との隔たりは、西洋文明との隔たりに劣らぬほど大きい。古代中国の知識人による文化は、インド文化と異なり、統一性があって現世的だった。この点はギリシャ・ローマ文化と似ており、したがって西洋的な意味での「倫理」を生む土壌、すなわち自由かつ合理的に善を探究する下地が備わっていたと言える。ただ中国の思想家は、西洋ともインドとも異なり、論理に無関心だった。彼らの好んだ表現方法は、断片的で詩的な警句である。ストア派やインドの哲学者が好む複雑で長々しい推論の展開は、とても辛抱ならなかったようだ[18]。

中国は、欲望の抑制に無関心な点でも、西洋やインドと異なる。それどころか、禁欲に対して強い不信の念を抱いていた。商売も高利も不名誉とはされていなかったし、富の追求に対して宗教的な戒《いまし》めも存在しなかった。むしろお金はおおっぴらに、そして（キリスト教から見れば）恥知らずにも崇拝されていた。こうした姿勢のちがいは、今日でも容易に認められる。中国ではどこへ行っても店やレストランが福の神の絵や仏陀の像で飾られているが、その仏陀は太鼓腹でインドの原型とは似ても似つかない。お金を小さな赤い袋に入れて子供にやったり、お祭り気分で神社の柱や神像に金封を留めたりする。中でも西洋人の目に奇妙に映るのは、「スピリット・マネー」と呼ばれる硬貨をかたどった金紙や銀紙を葬儀の際に燃やす習慣だ。これは、死者が天国で使うためだという。西洋人からすれば、不浄な金のやりとりが天国で行われるはずがない。

だが冥界に対する考え方はともかく、古代中国が蓄財のための蓄財に耽《ふけ》っていたわけではない。ヨーロッパやインドほど明確ではないものの、中国でも富の追求は理想の追求に従属すべきものと位置付けられていた。富は、儒者にとっては教育を受け仕官する手段であり、老荘思想に傾倒していた者にとっては、経験を積むための自由な時間を与えてくれるものだった。*この二つの理想形は、おおむね西洋で言う「活動的な生活」と「瞑想的な生活」に相当する。ただし両者は競合せず序列もなく、人生において相互補完的な要素だった。中国人の口癖は、「任官中は儒学、引退したら老荘哲学」である。論理的矛盾を美的調和に変容させる、いかにも中国的な解決方法と言えよう。

儒者の理想は、勉学を積んで仕官することである。孔子が「君子」と呼ぶ者は、書、音楽、詩、そ

*仏教は、中国では三番目の教えと位置付けられることが多い。ただし広く文化への影響という点では、仏教を老荘思想と同列に扱うこともできよう。

して何よりも「礼」の素養がなければならなかった。礼とは、高い教養をもって誠実に国家に仕えるための礼節や儀式の決まりのことである。何らかの分野の専門家ではなく、万遍なく教養を備えた文人になることが彼らの目標だった。孔子の「君子は器にあらず」（君子は一技一芸にかたよらず、幅広い器量を持つべきである）という言葉は有名だ。(19) 教養人、文人という儒者の理想は、のちに科挙《かきょ》と呼ばれる官吏登用試験によって公式に具体化される。六〇四年から一九〇五年にいたるまで、この試験に合格することが高級官僚になる唯一のルートだった。官僚中央集権制を導いたこの壮大な制度によって、千年以上の間、国家の最高の官位は、古代の詩経や思想に精通しているがそれ以外のことはほとんど何も知らない男たちで占められたのである。清朝末期に中国が崩壊した重要な原因はここにある。

儒学者が官僚になるための勉強は並大抵のことではない。古典を暗記し、複雑怪奇な八股文《はっこぶん》を修得してなお、合格は稀《まれ》だった。それでも、息子を科挙に合格させることは国中の商人や地主にとって夢だった。民間にどれほど儲けの多い職業があるとしても、官僚の地位は比べものにならないほど高かったからである。「ただ読書のみが尊く、それ以外はすべて卑《いや》しい」と言われたほどだ。ここにもやはり、西洋やインド同様、「尊い」生き方と「卑しい」生き方の質的な差が見られ、この差は金銭をもって埋めがたいとされていた。言うまでもなく、現実には高級官僚をめざすのは栄光や名誉のためというよりは収賄のチャンスが潤沢にあるからで、それに比べれば教育費など物の数ではなかったのである。それでも、私利私欲のない文人官僚という理想像は永遠に輝かしく、そのために商業的な価値観が中国社会全体を支配することはついぞなかった。

中国の高級官僚が公職から追放されると（これは珍しいことではなかった）、今度は老子の思想に慰めを求めるようになる。謹厳で現実主義的な孔子の教えに対し、老子の教えは詩情ゆたかで理想主義的だ。「浮生は夢のごとし、歓を為《な》すこといくばくぞ」（定めなき人生は夢のごとく、歓び楽しむ歳月はどれほどもない）と李白は謳《うた》う。[20] 老子の思いは哀切だが、けっして悲劇的ではない。万事は移ろうとしても、美の一瞬は過ぎ行く流れの中で捉えることが可能であり、そうした一瞬一瞬を愛《め》でるところに老子の教える人生の知恵があった。その精神は、一七世紀の批評家金聖嘆《きんせいたん》が友と数日寺にこもったときに書き留めた「快哉《かいさい》三十三則（三十三の幸福な瞬間）」によく表れている。ここではその中から五つを挙げよう。

「食事の後何もすることがなかったので、古い長櫃《ながびつ》の中身を整理しようと考えた。すると中から、何十枚、何百枚と借用証が出てきた。我が家にお金を借りた人たちが書いたものだ。その中にはもう死んでしまった人もいたし、まだ生きている人もいたが、いずれにせよ金が返ってくる見込みはない。私は一人しずかに証文を束にすると、たき火にくべた。やがて空を見上げると、最後の煙がかすかに立ち上ってゆくのが見える。ああ、これが幸福でなくて何だろうか。

目覚めると、歎き声と、昨晩誰かが死んだと話す声が聞こえた。死んだのは誰かと訊ねると、この町でいちばん狡猾で抜け目のない男だとわかった。ああ、これが幸福でなくて何だろうか。

夏の日の午後、赤い大きな皿の上で、緑の瑞々《みずみず》しい水瓜《すいか》を鋭い包丁で切る。ああ、これが幸福でなくて何だろうか。

窓を開け、蜂を外に逃がす。ああ、これが幸福でなくて何だろうか。

誰かの凧の糸が切れるのを目撃する。ああ、これが幸福でなくて何だろうか(21)」

ここに描かれているのは、これまでに見てきたよい暮らしとはずいぶんとちがう。金聖嘆が挙げたのは哲学的あるいは宗教的な理想の姿ではないし、自己研鑽や自己犠牲を経て苦労して追い求めるようなものでもない。書き留められたのは、とるに足らない至福の瞬間である。寛容な喜びもあれば、移ろいやすい幸福もあり、やや意地悪な上機嫌もある。ロマン主義が花開き、西洋の人々が自由気ままに精神を遊ばせる楽しみを知るのは、金聖嘆がこれを書いてから二世紀ほどもあとのことである。

金聖嘆が列挙したのはほとんどお金のかからないことばかりで、その点が大きな魅力にもなっている。もし熊の掌《てのひら》の煮込みの旨さや子羊ほどの翡翠《ひすい》の美しさについて書いたなら、単に異国情緒をそそるだけだっただろう。「三十三の幸福な瞬間」が心に響くのは、ごくありふれたどこにでもあることだからなのだ。老荘思想にはエピクロスの思想と相通じるものがあり、つつましい快楽を重んじる。理想は隠遁《いんとん》生活、すなわち俗世間から離れてひとり詩を書き、絵を描き、古きよき友と茶を楽しむ暮らしである。しかし隠者は、苦役はしない。隠者の描く絵に猟師や羊飼いが登場することはあっても、彼自身がそのような卑しい労働をすることはない。中国でも、世界のどの国でも、田園に遊ぶ貧しい暮らしは憧れの的であったが、実際には存在しなかった。

古代中国の文学には、アリストテレスのように貨幣がもたらす堕落について明確に論じたものはない。だが中国文学の底流となる思想は、紀元前一世紀の歴史家司馬遷《しばせん》の書物にもはっきりと表れている。

「物欲や金銭欲は人間の本性に染み付いているので、教える必要はない。軍隊の若い兵士が町を攻撃し、壁を打ち壊し、敵陣に突撃し、敵将を仕留めるのは……豪勢な褒賞に駆り立てられるからだ。また、女たちが化粧をし、琵琶をかき鳴らし、長い袖を翻《ひるがえ》して先の尖《とが》った靴で踊り、流し目をくれ、手招きするのも、そうすればパトロンに出会えると思うからだ。金持ちでありさえすれば、若かろうが年寄りだろうが問題ではない……役人が法律をねじ曲げ操作し、偽の印章を拵《こしら》え書類を捏造し、露見したら極刑が待っていることにも目をつぶるのは、賄賂や接待に目がくらんでいるからだ……かくして人間は、持てる知識と能力を総動員して金を溜め込もうとする。溜め込んだ金の一部を誰かに恵んでやることなど考えもしない[22]」

アリストテレスやダルマスートラと同じく、司馬遷も、人間のあらゆる試みをねじ曲げてしまう金の威力を疎《うと》ましく思っていた。そしてよき儒者として、官僚が売春婦やごろつきのレベルに成り下がっていることに愕然としていた。とはいえ彼は、こうした事態に対して打つ手はほとんどない、これが世の中というものなのだ、と考えていたようである。司馬遷の文章には諦念のまじった皮肉が込められ、改革者の熱意は感じられない。

以上のように、ヨーロッパ、インド、中国の古代文明には、アリストテレスの思想と共通するものがある。もちろん、アリストテレスから直接受け継いだわけではないが。どの文明でも商業は正しく政治や哲学の下に位置付けられるとともに、商業には他の活動を営利目的に利用する力が備わっていることが認識され、懸念されていた。どの文明においても、ひたすら金そのものを欲しがる金銭欲は常軌を逸しているとみなされた。おおむね互いに独立した三つの偉大な文明でこうした共通性が見られるからには、私たちは考え直さなければなるまい。人間の善という大きな問題で、世界の三大文明が完全にまちがうことはあり得ない。現代人もまた、表向きの思想はどうあれ、アリストテレスに近いはずだ。成長信者がなんと言おうと、私たちは暗黙のうちに、金は人生の善きものを楽しむための手段にすぎず、金そのものが人生の目的ではないことを知っているのである。札束（あるいは電子マネー）のために健康や愛や大切な時間を犠牲にすることほど、ばかげたことがあろうか。

よい暮らしという観念の消滅

よい暮らし、よき人生という観念は、かすかな余韻こそ残っているものの、もはや欧米では公的な議論には上らない。政治家は選択や効率や権利保護といった論拠は持ち出すが、「この政策は国民の意義深く品位ある生活に資するものと確信いたします」といったことは口にしない。私的な議論も同様の傾向にある。倫理や美意識の問題に生徒の興味を向けようと骨を折る先生がどれほどいることだろう。「先生、そんなことは個人の価値観の問題です」と、うんざりした調子で応じられるのが関の山だとわかっているのに。

こうした傾向は、本能的な物欲からいっさいの制限を取り払うという影響をもたらした。よい暮らしというものが存在しないなら、物欲に絶対的なゴールはなくなる。あるのは、「他人と同じだけ」あるいは「他人より多く」という相対的なゴールだけだ。このゴールは他人もめざしているのだから、永遠に遠ざかるばかりである。こんなふうに考えたらいい。二人の男がある町に向かって歩いている。途中で二人は道に迷ってしまった。それでも二人は歩き続ける、相手に先んじることだけを目的にして。これが現在の私たちの状況である。本来の目的は消え失せ、残された選択肢は二つだけだ。先を行くか、遅れをとるか。順位争いをするのが私たちの運命なのである。目的地がないなら、せめて相手に負けたくない……。

よい暮らしはなぜ輝きを失ったのだろうか。前章では、良い結果を出すためなら悪い動機も容認されるという考え方を取り上げ、その歴史を論じた。だが前章で取り上げたマンデヴィル、ゲーテ、マルクス、マルクーゼ、ケインズはいずれも、悪い動機がほんとうはよいなどとは考えていなかった。読者にきれいは汚く汚いはきれいだと信じさせようとはしたが、本人はそうは信じていなかったのである。ところがここ数十年ほどは二つの思想的潮流が支配的になり、両者の影響が重なり合って、「きれい」と「汚い」、つまり「公正」と「不正」という言葉の意味自体が変質しつつある。二つの潮流の一つは現代の自由主義、もう一つは新古典派経済学である。この二つが公的な議論の場を席巻《せっけん》し、古い倫理学の伝統を主役から脇役へ、主流から傍流の座へ追いやってしまった。

ジョン・ロールズの『正義論』が一九七一年に出版されて以来、自由主義の思想家はこぞって中立性を重視するようになり、さまざまな倫理観について公の立場は中立を保つべきだと主張している。*つまり、国家はどれか一つの倫理観を支持すべきではない、市民は自由におのおのの倫理観に従えば

＊著名な「中立論者」には、ロールズのほか、ロナルド・ドウォーキン、ロバート・ノージックらがいる。自由主義思想の哲学者にはジョゼフ・ラズがおり、ラズはロールズに反対の立場をとってきた。だが政治の場で大きな影響力を発揮したのは中立論者だった。

よく、他人がそうする自由を阻害しない限り問題はない、というのである。言うまでもなく、この哲学的理想が完全に実現したことはない。フランスはヒジャブ（イスラムの女性が着用するヴェール）の扱いに関して中立ではないし、どの自由主義国家もヘロインに関して中立ではない。だが純粋な議論としては、ロールズの思想は勝利を収めた。今日では、あきらかにパターナリズム的な干渉政策でさえ、倫理的な理由からではなく、選択を奨励するとか弱者の権利侵害を防ぐといった理由で正当化されている。たとえばポルノは、女性を喰いものにするとか男性にレイプ願望を植えつけるといったあやしげな理由で禁じられ、好みや感性を下劣にするというほんとうの理由は表には出て来ない。ポルノに限らずあらゆる場面で、中立の原則は公的な議論を萎縮させ、本来は倫理的な問題を不毛な枝葉末節の技術論に矮小化《わいしょう》化している(23)。

国家中立論の原則がいまではすっかり堅固に根を下ろしているために、それがどれほど革新的な発想かということがときに忘れられがちだ。一九六〇年代までは、自由主義は第一義的には寛容の思想であって、中立の思想ではなかった。この差は重大である。単に先見や偏向がないこととはちがって寛容は積極的な徳であり、忍耐、平静、快活、プライバシーの尊重を包含する。寛容は、ある倫理観やある宗教観への公的な支持を排除するものではなく、それ以外の思想を配慮と尊敬をもって扱うことだけを要求する。また、許しがたいものにまで寛容を示すにはおよばない。これに対して、中立であるということは、あらゆるものについて一貫して中立であるということだ。屍姦《しかん》愛好者、ネオナチといったものに直面すると、中立国家はジレンマに苦しむが、寛容な国家にそういうことはない。

寛容から中立への転換には二つの大きな理由がある。第一は、古い寛容の文化を支えてきた自由主義的プロテスタンティズムの衰退である。第二は、民族的・文化的多様性の拡大である。一九五〇年代以降、ヨーロッパ各国は非白人・非キリスト教の大量の移民を受け入れてきた。またアメリカでは、WASP（アングロサクソン系白人新教徒）が黒人、カトリック教徒、ユダヤ人に押されている。こうした状況では、ある一つの宗教的伝統あるいは文化的伝統を公的機関が支持することは、たとえささやかであっても、あるいは象徴的な支持にすぎないとしても、不当だと受けとめられるようになった。なんとも皮肉なことに、中立を要求する声は、当の弱者や少数集団に劣らぬほどかつてのエリート層からも上がっている。おそらく自責の念に駆られているのだろう。むしろ弱者や少数集団の多くは、中立だが暴力的な世俗主義の中に放り出されるよりも、寛容な強者が抱く罪の意識の陰で生きるほうを選ぶかもしれない[24]。

公の場から倫理判断が排除されたことは、経済学の分野で一段と重要な意味を持つ。世界中の大学やビジネススクールで経済学が教えられている今日では、なおのことだ。経済学者は（と一般化して言ってもそう誇張したことにはなるまい）、欲望に対して判断を下すことを用心深く控えている。「経済学においては、もっと食べたがることの正当性やもっと高級な車を欲しがることの軽薄さを批判したがる輩には、たちどころに修業不足の烙印《らくいん》が押されてしまう」とガルブレイスは指摘した[25]。経済学者であれば誰でも、すくなくとも何らかの限度までは、欲望を満たすことに異存はない。だが欲望それ自体については、潔癖なまでに無関心である。

経済学のこの奇妙な姿勢は、この学問のルーツすなわちアリストテレスに叛旗《はんき》を翻し、経験主義を標榜《ひょうぼう》したことに由来する。この反乱の首領格であるジョン・ロックは、こう書いている。「古代の哲学者は、最高の善は富にあるのか、肉体的快楽にあるのか、徳にあるのか、瞑想にあるのかなどと無意味な問いを発していた。この調子で、最高の美味はリンゴにあるのか、スモモか、木の実か、といったことも合理的に議論できたにちがいない」[26]。ロックにしても、天国と地獄の存在が人間に徳を促す決定的な要因となることは、慎重に認めている。ただしそのあとで、もしそういう要因がなかったら、どれか一つの生き方が他よりよいとは言えまいと付け加えた。この懐疑的な視点が、「欲望を所与のものとする」立場として経済学の中心に据えられることになる。古代の人々にとって、欲望は的に当たることもあれば外すこともある弓矢のようなもので、よい欲望もあれば悪い欲望もあった。だが、もはやそうではない。欲望とはありのままの心理的事実にすぎず、罪もなく誤りもない。よって、本質的に望ましい生き方は存在しない。存在するのは各人が望んだ生き方だけである。

近代以前の経済思想を支えてきた要石《かなめいし》がこうして外されると、他の石もあっという間に崩れ落ちた。まず、必要と欲望の区別がなくなった。必要とは、伝統的な見方では客観的なもので、生存あるいはよい暮らしのために欠かせないというほどの意味である。対照的に欲望は心理的なもので、欲しがる人の頭の中にある。必要と欲望は互いに無関係である。子供は薬を必要とするが、欲しがりはしない。愛書家は詩集の初版本を欲しがるが、必要とはしない。必要xは正当な要求yを導くが、単なる欲望xはそうではない。乞食は必要を訴えても、欲望は訴えない[27]。

よい暮らしという概念を捨ててしまった現代の経済学にとって、必要と欲望を区別することに意味はない。「アーサーは上着を必要とする」という文章は、「アーサーは○○のために上着を必要とする」の省略形なのであり、空欄に入るのはアーサーの欲望である。経済学者は、場合によっては生活必需品の存在を認めるかもしれない。その場合でも、「生き延びたいという（通常確実な）欲望がある場合に限る」という条件を付け加えることだろう。経済学者がよく使う別の手は、必要を欲望の一種とみなすやり方である。つまり価格の変動に比較的左右されない、専門用語で言うなら「価格非弾力的」な欲望であるとみなす。だがこれは、ふつうに考えられている必要の概念を明確にするどころか、却《かえ》ってややこしくしてしまう。ヘロインは価格非弾力的な欲望の対象ではあるが、中毒患者がヘロインを必要とするわけではない。彼らが「どうしてもヤクが要《い》るんだ」と口走るとしても、死に瀕している場合を除き、正しい表現ではない。単にひどく欲しがっているだけである。

必要と欲望の区別とともに、これと密接に関連する必需品と贅沢品の区別もなくなった。古典的な意味では、必需品とは生活のため、あるいはよい暮らしのために必要なものを指す。「必要なものがなければ、人はよく生きることはできない。いや、生きることさえできない」とアリストテレスは語った[28]。これに対して贅沢品は、欲しくはあっても必要ではない。ここでもまた二つの言葉には倫理的な色合いがある。必需品は、つねに最も重要とは言えないにしても、当然のものとして要求できる。だが贅沢品はあってもなくてもよいものであり、ときに人を堕落させる余計なものでもある。必要は贅沢のために犠牲にされるべきではない。しかしよい暮らしという概念が存在しないなら、「必需品」は衣食住などほんとうに生存に欠かせないものに限られよう。あるいは、社会的地位に必須のものも含めてもよいかもしれない。ただし後者については贅沢との間に自然な区別はなく、慣習的な区別が存在するだけである。たとえばファーストクラスでの出張は、今日のイギリスの重役にとっては必須だが、五〇年前にはそうではなかった。

続いて崩れ去ったのは、「十分」という観念すなわち「足るを知る」ことである。アリストテレス学派にとって「十分」とは「よい暮らしをするために十分」という意味だったが、現代の経済学者にとっては「欲望を満たすために十分」という意味である（だから食いしん坊のビリー・バンターは、ハムの塊を前に「全然足りない」と叫ぶのだ）。「十分」を欲望に対比させて判断するなら、「どれだけあれば十分なのか」という問いに対して、肩をすくめ、「そりゃあ、どれだけ欲しいかによるね」と答えればよい。そしてもちろん、「十分」が「欲望を満たすために十分」という意味なら、欲望以上に、つまり十分以上に欲しがることはあり得ない。したがって、貪欲という悪徳は姿を消す。

そして最後に崩れた重要なものは、使用価値という概念である。現代の経済学は、この重要な概念を用いなくなった。すでに論じたとおり、アリストテレスにとってものの使用価値とは、よい暮らしに資することを意味した。たとえばワインは食べ物をおいしくし、友情を深める。食べ物も友情も人間にとって大切な財産である。したがって、ワインには使用価値がある。これに対してコカインは食べ物をおいしくするわけではなく、友情その他人生の善きものを深めてくれるわけでもないから、使用価値がない。仮に私がワインよりコカインを好むとしても、この事実は変わらない。私の好みがおかしいだけである。

アリストテレスの使用価値の概念は、スミス、リカード、そしてもちろんマルクスに受け継がれた。マルクスはこの概念に重要な位置付けを与えている。だが一九世紀後半になると、マルクスへの反動もあり、経済学者はこの概念を取り上げなくなる。新しいアプローチの旗手であるカール・メンガーは、次のように書いた。「価値は、財に本来的に備わっているものではなく、財に固有の性質でもなく、それ自体として独立に存在するものでもない。価値とは、効率的な人間が自分の自由に使える財の重要性について下す判断である」[29]。この新しい価値の概念は「効用」として知られ、その後の経済学の標準となっている。効用は純粋に記述的な概念であり、欲しいものについて語るが、欲しがるべきものについては語らない。私がワインよりコカインに金を払いたいと考えたら、コカインが私にとってより多くの効用を持つというだけである。

効用の発見は、経済分析における偉大な進歩として大いにもてはやされた。アリストテレスを悩ませた使用価値と交換価値の問題を解決してくれると思われたので、なおのこと歓迎されたのである。アリストテレスは、ブタとベッドがまったく異なる方法でよい暮らしに貢献するにもかかわらず、どちらも同じ通貨単位で価値を示せることに困惑していた。だが新しい視点から見れば、問題は消滅する。使用価値は「消費における効用」で交換価値は「交換における効用」だと考えれば、メンガーの言葉を借りるなら、両者は「価値という単一の一般的現象の裏と表」にすぎないことになる[30]。一方の価値を別の価値に変換するといった形而上学的な問題は、もはや存在しない。単に、どの時点で消費財は使われずに交換されるのか、というテクニカルな問題だけが残る。だが、思想の歴史ではありがちなことだが、アリストテレスの問題はほんとうに解決されたわけでもなければ、より扱いやすい問題に置き換えられたわけでもない。単なる「消費の効用」ではなく真の「有用性」という元の意味で考えるなら、使用価値は交換価値に転換することはできないのである。ちょうど色を長さに転換できないのと同じように。

使用価値と交換価値の区別がなくなったことは、重大な影響を孕《はら》んでいた。アリストテレスからケインズにいたるまで、交換価値、あるいはまさにそれを体現する貨幣は、追求の対象としては疑わしいとされてきた。ヴェルギリウスは憎むべき金への執着を語り、ケインズは「現実の生活や楽しみのための手段」としてではなくひたすら「所有する」ための金銭愛を「半ば犯罪的で半ば病的な性癖であり、精神科医に見てもらうほうがよい」代物だと述べた(31)。だが現代の正統派経済学が正しいなら、ケインズが示した区別に意味はなくなる。貨幣それ自体は、貨幣で買える財とは異なり、愛の対象にはなり得ないからだ。ミダス王やシャイロックの金への情熱は、実際には情熱ではなく、単に現在の消費より将来の消費を優先したにすぎない。あるいは、ある種のリスク回避にすぎない。人によってはこれを知性の進化の証だと言うかもしれないが、私たちは経済思想の退化の証とみる。

ここで一息ついて整理してみよう。近代以前の経済思想の中でなされた区別、たとえば必要と欲望、必需品と贅沢品、使用価値と交換価値の区別はすべて、ある種の生き方は他の生き方に本質的にまさるという前提に基づいている。一方、現代の経済学は、この前提を置かない。したがって、もはや善きものの実現はめざさない。個人それぞれにとってよいことを実現しうる条件の創出だけをめざす。経済学者のロバート・フランクは、正統的経済学の見解を次のように要約する。「よい暮らしがどういうものかについては、相反するさまざまな考えがある。だからおそらくわれわれが社会制度に望みうるのは、おのおのに適した生き方を選べるような幅広い自由度である(32)」。経済学者は、人間の本性を叩き直そうなどという野望は抱いていない。彼らは人間をあるがままに扱い、あるべき姿は考えない。天国やユートピアの名の下に数々の恐怖がなされたことを考えれば、こうした控えめな姿勢はまことにふさわしいと思われた。

反対論者はここで横槍を入れるかもしれない。なぜ経済学者の言うことを聞かねばならないのか。結局のところ、彼らは学者の一集団にすぎないではないか。それも、あまり人気のある集団とは言いがたい、と。しかし、そんな具合に経済学者の言い分を却下するのは、賢いやり方ではない。経済学は、単なる学問の一分野ではないのだ。経済学は現代の神学であり、利害関係の絡む場面で相手に耳を傾けさせるためには、地位の上下を問わず経済の言葉を話さねばならない。経済学が特別な地位を獲得するにいたったのは、ひとつには他の学問が政治論議で力を発揮できなかったためである。二〇世紀前半までは哲学が公の場で強い影響力を持っていたが、重箱の隅を突くような瑣末事《さまつじ》にこだわるようになって後退した。マックス・ウェーバーやタルコット・パーソンズを擁する社会学が続いて名乗りを上げたが、経済学に対抗しうる系統的な理論体系の構築にはいたらなかった。歴史学は力勝負にめっぽう弱い。かつては「世界の陰の立法者」を自称していた詩と批評は、T・S・エリオットとF・R・リーヴィスが束の間の輝きを示したものの、ひっそり退場した。かくして経済学の総取りということになったのである。

経済学が他の学問に勝利した背景には、社会の広範な変化もあった。この変化を一言で言えば、制度的権威の崩壊ということになろうか。よい暮らし、よき人生という理想は、教会と荘園貴族によって正式に認められ、知識人や芸術家や有力者によって奨励され、二〇世紀に入ってもイギリスでは強い影響力を保っていた。工業都市に共通する労働パターンは、アリストテレスの言うよい暮らしと同じ意味ではないにしても、単に最大化をめざす生活でなかったことはたしかだ。だがそれも過去のことになった。政治的役割を奪われた貴族は富裕層に吸収された。知識人は影響力を持たない小さな集団にすぎない。教会にかつての面影はなく、労働者階級はちりぢりになって力を失った。個人主義と主観主義を標榜する新古典派経済学が思想的空白を埋めてきたのは、こうした経緯からである。

ここで検証した二つの思想的伝統、すなわちロールズ以降の自由主義と新古典派経済学は、いずれもある生き方が他の生き方よりよいと公に認めることをいっさい禁じている。どちらの思想も、個人がある生き方を「よい」とすることには反対しないし、その生き方をするために必要以上に働いても咎《とが》めない（彼らの「効用関数」がそうなっているなら、誰が反対できるだろう）。だがこの許容は、見かけほど寛容ではない。人間のような社会的動物は、よい暮らしを基本的に他の人たちと共にする。よい暮らしの基盤は個人の頭の中ではなくて、共にする人々の中にあるのだ。私が日がな一日町の広場でサッカーをしたいとしよう。だが誰もサッカーをやりたがらなかったら、あるいは町に広場がなかったら、どうにもならない。世捨て人のように暮らすのでない限り、よい暮らしには多くの人の関与が欠かせないのである。

言うまでもなく自由主義社会においては、人々が集団でよい暮らしをすることは禁じられていない。ユートピア主義者やある種の信徒はまさにそれをしている。だがそのような集団が存続するためには、周囲の文化から承認されなければならない。このことは、より深い意味で、よい暮らしが基本的には公的な性質を持つことを浮き彫りにする。もし世間から認められなかったら、その集団は不信と反感のうちに内部崩壊するだろう（ごく最近の生活共同体と中世の修道会の運命を比べてみるとよい。後者は精神的にも物質的にも社会全体から認められていた）。個人の欲望の満足に専念する世界では、よい暮らしは変人や情熱家の戯言《ざれごと》としてあっさり片付けられるのがオチだろう。あくまでこだわろうとすれば、そんなことでは競争の圧力に耐えられないとか、そうした理想は失敗を糊塗《こと》するものにすぎないといった見方に圧迫されかねない。つまり、こうだ。自由な社会はどのようなよい暮らしも認めるけれども、まさに同じ理由から、そのどれにも好意的ではない。

以上のように、よい暮らしという観念は、洋の東西を問わず人間の思想に存在していた。それを捨ててよいと考えたのは、現代人が初めてである。よい暮らし、よき人生に代わって最優先目的になったのは、生活それ自体、正確には快適で便利な生活の維持だった。ニーチェが「やがて人間を超えるあこがれの矢を放つことがなくなり、その弓の弦が鳴るのを忘れるときがくるだろう」と書いたのは、このような時代が来ることを見越していたのだろう(33)。

欲望がとめどなく拡大するようになったのは、よい暮らしという観念の消滅が原因と考えられる。貪欲になりがちな傾向はいつの時代にも認識されていたが、従来は禁止や理想によって抑えられていた。だがいまや、禁止も理想もなくなった。よく生きるという理想から解放され、羨望《せんぼう》と退屈に助長された欲望は、神話の怪獣ヒュドラの頭よろしく増殖している。

とはいえ、悲惨な状況が改善されなかったと言うつもりはない。本章で定義したよい暮らしは、かつては少数のエリート層に限られていた。他人の労働、それも主として奴隷の労働に頼っていた階層である。従来の経済は、多くの人々に最低限以上の生活をさせることはできなかった。しかし現代は人類史上初めて、この不公正を正せる状態になっている。すべての人によい暮らしを、すくなくともその可能性を行き渡らせることが物理的に可能になった。もはや繁栄に必要な条件が正義に抵触することはない。

だが、「最高」や「最上」を誰もが手にできないように、「よい暮らし」がたまたまではなく原則として万人には行き渡らないとしたら、どうだろうか。また、よい暮らしというものが、よくない暮らしがあって初めて成り立つ俗物的な対立概念だとしたら、どうだろうか。このような疑念はじつに不愉快ではあるが、大いにありうる。古代の倫理観では、生まれの卑しい下層の人々はもとから除外されていたし、キリスト教の慈善の徳にしても、イエスが口にしたように「貧しい人々はいつもあなたがたと一緒にいる」ことが前提になっている。よい暮らしという観念が、ニーチェの言う「距離のパトス」、つまりは優越感の上に成り立っているとしたら、多くの人が賛同する民主主義とは相容れないように見える。

この疑義への完全な答は第6章まで待っていただかなければならないが、ここでは読者を安心させるために、私たちの言うよい暮らしは他のよくない暮らしとの対比を前提しないと言っておきたい。優越感や選民意識とは無縁である。この条件からすると、近代以前の倫理観の大半は除外せざるを得ない。アリストテレスが理想とした「偉大な精神の人」は上位階級の優越意識に染まっていたが、私たちがめざすのはこれではない。だからといって、近代以前の倫理観がどれも疑わしいと言うつもりはない。過去にはよい暮らしが特権と結びついていたことはたしかだが、だからといってそれが必然というわけではない。かつて少数のエリート層が貴族で占められていたとしても、貴族のように暮らすことは基本的に誰にでもできる。ニーチェの悲観論を鵜呑《うの》みにすることはない。

となれば私たちの仕事は、過去の伝統であれ、忘れ去られた制度であれ、まだ残されている知識の断片を回収し、そこからよい暮らしのイメージを再構築することである。それがうまくいけば、当時の創造的な活力を蘇らせることは不可能にしても、過去の偉大な文明のおだやかな幸福をより民主的な形で復活させることができるだろう。そして、メフィストフェレスから勝利を奪い返すこともできるはずだ。

私たちの考えるよい暮らしを説明する前に、成長志向に異を唱える二つの有力な運動について論じておかねばならない。一つは幸福を、もう一つは持続可能性を根拠とする主張である。どちらの運動の目的にも共感はできるが、両者はともに、無制限の成長に私たちが反対する理由を取り違えている。私たちが反対するのは倫理的な理由からで、実利的な理由からではない。

第4章　幸福という幻想

目的は愉楽《ゆらく》でなければならない、一生を通じて忙しく働き苦しむことの目的は楽しむためでなければならないという発想は、じつに奇妙である。

——アリストテレス

知識人が、経済成長は人を幸福にすることに失敗したと言い出してから久しい。「科学や技術の進歩は、われわれの本質的な喜びに何も付け加えていない」とジャン＝ジャック・ルソーが書いたのは一七五一年のことである。(1) むしろ進歩は野心や羨望《せんぼう》や無駄な好奇心を燃え上がらせた。これらの情念は、その本質からして、未来永劫《えいごう》けっして満たされることはない。質素な好みや厳格な美徳こそが真の幸福を紡ぎ出すのだ、その象徴は古代のスパルタだ、現代のパリではない……。

ルソーの嘆きは近年になって蘇ったが、今度は統計学で理論武装している。「幸福経済学」と呼ばれる新しい学問は、先進国の住人は全体としてはまずまず幸福だとしても、以前より幸福になったわけではないことを実証できたと主張する。統計によれば、イギリスの一人当たり国内総生産（GDP）は一九七四年から現在までの間にほぼ二倍になったが、幸福水準はほとんど変わらない。他の先進国も同じようなパターンを示している。したがって、ある水準を超えると絶対所得と幸福は相関しないと思われる。そこで幸福経済学者は、先進国はＧＤＰ偏重をやめて「国内総幸福（Gross Domestic Happiness）」すなわちＧＤＨを重要指標に切り替えるべきだと主張する。この主張は葬り去られはしなかった。イギリスのデービッド・キャメロン首相は、従来のマクロ経済指標を補う目的で、二〇一〇年に「幸福指数」を導入している。幸福はいまや政治にとっても重要関心事となった。

幸福経済学者は善意の人々である。彼らは、経済成長が人間にとって意味のある目的から乖離《かいり》してしまったことを懸念しているが、これはまことに正しい。富は人間のために存在するのであって人間が富のために存在するのではないという昔ながらの真実を、幸福経済学者は人々に思い出させたいと願う。だが悲しいかな、幸福経済学がいわゆる正統派経済学を完璧に脱却したとはとうてい言えない。正統派同様、彼らも経済の問題を基本的に「最大化」であると捉えている。彼らが正統派と異なるのは、最大化するものの選択だけだ。このアプローチには少なからぬ欠点がある。まず、統計データの精度に過大な信頼を置いている。さらに憂慮すべきは、幸福を無条件によいものとみなし、一つの単位で計測可能だと考えていることである。幸福の源泉や対象は顧慮されない。彼らにとって重要なのは、とても幸福なのか、すこし幸福なのか、ということだけだ。これはまちがっているし、危険な考え方でもある。一般的に言えば、幸福がよいものとなるのは幸福であるべきときだけで、悲しむべきときには悲しむほうがよい。対象と切り離して幸福それ自体を政府の主目的にするのは、国民を子供扱いすることにほかならない。これではオルダス・ハクスリーが『すばらしい新世界』で描き出した未来社会と同じである。成長請負人の代わりに幸福請負人に登場してほしいとは思わない。

幸福観の歴史

「幸福」という言葉がどんな意味かは誰でも知っている。それは、親が子供に願うものであり、夢見る乙女が結婚に求めるものだ。だが具体的に何を意味するかということになったら、相反するさまざまな定義に直面して困惑することになる。幸福というものは「本質的に議論の余地の大きい概念」の一つであり、幸福を巡る議論に結論は出ず、かといって打ち切ることもできない。要は哲学にうってつけの概念である。

幸福についての真剣な問答が西洋で初めて登場したのは、ヘロドトスの『歴史』の冒頭、アテネのソロンが莫大な富を誇るリュディア王クロイソスを訪れた場面である。クロイソスはソロンに対し、これまで旅をしてきた中で「誰よりも幸福な人間」に出会ったことはあるかと訊《たず》ねる。あきらかに自分に対する敬意と賛美を求めた問いだったが、ソロンは敢然《かんぜん》として別の人物の名を挙げた。最も幸福なのはテルスだという。むっとしたクロイソスは、理由を言えと命じる。ソロンはこう答えた。

「まず、テルスは裕福に暮らし、頑健で正直な息子たちがおります。息子たちがみな成長し、その子供たちが丈夫に育つのをテルスは見届けました。次に、テルスは私たちの基準から見て潤沢な収入を得ているうちに死にました。立派な死でした。ご存知でしょう、アテネが近隣国と戦ったエレウシスの戦いで、テルスは指揮権を引き継ぎ、敵を敗走させました。テルスは死にましたが、みごとな死に様でした。アテネ市民は彼が命を落とした場所で公葬を執《と》り行い、その栄誉を称えたのです」[2]

この一節に示された幸福の概念は、共感できる部分もあれば、奇妙に感じる部分もある。ソロンがテルスの富や立派な息子や孫のことに言及したのは、よく理解できる。こうしたものはまちがいなく人を幸福にするからだ。だが、栄光ある死と葬儀をソロンが強調するのは、ふしぎに感じる。残された遺族にとって名誉なことではあるが、当のテルスにとっては何の価値もないからだ（テルスがいまわの際に自分の高貴な死を見届ける僥倖《ぎょうこう》に恵まれ、かつ魂が浮遊して死後の名声を享受できたとすれば話は別だが、ソロンはそうしたことは想定しなかっただろう）。この疑問を解くカギは、通常「幸福」と訳されるギリシャ語のエウダイモニア（eudaemonia）にある。この言葉は精神の状態を表すのではなくて、存在の称賛すべき望ましい状態を意味する。エウダイモニアは公に評価されるもので、個人が感じるものではない。この幸福の定義が現代人の目に幸福と成功と徳の奇妙な合成物と映るのは、じつは大きな思想的転換があり、それが今日にいたるまで引き継がれているからである。これについては以下でくわしく述べるが、ともかくもこの転換は、西洋の歴史の大半において、そして西洋以外の多くの国では今日でも当然と受けとめられているある考えを遠ざけた。それは、「幸福は運命によって決まる」という考え方である。

　これはソクラテス以前の幸福観のもう一つの特徴であり、ソロンの逸話からはまさにこの考え方を読み取ることができる。テルスの死は、栄誉をもたらすと同時にそれ以上の不幸を阻《はば》むという理由で、彼の幸福にとって重要な要件だった。このことをソロンは、「誰も死ぬまでは幸福とは言えない」という名言に残している。クロイソスは、ペルシャ軍に敗れ火刑に処せられる直前になってこの言葉を思い出すのだ。これについてヘロドトスは、嫉妬深い神々に支配されたこの不確実な現世では、幸福をひけらかすのは傲慢な愚挙だときっぱり述べている。

幸福を当てにならない気まぐれな運命の贈り物と捉えるソロンの幸福観は、古代ギリシャ文学の中心的なテーマだった。とりわけ数々の悲劇には、それが哀切《あいせつ》に表現されている。だが紀元前五世紀も後半を過ぎると、このような幸福観は哲学から攻撃されるようになる。哲学は、当時の知識人による反体制運動にほかならない。哲学者たちは、幸福は知恵と徳の申し子であり、どちらも人間の力のおよぶ範疇《はんちゅう》にあると主張した。ソクラテスとプラトンは、何者もよき人の幸福を奪い去ることはできない、拷問にかけても奪うことはできない、とまで述べた。アリストテレスはおおむねもっと思慮深く、幸福が徳にあるとしてもやはり運に左右される、なぜなら徳それ自体が、すくなくともそれが存在しうるには、周囲の環境が整っていなければならないからだと反論した。息子と王国を失ったトロイア王プリアモスを誰も幸福とは言うまい。車裂きの刑に処せられた人を幸福だと言うのも、ナンセンスである。(3)

古代の幸福観は、いわゆる快楽主義を別にして、どれも方向性としては客観的だった。「よき人生とは何か、最も人間的な完璧な生き方とはどういうものか」は問うたが、心がどう感じるか、精神がどのような状態に達するかということには無関心だった。キリスト教もこの枠組みの中にとどまりはしたが、不条理な限界を設けている。人間は幸福をめざすけれども、現世の善の中には見つからないし、哲学者が称える徳や知性の中にも存在しないというのだ。むしろ幸福は、常識的には不幸とみなされるものの中に、すなわち貧困や孤独や迫害や死の中にあるという。「ののしられ、迫害され、身に覚えのないことであらゆる悪口を浴びせられるとき、あなたがたは幸いである」とキリストは言った。これはソロンの素朴な定義から大きく離れてはいるものの、それでもなお、古代の意味におけるエウダイモニアだと言えよう。

英語でも、同じ語源を持つヨーロッパの言語でも、幸福という言葉はもともとはエウダイモニアと同じ意味だった。幸福になるとは、幸運に恵まれ、人から称えられ羨まれる境遇に達することだった。シェークスピアの戯曲『ヘンリー五世』では、兵士の大半がいずれ戦死するか重傷を負うことが確実に予想されるアジャンクールの戦いの場面で、「われわれは少数だが、幸福な少数だ」と王が自軍に語りかける。このように幸福を運命と絡める古い用法は、誕生日の挨拶「このめでたい日が繰り返されますように（many happy returns）」や「縁は異なもの（happy chance）」といった慣用句にいまも残っている。だがこうした用法は一六世紀頃からの新しい意味にほとんど駆逐され、現代の英語では、「よろこばしく満足した心の状態」という新しい意味が優勢である。こうした言葉の変化には哲学の発展が関わっている。デカルトやロックが主張するように、意識というものが人間存在の根本であるなら、幸福はその中に存在しなければならない。かつて幸福を形成するとされたもの、たとえば富、名誉、評判は、いまや幸福の多くの原因の一つにすぎず、しかもその原因は人によってちがうとされた。となれば、どの幸福が「ほんとうの」幸福かを論じることに意味はない。そう、第3章で取り上げたロックの皮肉を繰り返すなら、「最高の美味はリンゴにあるのか、スモモか、木の実か」などと論じるのと同じことになる。(4)

この意識転換の影響は大きかった。古代の伝統が教えるように幸福が善であり、哲学が主張するようによろこばしい心の状態であるなら、善はよろこばしい心の状態だということになる。これが発展して功利主義が生まれ、一九世紀以降のイギリスで公共倫理思想の支配的な伝統を形成した。ベンサム流の古典的な功利主義は幸福と快楽を同一とみなし、全体の幸福すなわち快楽を最大化するのが正しい行為であるとした。幸福すなわち快楽の対象は問われず、重要なのは量だけである。「快楽の量が同じであれば、プッシュピン(ピンを弾く遊び)も詩と同じくよい」とベンサムが言ったことは有名だ。[5] この味気ない学説は、官僚的発想にとってまことに好都合だった。議論百出の無秩序状態を心配する必要は、もうない。倫理上や法律上の紛争は、ベンサムの言う「快楽計算」を機械的に当てはめれば、万事解決である。もっとも、実際の計算方法のくわしい説明は、とうとうされずじまいだった。ベンサム自身の公式によれば、強度、持続期間、確実性、近接性、増殖力、純度、範囲の七つの尺度を使うとされ、いかにも科学的根拠があるかのように装っている。以下で述べるように、功利主義にとってこの計算の問題は今日にいたるまで頭痛の種となった。

功利主義を生んだ土壌はまた、古典派経済学も生み落とした。ベンサムはリカードやジェームズ・ミルと親交があり、ベンサムのアイデアは、重要な修正を施されつつジェームズの息子ジョン・スチュアート・ミルに採用された。一九世紀後半の限界革命は、功利主義と古典派経済学のつながりをさらに強化した。先行世代の経済学者が生産の拡大を重視したのに対し、限界革命以降の経済学者は消費の快楽を強調する。この新しいアプローチの先駆者であるウィリアム・スタンレー・ジェヴォンズは、「最小の努力で欲望を最大限に満たす」と書いている。「望ましいものの最大量を、望ましくないものの最小量と引き換えに取得すること、言い換えれば快楽の最大化が経済学の課題である」と。[6] やや風変わりだが天才的な経済学者で、『数理心理学』の著者フランシス・イシドロ・エッジワースは、一段と極端だった。経済プロジェクトを有意義なものにするためには、「快楽計」を設置すべきだという。これは、快楽の量を計測する「完璧に理想的な装置」だそうだ。

「一瞬ごとに快楽計の表示は変動する。この繊細な指数は、情念の揺らめきに応じてこまかく上下し、知的活動をするときは安定し、ゼロ近くに何時間もとどまるかと思えば、一瞬にして無限大に跳ね上がる。表示される数値は、写真その他の無摩擦技術を介して、一定速度で送られる平面上に記録されていく……あとは感情の量を表す単位を付け加え、あらゆる感覚を常時合計すれば、純粋な功利主義の目的は達成される[7]」

古代ギリシャからなんと遠くまで来たことだろう。思うにテルスの幸福は、快楽計ではほとんど計測されないにちがいない。

二〇世紀に入ると、経済学者は自分たちの学問に心や精神といったものが関わることを不快に感じるようになる。当時は行動主義が大流行で、心理状態の推定は非科学的だとしてタブー視された。ありがたいことに経済学理論の大半は、心理などわからなくても再構築できることが判明する。消費者は首尾一貫した選好を持っており、それが行動にも表れると仮定すればよい。この選好が満たされる限りにおいて、その選好には「効用」があるというわけだ。たとえば私がリンゴと梨《なし》をすすめられて、梨を選んだとしよう。すると仮定により、梨はリンゴより多くの効用を私に与えたことになる。だがこのように結論するとき、行動に表れた選好だけが問題にされ、心の状態は言及されない。となれば、快楽計は無用として捨ててしまってよいわけである。

一九〇〇年代から三〇年代にかけて偉大な経済学者たちが取り組んだこうした理論の再構築により、経済学は人間心理の現実に対してよろこんで無関心を貫くようになる。経済学の観点から見れば、人間が利他主義か利己主義か、快楽主義か自虐嗜《し》好《こう》か、といったことは問題ではない。重要なのは一定の選好を持っていること、それに従って行動することだけだった。しかしこのような形式主義は、代償を伴った。一九世紀には、富が多いほどベンサム的な幸福度は高まると考えられていたが、近代的な経済学では、効用の最大化とは「消費者選好を満たす」ことを意味するようになる。そして選好の満足自体が幸福を意味するかどうかは、経済学が答えなくてよい問題とされた。こうなると、経済成長プロジェクトは断崖絶壁に飛び出すバッグス・バニーのように見えてくる。このアニメのキャラクターは崖から飛び出しても走り続けようとするが、足の下にはもう何もない。

　世界が不況と戦争に見舞われた一九三〇～四〇年代には、こうした問題はあまりに観念的だとして棚上げされた。だが二〇年後には、しだいに急を要する課題と感じられるようになる。ジョン・ケネス・ガルブレイスの『ゆたかな社会』、ヘルベルト・マルクーゼの『一次元的人間』、ティボール・シトフスキーの『人間の喜びと経済的価値』など影響力のある本が相次いで出版され、効用を幸福と同一視することに疑問を投げかけたからだ。かくしてルソーの懸念が蘇ったのである。技術の進歩が、古い欲望を満たす以上のペースで新しい欲望を生み出すとしたら、どうなるのか。人間が絶対的な幸福ではなく他人を上回る相対的な幸福を望み、市場での競争をゼロサム・ゲームにしてしまうとしたら、いったいどんなことになるのか。こうした疑問が、経済学が守備範囲外としてきた人間心理という禁断の領域に経済学者を引き戻すことになった。

同時に、心理学自体にも大転換が起きた。行動主義の立場からの内観法への批判が下火になり、自己評価が証拠として許容されるようになったのである。こうした中、幸福度調査が一九四〇年代にアメリカで初めて実施される。その後も繰り返し行われ、規模は拡大し測定方法も高度化していった。効用の形式的な概念に満足していなかった経済学者にとって、こうした調査データはまさに天の恵みとなる。データがあれば消費者選好とは無関係に幸福を計測でき、これを基準に成長の恩恵を評価できるからだ。かくして経済学は、本来望んでいた姿に、すなわち最大多数の最大幸福をいかにして実現するかを考える学問に、立ち戻ることになった。

幸福経済学

経済学者のリチャード・イースタリンは、一九七四年に「経済成長は人間を幸福にするか」と題する有名な論文を発表した。世界各国の幸福度と国民総生産（ＧＮＰ）を綿密に調査したところ、この問いに対する答はおそらくノーだという。これを「イースタリンのパラドックス」と呼ぶ。この論文を契機に幸福経済学は勢いを増し、イースタリンのパラドックスはおおむね正しいとされた〔訳注：二〇一三年四月にミシガン大学の経済学者ベッツィ・スティーブンソンとジャスティン・ウォルファーズが正反対の調査結果を発表した〕。このパラドックスは、三つの簡単な図表で表すことができる（図6～8）。図6には、一九七三～二〇〇九年におけるイギリスの国内総生産（ＧＤＰ）と生活満足度を示した。これを見ると、ＧＤＰはほぼ右肩上がりで増えているが、生活満足度のほうは横這《ば》いであること

図6　1人当たりGDPと生活満足度

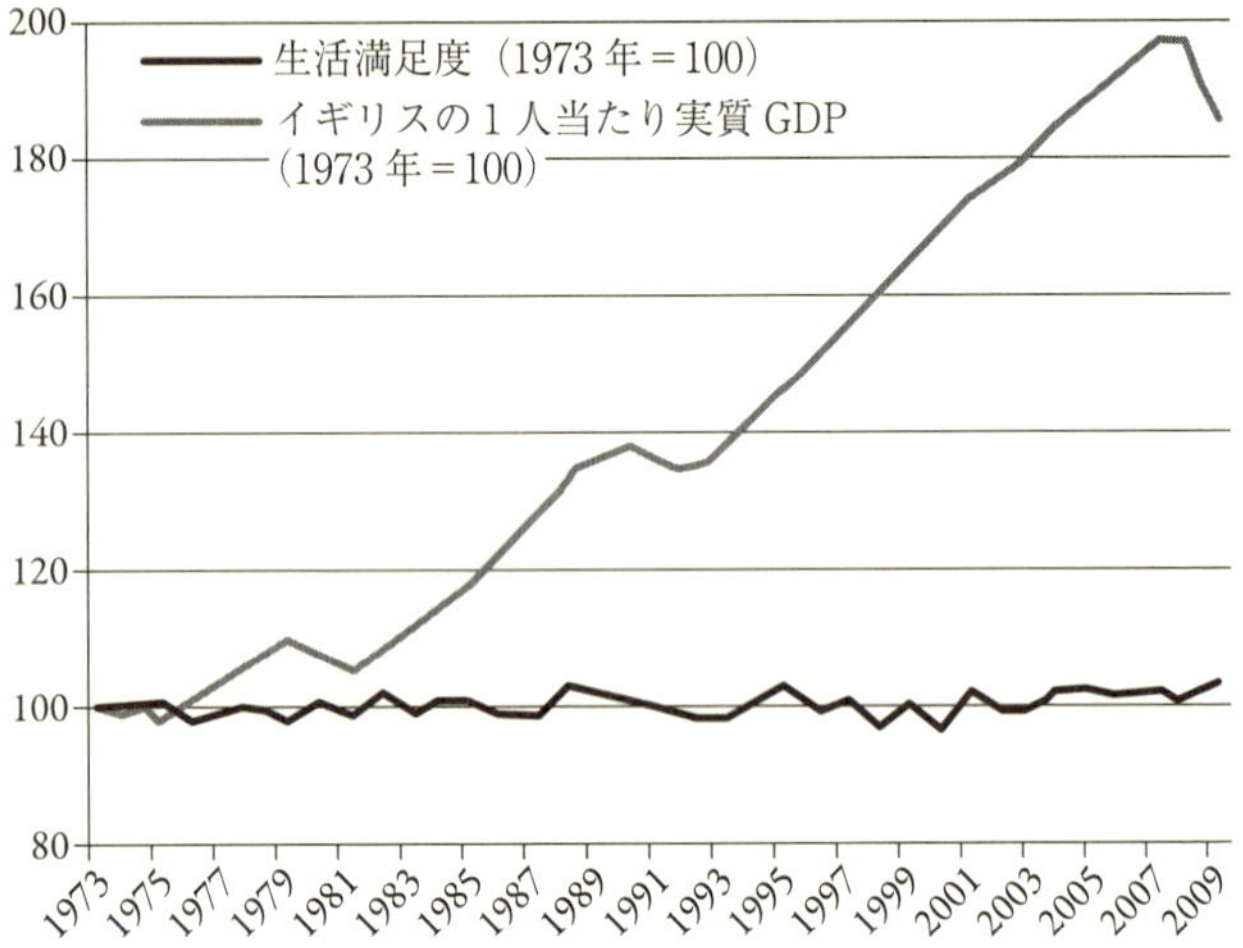

資料：Eurobarometer ; *World Database of Happiness*（http://worlddatabaseofhappiness.eur.nl/index.html）; ONS（国立統計局）

がわかる。他の先進国のデータも同じようなパターンを示す。この発見はかなりショッキングだ。過去三六年にわたり生活水準は大幅に改善されたというのに、幸福はすこしも増えていないことになる。ルソーは正しかった、お金で幸福は買えない……。

図7には、二〇〇五〜〇八年に行われた調査の結果をまとめた。各欄の数字は、イギリスの所得分布で上位一〇％層と下位一〇％層が、「とても幸福」「やや幸福」「あまり幸福でない」「全然幸福でない」の四段階で答えた比率を表す。あきらかに、「とても幸福」な人は富裕層に、「全然幸福でない」人は貧困層に多い。同じような傾向は、先進国と発展途上国の間でも認められる。

この二組のデータは、一見すると矛盾するように感じられる。**図7**は金持ちほど幸福であることを示すが、**図6**はそうではないから

図7　イギリスにおける所得と幸福の関係

	下位10%	上位10%
とても幸福	43.9%	55.0%
やや幸福	44.0%	43.1%
あまり幸福でない	7.1%	1.8%
全然幸福でない	5.0%	0.0%

資料：World Values Survey, 2005-08

だ。だが実際には、矛盾していない。数字の意味を正しく理解するためには、幸福が絶対的な富ではなく相対的な富に左右されると前提しなければならない。言い換えれば、金持ちの幸福は自分が最富裕層に属すことへの満足を、貧しい人の不幸は自分が最貧困層に分類されることへの不満を表している。社会全体の所得水準がどうあれ、最も富裕な人は最富裕層に、最も貧しい人は最貧困層にとどまるため、平均的な幸福度あるいは生活満足度に変動はない。ちょうどエスカレーターに並んでいる人のようなもので、列の最後尾にいる人は、全体がエスカレーターで上って行ってもやはり最後尾にいる。

心理実験も、大半の人にとって重要なのは所得の絶対値ではなく相対的な所得であることを確認したように見える。ハーバード大学の学生に、「平均年収二万五〇〇〇ドルの世界で、自分は五万ドル稼ぐ」「平均年収二〇万ドルの世界で、自分は一〇万ドル稼ぐ」という二通りの仮定のどちらかを選んでもらったところ、大半が前者を選んだ[8]。これは虚栄心の表れのようにも見えるし、たしかに一部はそうにちがいないが、最上位層の仲間入りをしたい理由は虚栄心以外に何かあるはずだ。人生で最上のもの、たとえば豪奢《ごうしゃ》な別荘、プライベートビーチのある避暑地、最高の学校といったものは、基本的に供給が限られているため、最も富裕でなければ手が届かない。第1章で論じたように、社会全体がどれほど裕福になっても、このような「地位財」や「少数独占財」の存在は、やはり金銭欲をつのらせる要因となる。

だが相対的な所得を考慮するとしても、図6で生活満足度がしぶとく横這いを続ける理由は依然として謎である。所得の絶対値は、幸福とほんとうに無関係なのだろうか。ノートパソコン、キンドル、フットスパ、海外旅行、寿司のテイクアウト等々を手に入れても、総合的な幸福度に何の影響もないのだろうか。幸福経済学者たちは、「慣れ」の影響を指摘する。物質的改善の大半はあっという間に当たり前になり、満足度に与えるプラス効果はすぐに消えてしまうというのだ。そこで所得は着々と上がっても幸福度はいっこうに上昇しないことになる。もう一つ、所得と並行して幸福度が上昇しない理由としてよく挙げられるのは、所得増加の不平等である。第1章で見たように、イギリスの平均所得は過去三〇年間で倍になったが、所得の中央値、すなわち所得分布の中央に位置する人の所得は、そこまで増えていない。所得の伸びの大半は、最上位層で占められている。そこで、仮に所得の絶対値が幸福に結びつくとしても、大半の人は絶対値が伸び悩んでいるため、それがデータに反映されることになる。

図8には、一九九〇年代における世界各国のGDPと幸福度をプロットした。この図からわかるように、幸福に最も縁遠い国は、どこも平均所得が年間一万五〇〇〇ドル以下である。しかしこの水準を上回ると、GDPと幸福度の間にさしたる相関は認められない。(9) これらのデータから、イースタリンの主張には修正が必要だと考えられる。ある限界値を下回ると、所得の絶対値が幸福度を左右するのである。これは、すこしも驚くには当たらない。適切な栄養、衛生、教育、住居が欠けていたら、

図8　幸福と所得の関係

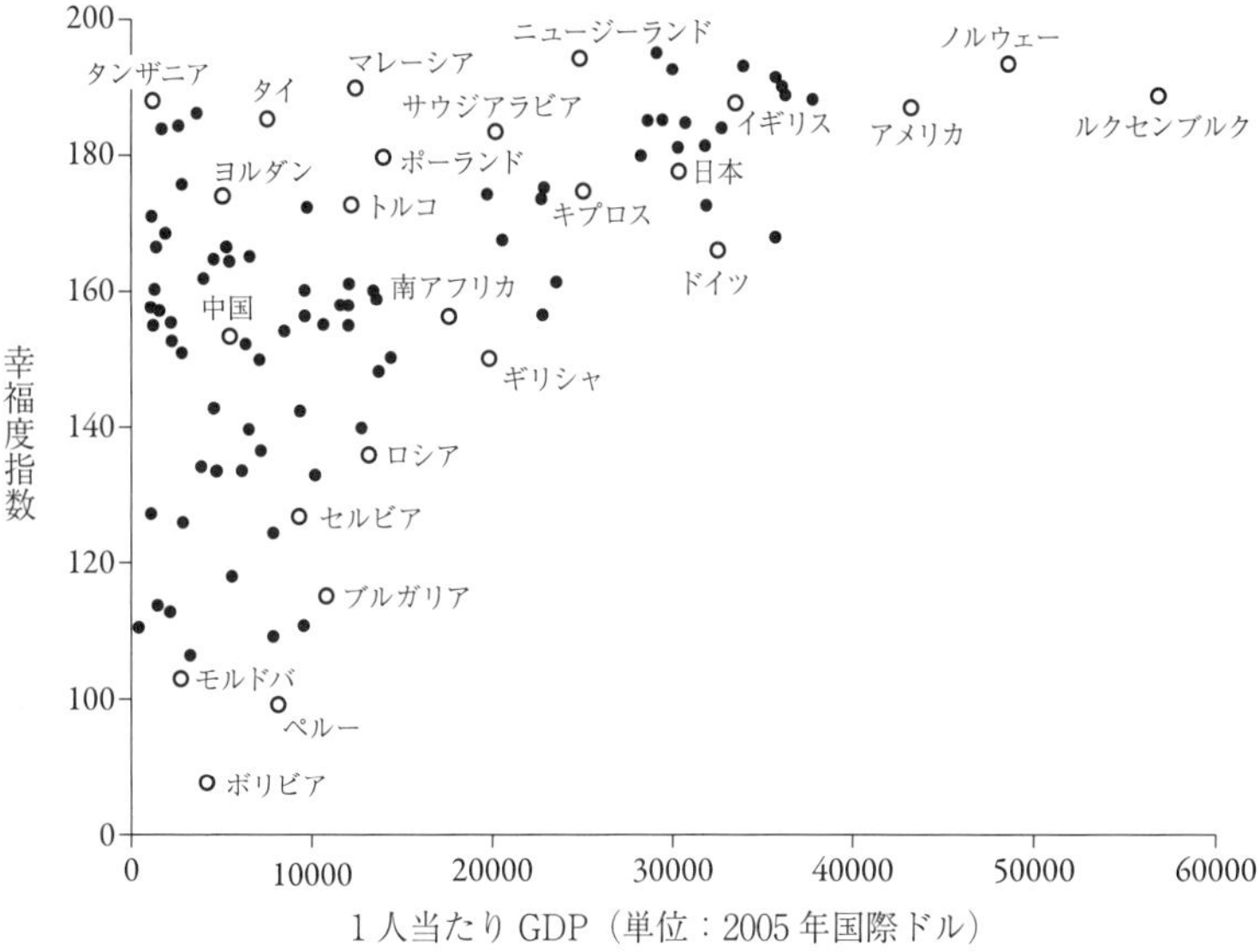

資料：World Values Survey, 2005-09

幸福にとってマイナスなのは当然である。図8からはまた、人々が自分の相対的な物質的幸福を判断する基準は、あくまで自国の基準であってグローバルな基準ではないことがうかがわれる。もしグローバル基準で判断するなら、中所得国は必ず高所得国より幸福度が低くなるはずだが、実際にはそうはなっていない。これと関連するが、旧東ドイツの労働者はドイツ統一後に、実質賃金が上昇したにもかかわらず幸福度が低下したとよく言われる。はるかに裕福な新しい仲間と自分を比較するようになったためだろう(10)。

では幸福経済学者は、この芳《かんば》しくない幸福度を高めるにはどうしたらよいと言うのだろうか。彼らによれば、問題は二つある。一つは個人レベルの不合理、もう一つは集団レベルでの不合理である。

個人の不合理は、消費財から得られる長期的な幸福を過大評価する一方で、余暇、教育、友情その他の無形財から得られる満足感を過小評価する点にある。集団の不合理は、仮に人々が最上位をめざすことが合理的だとしても、地位競争の論理からすれば全員が最上位にはなれない点にある。Aの成功はBの失敗であるから、幸福の総和は変わらない。いやむしろ、地位競争自体が不快だとすれば、総和は減ることになる。比喩で言えば、パーティー会場では全員が小さな声で話すほうが好ましいにもかかわらず、誰かが大声で話し始めたら、他の人も大声でしゃべらざるを得ない。おなじみのゲーム理論のジレンマである。

幸福経済学者は、どちらの問題にも、いかにも経済学者らしい答を出している。ある種の財が、所有者にも広く社会にも長期的に幸福を増やさないなら、税金をかければよろしい。そうすれば、余暇など幸福を増やすような財にリソースが振り向けられるだろうし、幸福を増進する公的プロジェクトに投じる歳入も増えるという。たとえば経済学者のロバート・フランクは、贅沢品への支出を抑え貯蓄を促すような累進制の消費税を提唱している。(11) 私たちも第7章でいくらか似た提案をするが、しかしそれは幸福のためではない。累進消費税のほかによく提案されるのは、労働時間の制限やある種の広告の規制である。一般に幸福経済学者はアメリカ流の生き方よりヨーロッパ流の生き方をよしとするが、ケイトー研究所のウィル・ウィルキンソンによれば、アメリカのほうがヨーロッパの社会民主主義国家の大半より幸福度は高い。(12) しかしどちらの側にも確たる証拠が乏しいため、この論争はしばらく続きそうである。

幸福経済学の誤り

幸福経済学は、ある意味で何も目新しい学問ではない。ソロモンやソクラテスを嚆矢《こうし》とする健全なモラリストたちは、幸福は愛と徳のうちに存するのであって、富に存するのではないと繰り返し説いてきた。旧約聖書の「箴言」の中にも、「肥えた牛を食べて憎み合うよりは青菜の食事で愛し合うほうがよい」とある。幸福経済学で目新しいのは、この昔ながらの知恵を統計の外観で装い、グラフや式で飾り立てたところにある。どうやら現代人は、科学の裏付けなしに知ったことをほんとうに知っているとは認められないらしい。しかしこのような科学の過信は、二重の意味で危険である。第一に、幸福度調査の有効性を過大評価することになる。第二に、人が幸福となる多種多様な対象とは無関係に、幸福自体に無条件の価値を認めることになる。それでは、この二点をくわしく見ていくことにしたい。

○幸福度調査の問題点

もう一度図6を見てほしい。生活満足度すなわち幸福度を示す線がどうしてこれほど頑固に横這いなのか、幸福経済学者はもっと頭を悩ますべきである。なぜならこの横這いのグラフは、所得の増加が幸福度に何の影響もおよぼさないばかりか、過去三〇年間にイギリスを襲った数々の社会的変化が、どれも幸福度にいっさい影響しなかったことを意味するからだ。アメリカや日本など、同時期のデータが入手可能な他の国についても、同じパターンが見受けられる。となれば、次の二つのうちどちらかが正しいことになる。幸福度というものは社会環境の変化に極度に無反応である。または、幸福度調査は幸福度の変化に極度に無反応である。どちらにしても、幸福経済学にとってうれしい話ではない。

次の理由から、問題は幸福度の測定方法にあると考えられる。図6のグラフは、回答者が自分自身について「とても幸福＝4」「やや幸福＝3」「あまり幸福でない＝2」「全然幸福でない＝1」の四段階で評価したデータをもとに作成された。一九七三年の第一回調査の平均回答は四点満点で三・一五点だったので、二〇〇九年までの間に理論上は二七％の上昇余地があったことになる。この上昇率は、同時期のGDP上昇率に比べると四分の一から三分の一程度にすぎない。それでもこのささやかな上昇を達成するためには、なんと回答者全員が「とても幸福」と答えなければならないのである。幸福度を一〇％引き上げるためでさえ、回答者の三一・五％が「あまり幸福でない」から「やや幸福」に、あるいは「やや幸福」から「とても幸福」に躍進しなければならない。これは国全体でみたら途方もない大幅増である。しかもこの調査のように上限・下限のある設問では、両極端の変化を記録することができない。つまり、いちばん幸福な一〇％の人がいっそう幸福になったとしても、すでに彼らは「とても幸福」と答えているので、その分の増加を計測できない。これに対して最富裕層一〇％の所得がいっそう増えたら、GDPを大幅に押し上げるはずだ。いっこうに上昇しない幸福度と右肩上がりのGDPの対比がしきりに強調されるが、実際にはこの対比は、不適切な計測方法の産物だと推定できる。(13)

中には一〇段階あるいは一一段階のものさしで回答してもらうタイプの調査もある。回答者は「全体としてあなたがどのくらい幸福か、〇から一〇までの目盛りに示してください」といった設問に答えるわけだ。このタイプの調査は、先ほどのタイプより多少感度が高くなる。だがその一方で、別の問題が発生する。「とても幸福」「やや幸福」「あまり幸福でない」「全然幸福でない」といった表現は、かなりおおざっぱではあるが、少なくとも意味は通じる。だが幸福が一〇点満点中七点とは、何を意味するのだろうか。百歩譲って感情の状態を点数換算することに意味があるとしても、それぞれの点数はどのような状態に対応するのだろうか。まず、両極端について考えてみよう。〇点とは、家族ともども生きながら煮え湯に放り込まれたような状態だろうか。一〇点とは、麻薬を打って「神が降臨した」ような恍惚《こうこつ》状態だろうか。すると五点はどうなるだろう。両極端の中間なのか、それとも何も感じないのか（両者は必ずしも同じではない。というのも極度の苦痛は、極度の快楽が心地よい以上に苦痛だからである）。あるいは五点は平均的な幸福を意味するのだろうか。あきらかに、調査設計者はこの最後の意味で考えている。だから、大多数の回答者が六点以上をつけたことに驚く結果となった。しかし五点が平均だとして、何の平均なのだろうか。国民か、それとも全世界の人々か。こうした問いには何の答も用意されていない。

国同士の比較になると、問題は一段と複雑になる。まず厄介なのは、幸福の表現がきわめて慣習的で、国ごとに大きく異なることだ。アメリカ人に「どう、調子は？」と訊《き》いたら、きっと「絶好調だよ」と答えるだろう。同じことをロシア人に訊ねたら、きっと肩をすくめて「まあまあだね」と答えるはずだ。アメリカ人とロシア人は幸福の表現方法がちがうだけなら、幸福度調査で本音を把握することはできるかもしれない。だがそもそも幸福の感じ方がちがうのだとすれば、どれほど感度の高い調査を設計しても、実態を把握することは期待できない。幸福度調査の設計者は、後者の可能性を見落としているようだ。彼らは、回答者は自分がどの程度幸福かを理解しているとの前提に立っている。あるいは少なくとも、楽観的な感じ方をする人と悲観的な感じ方をする人は地球上に均等に分布しているだろうと考えている。だがどうしてそう仮定できるのだろうか。幸福は成功の証だと言われて育った人は、自分自身に対してさえ、自分が不幸だとは認めないだろう。欧米各国の幸福度が高いのは、いわゆる「ポジティブ・シンキング」、つまり人生のよい面だけを見ようとする強い意志が浸透しているというだけのことかもしれない。さらに欧米諸国の大半には多数の非欧米マイノリティが住んでおり、この集団は多くの場合、一定の社会経済階層に集中していることも忘れてはならない。文化的な偏りは、国際調査のみならず国内調査においても回答の精度を歪《ゆが》める可能性がある。

加えて、翻訳の問題もある。幸福度調査の設計者は、英語以外の言語にも"happy"の同義語か限りなく近い同義語があると仮定しているはずだ。そうでないと、国同士の比較に意味がなくなってしまう。だが実際には、必ずしも同義語があるとは限らない。たとえば世界価値観調査の中国版では、"happy"の同義語としてシンフー（xingfu）という中国語が採用された。たしかにシンフーは生活の好ましい状態を指す言葉ではあるが、家族との生活を表現するときに主に使い、テニスをしているときやオレンジを食べているときにはシンフーであるとは言わない。また、売春婦や年とったプレイボーイをシンフーだと言うのは、心理を読み違っているだけでなく、言葉の使い方としてもまちがっている。要するにシンフーは現代の英語のハッピーよりも古代ギリシャ語のエウダイモニアに近い(14)。他の言語でも同じような問題が持ち上がる。一般的に言って、英語のハッピーは対応する外国語よりもはるかに軽く、気楽に使える言葉である。これはおそらく、アングロサクソン文化が功利主義の影響を色濃く受けているためだろう。ポーランド生まれの言語学者で感情意味論の権威であるアンナ・ヴェジビツカは「幸福に関する現在の文献では、言語学的な相違点がしばしば軽率に無視されている」と歎いている。(15)

幸福度調査の設計者は、一般に設問の正確な言葉遣いや目盛りの意味にあまり注意を払っていない。彼らは、何を計測したにせよ、幸福と結びつきそうな現象、たとえば低い血圧、左脳の活発な活動、よい健康状態、たくさんの笑いなどと強い相関を見つけられれば、それで満足してしまうらしい。こうして調査は「有効」ということになる。だがこのやり方は、哲学的な難題を引き起こす。幸福度調査の有効性を幸福についてすでにわかっていることと照合するなら、調査からいったいどんな新しい情報を得られるのか。調査結果が既存の知識と一致する場合には、そうした調査は不要だったことになるし、一致しなければ誤りだったことになる。となれば幸福度調査は、すでにわかっていることにくわしく肉付けするのがせいぜいということになるだろう。この調査に新しい発見は期待できず、も

＊この最後の点については、言語学的な直感は人によって異なるようだ。中国語を母語とする人の中には、売春婦や年とったプレイボーイにこの言葉を使ってもまちがいではないという人もいるし、まちがいだという人もいる。地域的や世代のちがいもあるのかもしれない。だが中国語を母語とする大勢の人がシンフーを第三者から見た客観的な意味合いで使っていることからして、"happy"と同義語であるとは言いがたい。

し発見されても信じるわけにはいかない。
自己評価による幸福と相関する要素は、大きく分けて二種類あることがわかっている。生理的な要素と状況的な要素である。生理的要素としては、自分を幸福と考えている人は、前脳左側の電気活動が活発で免疫システムが健全であることが確かめられている。[16]だが、前脳左側だの免疫システムだのはいったいどうやって幸福を感じとるのだろうか（自己評価した幸福を前脳や免疫システムが感じとる、というのでは答にならない）。一方、いくつかの調査によれば、自己評価による幸福度と、幸福を連想させる行動や状況とは相関するという。たとえば自分は幸福だと回答する人は、友人や知人より自分は幸福だと考えているし、よく笑う。[17]経済学者のアンドリュー・オズワルドとスティーブン・ウーは、アメリカ各州の日照時間、通勤時間、犯罪発生率などの環境要因と住人の幸福度を調査し、生活の質と環境の間に相関性を発見した（ニューヨークは環境要因、生活の質ともに最低だった）。[18]
こうした調査が信頼に値するなら、「自分は幸福だ」と言う人はおおむね幸福だということになる。だが調査結果は、見た目ほど揺るがぬ証拠とは言えない。というのも、回答者の自己評価がどうあろうと、彼らの幸福度についてはあらかじめ何らかの基準が存在すると考えられるからだ。つまり、何が人間の運命を決めるのか、何が人を幸福あるいは不幸にするのか、常識的な判断が厳然と存在する。よって自己評価は補助的な証拠としては役に立つとしても、幸福の最終基準とはなり得ない。このことは、単純な思考実験をしてみればすぐわかる。ある女性の子供たちが残酷な事件で皆殺しに遭ったとしよう。この母親は涙に暮れ悲嘆のどん底にいることがありありとわかるにもかかわらず、自分は幸福だと言ったら、どうだろうか。きっと、彼女は嘘をついているか、自分をだましているか、でなければ言葉の使い方をまちがっているか、一風変わった理解の仕方をする哲学者だろう、などと考えるだろう。そして、外見からしても幸福のはずがないと決めつけるはずだ。つまるところ幸福とは、観客が自分しかいない心の劇場で繰り広げられる演劇ではなく、行動や外観に自ずと表れるものだ。もしそうでなかったら、幸福について論じること自体がおかしい。幸福度調査では、人は自分自身の幸福を高い信頼度で判断できると前提されているが、この前提はまちがっている。

この矛盾は、じつは先ほどのオズワルドとウーの論文にもすでにはっきりと見受けられる。「正規の調査結果を踏まえるのは当然ではあるが」と前置きしたうえで、彼らは次のように述べた。

「ハリケーン・カトリーナに襲われたルイジアナ州が、生活満足度調査で上位にランクされたのは、異常と考えられる。さまざまな検証は実行済みだ。カトリーナ前のルイジアナ州のランクは高かったし、メンタル・ヘルス・アメリカと薬物乱用・精神衛生管理庁応用研究所が実施した調査においてもそうだ……とはいえカトリーナの襲来で、同州の構成が変わった可能性は高い。具体的には、生き残った人々は無作為抽出標本ではない。したがって、結果の解釈には注意を要する。今後、統計的調査を実施すべきだろう(19)」

これはまた正直な告白である。オズワルドとウーは、一貫して「正規の調査結果を踏まえる」べきだとしながらも、ハリケーンと幸福の関係についての直観的な知識からして、彼ら自身が当惑していることを認めたのだ。究極の選択を迫られたら、彼らはデータのほうを疑い、自分たちの直観的知識のほうは修正しないだろう。同様に(ただしこちらは批判的な意図から)、ヘレン・ジョンズとポール・オーメロッドは、アメリカでは幸福と暴力犯罪の間に正の相関性が成り立つことを発見した。そして彼らはまことに適切に、統計が信頼できないことの証拠としてこれを取り上げたのである。ジョンズとオーメロッドは、暴力犯罪で幸福になる可能性をあっさり排除した[20]。それに、上記二つのケースでデータの信頼性が確認されても、つまり十分に大きく代表性のある標本から抽出されたことが判明しても、私たちはなお疑問視するだろう。回答者が嘘をついたか、思い違いをしたか、質問を正しく理解しなかったと考えるだろう。つまり人間は、幸福の条件としてすでに知っていることにあくまで固執する。

となれば、今度はこの意識が邪魔になる。幸福度調査は、先に挙げたように言葉遣いや計測方法のあいまいさに加えて、自己評価に信頼が置けないという、より根本的な問題を抱える。したがって、相関性や直観的知識に照らした外部的な検証が必要になる。しかしそうした検証を要する限りにおいて、この調査は既知の情報と重複する冗長なものに成り下がる。結局、この種の調査は、常識的な判断に科学のお墨付きを与えるという儀式的な役割にとどまると言えよう。

では、幸福度調査は無用なのだろうか。必ずしもそうとは言えない。幸福を巡る常識的な理解を覆すような発見はできないにしても、不確実な点やあいまいな点をはっきりさせる効果はある。たとえば同性愛者は異性愛者と比べて不幸だと言われることがあるが、調査結果を見ると両者に差はないことがわかる[21]。これは正真正銘有用な情報に見えるけれども、この結果が受け入れられるのは日頃の観察と矛盾しないからだということは、忘れるべきではない（もし同性愛者がみな憂鬱な顔つきで酒浸《びた》りになっていたら、私たちは調査結果を疑うだろう）。またこの種の調査は、まだはっきりわかっていない幸福・不幸の要因に順位付けをする点でも役に立つ。たとえば失業が不幸の原因になることはよく知られているが、失業のほうが離婚より打撃が大きいとわかったら興味深く感じる。[22]さらに生活状況に関する情報を入手しにくい国や情報収集に高いコストを要する国では、幸福度調査は有用である。しかし先進国の大半では健康、雇用、教育、結婚その他の統計が整備されており、そうした統計データを直接分析するより幸福度調査といった間接的な調査に頼るほうが好ましい理由は何もない。第６章で論じる私たち自身のアプローチも、直接分析に基づいている。

　国際的な比較では、上記のとおり文化や言語のちがいによって結論の確実性は損なわれる。ハーバード大学の元学長で幸福経済学の熱心な擁護者として知られるデレク・ボックでさえ、「異なる国の平均的な幸福度を比較する場合には細心の注意が必要だ」と認めている。[23]ジンバブエやハイチの人々の幸福度がイギリス人より低くても、何も疑うべき要素はなく、そうなることは十分予想される。だがデンマーク人の幸福度が上でも重大に受けとめる必要はないし、なぜ向こうが上なのかと気に病むにもおよばない。「国民幸福計算」といったものを作ってＧＤＰを補うとかＧＤＰに対抗するといった企ては、無益である。[24]それは結局のところ、「人々は自分の幸福についてこう答えた」という情報を収集するだけで、幸福そのものを計測するわけではないし、そもそもできないのである。

○倫理的な問題点

　さて、では、前段で挙げたような調査上の問題点がすべて解決したとしよう。私たちは、幸福度を正確無比に計測する完全無欠の装置「スーパー幸福計」を手に入れたとする。ではいまから、幸福を最大化するプロジェクトに邁進《まいしん》してよいだろうか。答は、ノーだ。幸福経済学者が計測した幸福は、たとえ調査に問題がないとしても、政策の健全な目標とはなり得ない。その幸福は必ずしも善ではない、というじつに簡単な理由からである。その幸福を政策目標にすれば、ＬＳＤ研究の第一人者ティモシー・リアリーが提唱した「快楽エンジニアリング」と称する不穏な試みに道を拓《ひら》くことになる。

そもそも幸福経済学者は、幸福をどう理解しているのだろうか。この点について深く考えている研究者はほとんどいないようだ。この分野で第一人者と言われる中国の黄有光は、イギリスの哲学者へンリー・シジウィックの定義で満足しているらしい。これはベンサム流の古典的な定義で、幸福とは「快楽が苦痛を上回る状態。快楽と苦痛はともに包括的な意味で用い、それぞれあらゆる種類の快い感覚と不快な感覚を含むものとする」というものだ。(25) 言い換えれば、幸福とは主観的に快い心の状態であり、客観的に望ましい存在状況ではない。他の研究者はそこまで態度を明確にしていないが、彼らもこの定義を共有しているはずである。そうでないと、自己評価による幸福を信頼するわけにはいかないからだ。しかしソロンは、テルスが幸福かどうか、本人に確認する必要を感じなかった。

シジウィックによる幸福の精神的概念は、近代以降の欧米では標準となっており、多くの人にとって常識と化している。だが突き詰めて分析してみたら、幸福とされている状態は古代のエウダイモニアすなわち「運命」の観念の残滓《ざんし》を多分に含んでいることがわかるだろう。すくなくとも、私たちはそう主張したい。いまはこれについて論じないが、精神状態という意味合いで捉えた幸福は、アリストテレスの言う最高善とはなり得ないことだけは言っておきたい。自分の苦労や労働の目的が「すごくいい気分」だの「最高にご機嫌」といったくだらぬものであるとは、とても考えられない。そこで私たちは両刀論法をとる。幸福を近代以前の意味で理解し、よく生きることと捉えるなら、幸福度調査では計測できない。現代の意味で理解し、心の状態と捉えるなら、最高善とはなり得ない。いずれにしても、幸福経済学の試みは破綻する。

現代の幸福度調査を見ると、幸福を理解するにあたって二つの仮定が立てられていることがうかがえる。一見すると自分の幸福観だと思っているものと一致するように見えるが、ほんとうの幸福観とは一致しておらず、どちらの仮定も問題が多い。以下では一つずつ見ていこう。

第一の問題点として、幸福は総和だと仮定されている。言い換えれば、人生を通じての幸福は各瞬間の幸福の合計（場合によっては平均だが、この場合には結論がかなりちがってくる）だとみなされている。これは、幸福を全体論的に捉える見方、すなわち人生の幸福は全体として捉えるべきであって各瞬間の幸福には分解できないとする見方と対照的だ。総和的な幸福をどう計測するかについては、研究者の間で意見は一致していない。心理学者のダニエル・カーネマンはエッジワースにやや近く、一瞬ごとに幸福度を計測し、最後に合計すべきだと主張する。[26] 一方大半の研究者は、回答者に幸福度を自己評価してもらえばよいと考えている。だが計測方法について意見の不一致があるとしても、幸福が分解不能ではなく総和で表せることには全員が賛成しているはずだ。そうでないなら、「死ぬまでは誰も幸福とは言えない」というソロンの警句に従わなければならない。

この総和的な捉え方は、いくらか文化にも支えられている。現代の英語では（他の多くの言語とは異なり）、数時間、いや数分間について幸福だと言ってさしつかえない。そこで、幸福な瞬間の積み重ねとして幸福な人生というものを考えることが可能になる。だが、私たちはほんとうにそのような見方をしているのだろうか。ここで、若い頃に苦労して年取ってから大成した人物と、すばらしい青年時代を送ったがその後にすべてを失った人物の人生を比べてみてほしい。私たちはきっと前者を幸福で後者を不幸だと考えるだろう。だがどちらの人生にも幸福な瞬間が同じだけ詰まっているとしたら、なぜ両者をちがうと感じるのだろうか。言うまでもなく、最初の苦しみがあとの成功で美化されるからである。あとから振り返ってみれば、最初の苦労は人生全体のサクセスストーリーの一部として、試練だったとか、修業だったと考えることができる。これに対して人生の最後でした苦労は、あとで埋め合わせることができない（あの世で取り戻せるなら話は別だが）。となれば、ソロンの警句は永遠の真実だということになる。人生全体を見つめられるのは、あるいは人生の意味を理解できるのは、死を迎えたときだけなのだ。死ぬ前に人生を幸福だとか不幸だと言うのは、結末を知る前に演劇を喜劇だとか悲劇だと言うのと同じことである。

人生を台無しにするのは、取り返しのつかない苦しみだけではない。始めから終わりまで幸福な瞬間がたくさんあった人生も、断片的な幸福が全体として大きな幸福を形成しなかった場合には、幸福だったとは言いがたい(27)。たとえば、花から花へ飛び移る蝶のように女を渡り歩くプレイボーイを想像してほしい。豪勢な遊蕩《ゆうとう》に散財した末に二〇〇〇年に亡くなったグレンコナー卿は、このタイプだ。いまわの際《きわ》になって、「私の人生には、意味のあることは一つも起きなかった。ただパーティーのようにその日その日が過ぎていった」と呟《つぶや》いたという(28)。グレンコナー卿の人生は幸福な瞬間で満ちあふれていたにちがいないが、それを幸福と呼ぶことに私たちは抵抗を感じるだろう。いや、たとえ悔いなく死んでいったとしても、彼を幸福と呼ぶことをためらうはずだ。すくなくとも、大いに議論の余地があると感じるだろう。

哲学者のフレッド・フェルドマンは、同じシナリオをもっと過激な例で示した。彼が取り上げたのは、オリバー・サックスの『妻を帽子とまちがえた男』に出て来るジャミーのケースである。ジャミーはコルサコフ症候群を患《わずら》っており、ものごとを数分しか記憶できない。彼の生活は完全に断片化され、「束の間のばらばらの出来事がでたらめにつながっている」[29]。だがジャミー本人は自分の症状を知らない。彼は一瞬一瞬を楽しみ、蝶を眺めトランプをする。果たしてジャミーは幸福なのだろうか。フェルドマン自身は幸福＝快楽説に従い、幸福だと主張するはずだ。だが私たちとしては、幸福ではないと思う。親が子供に幸福であれと願うとき、ふつうはジャミーのような人生を望みはしない。このように考えれば、自ずと客観主義的な幸福論に向かわざるを得ない。病に冒されたジャミーの不運は意識形成の過程には含まれているとしても、本人の意識には上っていないため、これは他人にのみ見える不運である。

幸福度調査の第二の問題点として、幸福は一次元的だと考えられている。幸福経済学者は、ベンサムやシジウィックと同じく、そしてミルとは反対に、あらゆる意識の状態は幸福度に応じて順位付けできると考えている（中には幸福の度合いに応じて数値で表せると考える学者もいるが、これには異論が多い）[30]。要するに彼らの言葉を借りるなら、幸福は「単一通貨」で表せるというのだ。ここでは、日常的な言葉で言うしあわせ、喜び、楽しみのちがい、あるいはその反意語であるふしあわせ、悲しみ、苦しみのちがいは無視されている。イギリスの経済学者リチャード・レイヤードは、独創的な比喩でこれを弁護した。曰く、音はピッチやトーンがどうあれ、結局はうるさいかどうかで判断される。だから精神の状態も幸福かどうかで判断してよいのだ、と[31]。たしかに、もしそれではだめだと言うなら、幸福を計測する企ては始めから失敗に終わってしまう。

なるほどこれらの仮定は、調査方法の便宜上からは必要だろう。だがやはり、重大な誤りだと言わざるを得ない。好ましい感情にはたくさんの種類があり、幸福はその一つにすぎない。それに、幸福自体の中にも大小や強弱では表せないさまざまな質的なちがいが存在する。この点を説明するため、快楽、幸福、歓喜のちがいについて考えてみよう。なお、これらに劣らず重要な観念がほかにもあることは心に留めておいてほしい。

まず、快楽である。ベンサムの伝統を受け継ぐ経済学者たちは、幸福とは快楽であると言いたがる。こうすればあいまいな点はいっさいなくなると期待してのことだ。彼らの主張によれば、快楽とは量のみが変動する特殊な感情である。よって幸福イコール快楽であるなら、幸福も定量的に扱ってよいということになる。だが快楽は、遠い昔にアリストテレスが証明したとおり、けっしてそのように特殊な感情ではない。アリストテレスは言う――二人の友が仲よくおしゃべりをしているとしよう。そこへ笛の音色が聞こえてくる。もし快楽が特殊な感情だとしたら、音楽を聴く快楽と会話の快楽が足し合わさって大きな快楽となるはずだ。ちょうど二つの火が合わさると大きな熱を発するように。だがそうはならない。音楽が流れてくると、二人は会話から気を逸《そ》らされてしまう。両方をいっぺんに楽しむことはできないのである[32]。読者の中には、数年前に展開されたハーゲンダッツの広告を覚えている方もおられよう。裸の恋人たちがうっとりした表情でアイスクリームを塗りたくるシーンである。残念ながらやってみたことはないが、この広告はアリストテレスの正しさを証明しているように思う。

つまりセックスの快楽はアイスクリームの快楽で損なわれ、その逆も成り立つということだ。快楽は、はっきり「これ」と示せるような感情ではない。快楽は対象と切っても切れない関係にあり、それに応じてちがう形で生じる。幸福を一次元的に計測したいがために快楽と同一視するのは、始めの一歩から道を誤っている。

いずれにせよ、幸福は快楽ではない。両者は言葉の使い方からして異なる。快楽は、いつもではないが多くの場合、肉体の一部と結びつけられることが多い。フットスパやヘッドマッサージはその一例である。これに対して、幸福が肉体の一部で表現されることはない。足の親指が幸福だなどとはけっして言わない。また快楽を感じた時間は正確に表すことが可能だが（たとえば「一二時から一時まで」のように）、幸福のほうは、現代の英語で時間的に表すことはできるにしても、「一二時から一時まで幸福だった」というふうに厳密な時刻で表すことはない。「朝起きたときは幸福な気分だったが、しだいにそれは消えてしまった」というふうに表現する。しかもすでに論じたように、幸福は時間で表せない場合もある。「ジョンは幸福な人生を送った」というのは、「ジョンは人生のある時期に幸福だった」ということとはちがう。一方、快楽は、この意味で時間と無関係ではない。「快楽的人生」と言ったら、快楽の時を次々に重ねるような人生である。快楽はその時々に人生を彩ることはできるが、人生全体を特徴付けることはできない。

幸福と快楽のこうしたちがいは、二つの概念の根本的かつ現象論的なちがいに根ざしている。幸福とは単に心の中の感情ではなく、現実認識であり現実に対する姿勢である。ある状況、たとえば子供が大学に合格したとか、祖国が圧政から解放されたといった状況をよろこばしく認識することに、幸福はある。ただし例外はあり、赤ん坊や動物は原因がなくとも幸福になれるし、大人も「なんとなく」幸福な気分になることはある。だがその場合でも、幸福は自ずと外に表れるのがふつうだ。幸福な動物はすっかり安心してくつろぎ、幸福な赤ちゃんは一人にこにことおしゃべりする。幸福な大人は希望に満ち楽天的にふるまう。ウィトゲンシュタインも、「幸福な人の世界と不幸な人の世界はまったくちがう」と言った(33)。麻薬による恍惚状態は、まさに世界を美しく輝かしいものに一時的に変えることができる。麻薬が切れた後の幻滅がひどく、吐き気を催すだけでなく世界に裏切られたように感じるのはこのためだ。

アリストテレスが認めたとおり、快楽にも対象はある。ただしその対象は、主に経験に基づくという点で、幸福の対象とは異なる。死後に起きることや地球の裏側で起きることには快楽は感じない。しかし、それを想像して快楽を感じることはありうる。幸福と異なり、快楽は現実の状況認識には縛られないため、空想や妄想から快楽を得ることは十分可能なのである（架空の女性からでも男は快楽を得られるが、男を幸福にしてくれるのは本物の女性だけである）。快楽が現実の事柄から得られる場合でも、その快楽は経験の領域に入り込んでいる。たとえば、「アーセナルが一位なのでしあわせだ」と「アーセナルが一位だとわかって気分がいい」は微妙にちがう。前者は一位であることに満足した状態だが、後者は一位だというニュースを新聞やテレビで見てにんまりしているイメージだ。こうしたちがいから、快楽にはよろしくない評価がつきまとう。「快楽のために生きる」と言ったら、意図的に快楽を求め、その快楽が「高級」か「低級」かを問わず、貪欲に味わおうとする生き方が連想される。

さて、では、歓喜である。歓喜は快楽よりも幸福よりも高揚感を伴うが、しかしまた移ろいやすい。快楽や幸福は追求することができるが、歓喜を追求して得るのはむずかしい。逆説的だが歓喜は苦痛と表裏一体であり、このためキリスト教の書物に頻出《ひんしゅつ》する。著名な倫理学者フィリッパ・フットがクエーカー教徒のある女性について書いているが、この女性は困窮と迫害の末に自らの生涯を「喜びに満ちた人生」と語ったという。「彼女は「幸福な人生」とは言わなかった」とフットは指摘する。「もしそう言ったとしたら、私は当惑しただろう」(34)。幸福も快楽もなくとも歓喜がありうるように、幸福と快楽は歓喜がなくとも成り立つ。オリバー・ゴールドスミスは長詩『寒村行』(一七七〇年)の中で、遊蕩者の快楽を次のように揶揄《やゆ》した。

「壮麗な行列、真夜中の仮面舞踏会、
富者の気まぐれに追従者が群がる
だが軽薄なお調子者たちが欲望の半分も手に入れないうちに、
倦《う》んで快楽は苦痛に変わる
きらびやかな暮らしぶりに目を奪われながら
心に問うのだ、これが喜びなのかと」

ゴールドスミスは、お祭り騒ぎをする人たちが楽しんでいないと言っているわけではない。すくなくとも「倦んで快楽は苦痛に変わる」までは、おもしろおかしくやっていた。ちなみにおもしろいことやふざけたことを表す"fun"という言葉はこの頃に生まれたが、これは偶然ではあるまい。だがおもしろくても喜びにはならないし、おもしろいことが積み重なったら歓喜になるわけでもなかろう。量の問題ではなく、両者は質的にちがうのである。

以上のように、幸福は快楽とも歓喜とも異なる。ただし、同じ幸福の中にもちがいはある。先ほど幸福には対象がある、幸福とは何かについて幸福なのだと述べた。さらにここで、何について幸福なのかによって、幸福の性質が決まると付け加えておこう。たとえば「心からのしあわせ」というのは、単にワクワクしたりドキドキしたりするものではない（このあたりを青春小説の書き手は誤解している）。それは、人間にとって決定的に重要な善きもの、たとえば愛や誕生や大作の完成などと結びついている。フィリッパ・フットは次のように述べる。

「朝刊あるいは牛乳を盗《と》った盗らないで隣人と議論になり、それに勝ってご機嫌になることはあるかもしれないが、心からしあわせだと言ったらひどくおかしい。一方、子供が生まれたときに心からしあわせだとか、心からよろこんでいると言うのは、すこしもおかしくない……私たちは幸福を対象から切り離して心理学的に説明可能だと考えがちだ。だが、なぜそのようなことが可能なのだろうか。意味の共通性が、人生においてきわめて一般的な事柄に対する人間共通の反応に依存しないとどうして言えるのか[35]」

フットが主張するように、幸福の状態が対象から切り離せないとすれば、大小や強弱で順位付けできると考えるのは筋が通らない。なるほど、その気になったら「ドキドキ」だけを取り出してそれを幸福のものさしにすることはできるかもしれない。レイヤードの比喩のように、音から他の属性を切り離して「うるささ」だけで判断するように。だが、どうしてそんなことをしたいのだろうか。「ドキドキ」はそんなに大事なのだろうか。レイヤードの比喩を投げ返す形になるが、これではまるで演説を内容ではなく声の大きさだけで評価するようなものだ。セックスをオルガスムの強さや回数だけで評価し、他の大事な点をすべて無視する誤りにも似ている。

この点をさらに踏み込んで考えるために、パウエル＝プレスバーガー監督の名作映画『老兵は死なず』（一九四三年）の主人公キャンディ将軍を取り上げよう。若き日のキャンディはある女性に恋するが、彼女は親友と結婚してしまう。キャンディは彼女を忘れられず、のちの恋人は彼女にそっくりの女性だった（映画ではデボラ・カーが二役を演じている）。それでもキャンディは、失恋を引きずっている様子は見せない。彼は優秀な軍人であり、誇りを持って勇敢に戦う。さあ、キャンディは幸福なのだろうか。「ドキドキ」度で言えば、まちがいなく幸福である。彼はきっと何の気後《きおく》れもせず「快楽計」に乗ることだろう。私たちは彼が幸福でない、すくなくとも完全には幸福ではないと考えるが、その根拠は、人生の目的という枠組みで捉えたら、敵を撃つより愛のほうが重要だという信念にある。もっとも、キャンディ自身はこの考えに同意しないだろう。ここでもまた私たちは、幸福を客観的に捉えたいと考えている。

以上のように、幸福な人生というもの、つまり多くの人がこの言葉から理解しているものは、単に心地よい精神状態の積み重ねではなく、何か根本的な善きものを意味する。現代では幸福は心の状態だと理解されているが、それは浅い理解であり、じつは古代ギリシャのエウダイモニアが私たちの中に根を下ろしている。けっして「誰か特定の哲学者の人生観を裏口からこっそり持ち込む」のではない。[36]だがこれでまだ納得できない人たちのために（そういう人はたくさんいるだろう）、両刀論法のもう一つの刀を取り上げよう。もし幸福が単なる心の状態だとしたら、どうしてそれが同時に最高善になりうるのか、ということだ。単にいい気分になるために何年も苦労して芸術作品を作り上げるとか、子供を育てると言ったら、ひどく奇妙な生活態度の表れと言わざるを得まい。だがこれが、現在の幸福経済学者の考え方にほかならない。

この問題をもうすこし正確に記述してみよう。幸福経済学者は、幸福の度合いに応じて精神状態はよくなると考えている。つまり幸福であるほどよく、不幸であるほど悪い。幸福の対象や状況、不幸の対象や状況は、精神状態にとって何の意味も持たない。「よい気分がそれ自体として悪いことはあり得ない」とレイヤードは書いた。「結果が悪いときにだけ悪くなるのだ[37]」と。他の幸福経済学者はそこまでは言わないものの、同じようなことを信じているはずだ。そうでないと、彼らの試みは意味をなさない。幸福が本質的によいものでないとしたら、いったいなぜそれを最大化しようとするのか。*

だが人が心で感じた幸福が、それ自体として必ずしも善でないことはあきらかだ。それ自体として善であるのは、幸福になるべきとき、あるいはすくなくとも、幸福になるべきでないとは言えないときだけだ。あることが幸福を正当化しないとき、あるいは人を幸福にするとは全然認められないときに、そのことで幸福になるとしたら、それはよいことではない。大災害で大勢の人が死んだというニュースを聞いてうれしそうに笑い転げている人を見たら、「なぜ笑うのか」と私たちは詰問《きつもん》するだろう。「幸福になれる理由がどこにあるのか」と。あるいは学生が抗鬱《こううつ》剤を規定量の二倍も服用し、落第などへっちゃらという精神状態になっているとしよう。俗に言う「愚者の極楽」状態である。このとき私たちはきっと、この学生は「幸福になるべきでない」と考えるだろう。自分の置かれた状況に目覚めるほうがよい、と（アリストテレス学派なら、この学生は実際にはすこしも幸福ではないと言うだろう。だがそのように考えることは、幸福経済学者の視野には入っていない）。もっとも、正当な理由のない幸福がすべて悪かと言えば、そうでもない。子供の無垢《むく》な生きる喜びを奪いたいとか、死に行く人の幻想を打ち砕きたいと思う人はいまい。だが幸福な精神状態の価値が、すくなくとも部分的には、その対象の価値に左右されることはまちがいない。だとすれば、対象とは無関係に幸福自体を最大化する試みは、にわかに邪悪な様相を帯びることになる。

正当化できない幸福が存在するように、正当化できない不幸も存在する。思い違いや錯乱による不幸が正当化できないことは当然だが、不幸になる要因に敏感すぎる場合も正当化できない。そうした要因が存在する限り（それらが消滅することはあり得ない）、不幸に陥らないためには、視界の外に押し出すか、あまり敏感にならないようにしなければならない。その対策として、たとえば化学者が悲嘆や頭痛を忘れさせる薬を発明したらどうだろうか。あるいは新聞社や放送局が、飢饉や地震のニュースを流さないようにしたら。こうした対策は実際に効果はあるかもしれないが、けっして望ましいとは言えまい。

＊公平を期すために付言すると、ほとんどの幸福経済学者は、ロボトミー手術を義務化するといったことも含め、手段を選ばず幸福を最大化しようとは考えていない。彼らは「制限つき最大化」論者であり、基本的人権と正義の範囲内での最大化をめざしている。ただしこうした制限が、彼ら自身の功利主義的前提と両立しうるかどうかはあまり研究されていない。

伝統的な宗教や哲学の多くは、不幸とは個人的な悲劇だけでなく人類の悲劇に対する正しい反応であるとみなしてきた。こうした見方は西欧のキリスト教からは薄れてしまったが、東方正教ではまだ色濃く残っている。「あなた方がものごとの真実に気づいていたら、人間の生がどれほど悲劇的であるかに気づいていたら、あなた方の幸福は自ずと抑えられるだろう」と、ロシア正教会のブルーム府主教は語った。「喜びは別だ。心の内の喜びや高揚感は抱くことができる。だが多くの人々が苦しんでいることを知りながら人生の表面的なことを楽しむのは……私にはむずかしい」(38)。同じような考え方は、他の伝統的宗教にも見受けられる。あの無信仰の人生肯定論者ニーチェでさえ、苦しみの末の幸福以外はほとんど取り上げていない。「躍起《やっき》になって幸福を追求するのはイギリス人だけだ」と彼が言ったことは有名である(39)。

幸福経済学者は、こうした態度を「神秘めかして悲惨を売り物にする」として切り捨てるにちがいない。だがロシアの僧正《そうじょう》やドイツの哲学者でなくとも、対象を問わずに幸福を最大化する試みには何がなし当惑を感じるだろう。というのも、そうした企てを論理的に突き詰めれば、幸福の外的な対象はいっさい無視して脳に直接働きかける、という結論に到達せざるを得ないからだ。現に一部の幸福経済学者はすでにそういう結論に達しており、たとえば黄有光は脳刺激の研究を提唱している。「限界効用が逓減《ていげん》しない強い快楽を生み出す」力を用いて刺激するのだそうだ。黄がうれしそうに語るところによれば、これより効果的な方法は遺伝子工学しかないという(40)。リチャード・レイヤードは精神安定剤の効用を熱心に語る。鬱病の治療薬としてだけでなく、全般的な幸福感を高める薬として効果があるというのだ。レイヤードは恒常的な陶酔には反対しているが、その唯一の理由は、「ときには精神を覚醒させ、実存を構造化する必要がある」からだという。[41] その必要がないとしたら、恒常的に恍惚感に浸っているほうがよいらしい。

ハクスリーの『すばらしい新世界』はまだ実現していないし、レイヤードにしても黄にしても、ソーマ（『すばらしい新世界』に登場する強い幸福感をもたらす薬）の服用や脳の刺激を強制しているわけではない。すでに述べたように、彼らは「制限つき最大化」論者であり、一定の法的権利の枠内での最大化をめざしているだけだ。だが、この条件があるからといって安心はできない。なぜなら、『すばらしい新世界』で最も深刻な問題点は、抑圧よりも幼稚化だからである。「快楽製造装置」を阻止したいという欲望や感情がなくなってしまうのである。じつは、この種の社会が抑圧的になることはめったにない。誰も相争うことなく、むしろ個人の自由な選択の結果として新世界が出現する。考えてみてほしい、黄が言うような快楽が市場で手に入るようになったら、私たちはそれに抵抗できるのだろうか。

不幸が無条件に悪いものとして国が合法的に介入できるのは、鬱病など非常に特別なケースに限られる。しかし、これはまったく別の話である。鬱病に陥ると単にひどく不幸になるのではなく、桁外《けたはず》れに不幸になってしまう（夫を失った女性は鬱病の人に劣らず不幸だが、これは喪失に対する適切な反応であり、治療を要する問題ではない）。鬱病はあくまで医学の範疇であり、メンタルヘルスの問題として取り組むべきである。レイヤードは鬱病も不幸の一種だと主張するが、そうとは思えないし、鬱病の克服が幅広い幸福をめざす試みの一部となるべきでもない。

経済成長の追求から幸福の追求に乗り換えるのは、誤った偶像崇拝から別の誤った偶像崇拝に切り替えることにほかならない。個人として、また市民としての正しいあり方は、単に幸福になることではなくて、幸福になる理由を持つことである。人生の善きもの、たとえば健康、尊敬、友情、余暇活動は、幸福になる理由と言える。こうした善きものなくして幸福になったと言うのは自己欺瞞《ぎまん》であり、現実はちがうのに、人生はうまくいっているという妄想に陥っている。マルクス主義者はこの種の妄想をイデオロギーと呼び、圧政や困窮の事実を覆い隠すために使った。また天国と酒は、不幸な人々に運命を甘受《かんじゅ》させる昔ながらの方策だった。キャメロン政権が「幸福」にお墨付きを与えたことからすると、彼らもじきに同様の役割を果たすつもりかもしれない。

もちろん大方の幸福経済学者は、そんな大それたことは考えていない。彼らも私たちと同じく、やみくもに富を追い求めるのはもうやめて、生活条件の真の向上をめざす方向に舵を切ることを望んでいるにすぎない。だがここにマルクス主義者よろしく「客観的」という言葉を付け加えたために、正反対の方向を示すことになった。というのも、幸福が単に個人の感覚で、よく生きることとは本質的に別ものだとすれば、ソーマや脳刺激が安上がりで効果的な実現方法だということになってしまうからである。なぜ率直に認めようとしないのか――大事なのはよい暮らし、よき人生であって、幸福のことは幸福にまかせておけばよい、と。

第5章　成長の限界

自然には善き意図がある。だがアリストテレスがかつて語ったとおり、自然はその善き意図を実現することができない。

——オスカー・ワイルド

経済成長は人間にさほど多くをもたらさないだけでなく、無垢《むく》な自然を台無しにすると非難されてきた。この第二の非難は、じつは第一の非難に劣らず古くからある。ワーズワースが、機械生産によってなされた「自然に対する暴挙」を歎《なげ》いたのは一八一四年のことだ。その後の人々も、原生林や原野の破壊、植物相や動物相の消滅、河川、湖沼、海洋の汚染を慨嘆《がいたん》した。だがこの二〇年ほどは、自然界のある一つの様相が公的論議を席巻《せっけん》している。それは、地球温暖化である。これは取り返しのつかない壊滅的な現象だ、この悲劇を回避するためには経済成長を即刻断念しなければならない、いまの形での文明すら諦《あきら》めざるを得ないだろう……。

環境保護主義者の成長反対論は、あたかも揺るぎない事実に対する当然の反応のごとく提出される。だがその実、彼らの精神は、いまだにロマン主義精神そのものだ。情を挟まずに冷静に考えたら、地球温暖化だから成長を断念せねばならない、という論理は自明ではない。温暖化の影響を緩和する技術の開発資金を捻出するためには、成長を奨励すべきだという理屈も成り立つかもしれない。事実だけではこの議論に決着はつかない。対立しているのは世界観であり、プロメテウス流の楽観的な自然観と、自然に対する畏怖との衝突なのである。ところが実利一辺倒の公的議論では、カーボンオフセットだの排出権だのについて話し合うことになってしまう。

　環境保護運動が一皮めくれば宗教的な性格を帯びていることは、敵味方双方にとってしばしば困惑の種であり、恥だとまで言う人もいる。今日の文化では、表向きには科学こそが真実を見きわめる最高の審判者であり、その裏付けのない主張は戯言《ざれごと》に等しいからだ。だが私たちはそうは考えない。環境保護主義の核となっている宗教的な感情に私たちは敬意を払うし、共感もする。しかしこの感情は、科学を隠れ蓑にせず、オープンに表現すべきだ。隠すのは誠実さを欠く行為であるし、将来に禍根を残すことにもなろう。というのも、成長が持続可能だと判明した場合（その可能性はある）、持続不可能性だけを根拠とする成長不要論は拠りどころを失ってしまうからだ。これは、キリストの復活は近いとの信念を根拠としていた初期キリスト教の立場に似ている。

　環境保護主義者が思い出すべきことは、まだある。災厄の予言は昔から繰り返されてきたが、成長を断念させるよい方法とは言いがたいことだ。こうしたやり方は、愛されない。もうすこし不便な生活も悪くないし、それ自体望ましいと示すほうが、もっと親切だし、おそらくは効果的だろう。過激な人々は恐怖をかき立てて目的を達成しようとするが、人は喜ばしいことを理由に説得されたいものだ。よい暮らし、よき人生の構想にしても、罪悪感や報復に対する恐怖とともに示されるのではなく、幸福と希望に彩られているほうがはるかに好ましい。

成長の限界

ケインズは、あらゆる物質的欲望が最終的に満たされたとき、成長は終焉すると考えていた。もっと悲観的な他の学者は、成長には限界があると考えていた。つまり、それ以上の進歩を阻《はば》む外的な障壁が存在すると主張した。第2章でも取り上げたトーマス・マルサスの『人口論』は、この立場をとった最初の古典的著作である。マルサスの主張は、思わず笑いたくなるほど単純明快だ。論理展開は、二つの確実な条件から始まる。一つは土地の有限性、もう一つは「異性間の情欲」である。土地が食物を生み出す能力は、本質的に有限である。土地を次々に開墾することは可能にしても、遅かれ早かれ最大限の能力に達するはずだ。一方、人間の増殖力には限界がない。一世代ごとにその数が倍になるとしたら(マルサスの時代には女性が生涯に四人以上の子供を生むことは当たり前だった)、世界はたちどころに人間であふれるだろう。そうなれば不調和は避けられない。マルサスが言うように、「人口の増加力は食糧の生産増加率を甚《はなは》だしく上回るので、何らかの形で早死にするか、他の運命が人類を襲うことになる」(1)。

一九世紀の間には、ヨーロッパのほとんどの国(しかし全部ではない)ではマルサスの陰鬱《いんうつ》な予想は的中しなかった。農業生産性の上昇、出生率の低下、新大陸への大量移住といった要因が重なったためである。だがマルサスの亡霊は、その後何度も登場することになる。一九七二年にベストセラーになった『成長の限界』は、世界の人口は二〇世紀末までに七〇億人に達し、穀物、石油、天然ガス、銅、アルミ、金が不足すると予想した[2]。この予言は、またもや人騒がせに終わる。農業における「緑の革命」のおかげで単位面積当たりの穀物収穫量が劇的に伸び、人口がほぼ予想通り増えたにもかかわらず、大量餓死の恐れを払拭《ふっしょく》した。他のおぞましいシナリオも、やはり現実にはならなかった[3]。一九六〇年代の話題作のタイトルを借りて言えば、「人口爆弾」はただの爆竹だったのである[4]。

　こうした顛末《てんまつ》は、経済学者にとってはすこしも驚きではなかった。マルサスの主張の根本的欠陥はだいぶ前からわかっていたからである。価格と技術革新の相乗作用を見落としたのだ。既知の埋蔵量が激減すると、資源は値上がりする。すると、㈠眠っている資源を探す、㈡既存資源をより効率的に活用する、㈢代替資源を開発するというインセンティブが生まれる。たとえば最近の原油価格の高騰で、アラスカとメキシコ湾では新たな油田が商業生産を開始した。同時に、風力、太陽光など代替的なエネルギーの開発が進んだ。技術が進歩し、人口増が抑制される文明においては、地球上の食糧、エネルギーその他の必需品が完全に枯渇する事態は考えにくい。ただし、そのような地球での生活の質がまた別の問題であることは、言うまでもない。

　だがマルサスの主張は、より強力な議論に発展させることが可能だ。成長の究極の限界が「蛇口」側ではなく「排水口」側にあるとしたら、すなわち石油その他の資源の供給側ではなく、廃棄物の吸収能力の側にあるとしたら、どうだろう。汚染は通常の市場メカニズムでは扱いにくく、経済学者はこれを「負の外部性」と呼ぶ。汚染はその有害性が価格に転嫁されないため、実際のコストを上回って過剰に「生産」されやすいのである。汚染を規制するには共同体全体で取り組まねばならず、それもグローバルな行動が必要になる。汚染の影響は、発生源から遠く離れたところにもおよぶことが多いからだ。

近年、公的議論を独占しているのは二酸化炭素（CO2）である。CO2は、石炭、天然ガス、石油などの化石燃料を燃やすと大気中に放出されるが、あいにくこれらの燃料は地球全体のエネルギーの約八〇％を占めている。大気中のCO2濃度は産業革命以後徐々に上昇しており、現在も上昇中だ。これは懸念すべき事態である。CO2は太陽熱の放出を防ぐ働きをするガスの一つであり、その濃度が高まれば大気温は上昇する。これは「人為的温室効果」であり、地球温暖化の主因とされている。

地球温暖化は、規模の点でも性質の点でもマルサスの脅威とは比べものにならない。洪水、旱魃《かんばつ》、疫病などが予想され、最悪の場合には人類絶滅という事態にもなりかねない。温暖化を食い止めるのは、単にあれこれの贅沢品を諦めるといったレベルの問題ではない。石炭、ガス、石油といった工業文明の血肉となるものを断念しなければならないのである。そもそも工業文明が気に食わなかった人々からすれば、これは格好の材料だった。地球温暖化に警鐘を鳴らし続けてきたイギリスのコラムニストのジョージ・モンビオットは、先進国政府に対し「経済成長率を可能な限りゼロ近くに維持する」ことを求めている。(5) また、イギリス政府の独立諮問機関「持続可能な発展委員会」のメンバーであるサリー大学のティム・ジャクソン教授は、経済成長を完全にゼロにしない限り、地球の破滅から逃れる道はないと主張する。ジャクソンの希望的観測によれば、そうすれば誰もがより幸福になれるという。(6)

よりよい世界を実現していくうえで、もはや成長は長期政策の重要な目標とはなり得ないという点には、私たちも賛成だ。だが私たちは、科学的事実から引き出した結論としてではなく、倫理的な真実としてそう考える。地球温暖化がいかに深刻な問題であっても、それだけで成長を断念すべきだということにはならない。ある点を超えた成長は本質的に好ましくないという前提が付け加えられて初めて、その論理は説得力を持つ。しかしそうした前提は一般には認められていない。そこで倫理的な理想は、現実的な必要性という口実の下に隠されてきた。実利重視の今日の政治文化ではおなじみの策略である。

　地球温暖化の科学的見解を巡っては、「ホロコースト否定論者」に倣《なら》って「温暖化否定論者」なる言葉がよく使われる。だが私たちは否定論者ではない。私たちが疑っているのは温暖化と経済の関係であって、温暖化の科学的根拠ではない。気候学は比較的若い学問分野で、不確実なことや議論の余地のあることがまだまだ多い。しかも賛否いずれの側にも産業界や官僚の利権が絡み、政治に利用されやすい。世界一流の気候学者が結集する気候変動に関する政府間パネル（ＩＰＣＣ）でさえ、政治と無縁とは言い切れないのである。イギリスの貴族院は、二〇〇五年に発表した気候変動に関する報告の中で「ＩＰＣＣはある意味で知識の独占集団と化し、異端的な意見には耳を貸さない傾向がある」と指摘した。[7] このように非難の応酬が行われている状況で、科学者でない私たちにできる最善のことは、大多数の意見を受け入れることだろう。それは、地球温暖化は主として人間の活動がもたらしたということである。以下に述べることはすべて、これが真実であることを前提にしている。

　地球温暖化をゼロ成長に直結させる主張は、端的に言って功利主義の理屈に基づいている。つまり、将来のより大きな苦痛を避けるためには、今日の苦痛を耐えねばならない、という理屈である。だがこの主張が成り立つのは、地球温暖化の将来的なコストがある程度の確実性をもって判明しており、かつそのコストの重みが今日、五十年後、二百年後のいずれであっても同じと感じられる場合だけだ。どちらの前提も甚だ疑わしい。以下で順に検証しよう。

予測はつねに危険を伴うが、複雑でよくわかっていない分野となればなおのことである。それでも人は予測したがる。IPCCは、一九九〇年から定期的に、地球温暖化の影響評価を行ってきた。高性能なコンピュータを駆使して、数十年先のことを予測するという、まさに最新技術の後光《ごこう》が射《さ》しているような報告である。だがこうした予測は、じつのところ何を教えてくれるのだろうか。IPCCのモデルは、気候のみならず、人口、経済成長、技術革新の長期予想に基づいているが、これらはどれもきわめて不確実である。すべての不確実性を足し合わせたら、IPCC自身も認める「不確実性の連鎖」になってしまう[8]。この脆弱《ぜいじゃく》な基盤の上に、現世代の生活水準に確実に過激な影響をおよぼす対策が設計されているのだ。

科学技術は、地球温暖化のコスト予想で中心的な役割を果たしている。予想される洪水や旱魃や疫病に人類がどこまで対応できるかは、科学技術次第だからである。だが、技術自体がどう変化するかは予測できない。カール・ポパーが語ったとおり、これから何を知るかを予測できるなら、それはもうすでに知っているのだ[9]（これは、古いSF映画が語るのは制作当時の夢物語にすぎないという周知の事実に敬意を表して、スタートレック効果と名付けてもよかろう）。IPCCは予測のむずかしさを十分承知しており、「百年後に使われる技術は、温暖化に対する気候の敏感度や脆弱性に想像もつかないような影響を与えるかもしれない」と認めている[10]。だが想像できないというまさにその理由から、公式の予測モデルに組み込むことができない。エドワード朝の人々は、遺伝子組み換え技術を使って七〇億の人口を養えるようになるとは、想像もつかなかったにちがいない。だとすれば、子孫の代が技術の力によって三、四度の温暖化など易々と対処できるようになるとしても、驚くにはあたるまい。

ＩＰＣＣが複数のシナリオの発生確率を算出せず、単に「起こりうる筋書き」として提示しているのは称賛に値する。だが、環境問題で人気獲得を狙う政治家は、どうしても最も極端な筋書きに目を奪われる。政治家に取り入ろうとする顧問連中もそうだ。となれば、おなじみの演出や単純化が始まるのは避けられない。専門家の発表からは、ストリップショーよろしく付帯条件や仮定が次々に剝《は》ぎ取られ、しまいにはじつにわかりやすいキャッチフレーズと化してしまう。たとえば、ＩＰＣＣの六通りのシナリオのうち最も悲観的な予想が二〇〇六年スターン報告の基礎資料となり、次にはそれに基づいてトニー・ブレア元首相が欧州連合（ＥＵ）首脳に公開状を出した。そこには「破滅的な臨界点を回避するために必要な手段を講じる時間は、あと一〇年から一五年しか残されていない」とある[11]（これが二〇〇六年のことだから、いま残された時間は五〜一〇年しかない）。

破滅的な「臨界点」つまり「もはや引き返せない点」が存在するという考えは、実証的な根拠を欠くとして、大方のまともな科学者からは却下されている。「破滅という言葉は科学の言葉ではない」とマイク・ホルムは述べた[12]。ホルムは、イーストアングリア大学ティンダル気候研究センターを創設した環境学者である。だがそれをよくわきまえているはずの人物でさえ、相変わらずこの言葉を使っている。たとえば地球化学者のジェームズ・ラブロックは、後段でまた取り上げるが、「地球は地獄と呼ぶのが適切な状態」に近づいているとし、「あまりに暑くあまりに苛《か》酷《こく》で、現在生きている数十億人のうち一握りしか生き残れまい」と述べた[13]。この種のメッセージは、神の存在に関するパスカルの有名な賭けの現世版であり、いかなる犠牲を払っても避けねばならないおぞましい悪魔を敢えて呼び出す発言である。この挑戦的な戦略は、現在では「予防原則」として恭しく扱われているが、パニックを引き起こそうと計算されたものだ。実際には最も悲観的な予測でも、地球温暖化の危険はたしかにあるものの、戦争その他起こりうる災厄と比較しうる規模だとされている。したがって過激な環境活動家のように、あらゆる努力やリソースを投入することまでは要求していない。

先ほど述べたように、経済成長を抑制せよとの環境保護主義者の主張は、地球温暖化の将来コストがまずまずの精度で予測可能であるとの前提のほか、どれほど先であってもコストの重みは同じであるとの前提に依拠している。たとえ災厄が二百年先であっても、それを防ぐために、将来払うのと同じだけの犠牲をいま払わなければならないという。これは直観的に受け入れがたい。ほとんどの人は、いま生きている人の幸福をまだ生まれていない人の幸福より大切にする。つまり「現在中心主義」である。環境経済学者の多くは、将来の幸福を「割り引く」方法でこの事実を織り込む。平たく言えば、明日のジャムの価値は今日のジャムの価値より小さいとみなす。さらに、将来世代は現世代より裕福である可能性が高いと仮定し、そうであれば地球温暖化の対策コストをより負担しやすいと考える。この二つの仮定を組み合わせると、「気候変動がグローバル経済にもたらす影響は重大な脅威ではあるが、近い将来に温室効果ガスの排出削減を行う必要はない[14]。排出削減は今後数十年以内に開始し、徐々に削減量を増やしていけばよい」ということになる。

過激な環境保護主義者は、将来の幸福を現在価値に割り引くことに強硬に反対する。二〇〇〇年でなく二一〇〇年に生まれたという理由だけで、どうして彼らの取り分を勝手に減らすのか。これは人種差別や男女差別と同根の世代差別ではないか、というわけだ。スターン報告は、割引率をほぼゼロ近くに設定した。つまり、現世代か将来世代かを問わず、すべての人の幸福にほぼ同じ重みを付けた（割引率が完全にゼロでない理由は、人類滅亡の可能性を考慮したからだという）。すると、温室効果ガスの排出削減を直ちに行うべきだという結論になる。当初は小幅の削減でよいが、二〇五〇年までにはグローバルGDPの一％に削減量を増やす必要がある。さもないと、将来コストはますます膨らむという(15)。スターンは、のちに気候変動の対策コストを従来予想の二倍に増やした。その後、一段と高めに見積もる専門家が続出し、ついには経済成長をゼロにしなければならないという主張につながっている(16)。

スターン報告を貫くのは宇宙的な平等主義の倫理である。彼らにとってはどの時代も現代であり、過去、現在、未来を問わずすべての人間は等しく一人である。だが私たちは、宇宙より低次の人間の立場をとる。そして、時間の流れにおける固有の地点から世界を眺め、この立ち位置に応じて共感を分配する。だから、孫よりも子供の幸福を大切に考え、曾孫《ひまご》より孫を、玄孫《やしやご》より曾孫を大切に思う。もしそう考えなかったら、義務を怠ったことになるだろう。チャールズ・ディケンズの『荒涼館《こうりようかん》』に登場するジェリビー夫人を思い出してほしい。彼女は「望遠鏡的な慈善家」で、アフリカの貧しい人々を救うことに夢中になり、自分の子供は放りっぱなしである。イギリスの大物政治家ナイジェル・ローソンは、「スターン報告の割引率に表れている倫理観は、ジェリビー夫人のそれと大差ない」と指摘した(17)。いや、実際にはスターンのとった立場は、ジェリビー夫人よりさらにおかしい。ジェリビー夫人は実の子供と異国の人々を同等に扱ったが、スターンはいま生きている人とまだ生まれていない人を同等に扱っている。存在する可能性があるというだけの人々の幸福を、血の通った人間の幸福と同じものさしで測っているのである。ルイ十五世の捨て台詞《ぜりふ》「あとは野となれ山となれ」は有名だが、そんな無責任に陥らなくとも、この奇妙な発想は却下できる。まだ生まれていない人の幸福は、いま生きている人の幸福より少なく見込むと言えばよい。少なくではあっても、しかしきちんと見込む。

地球温暖化を成長抑制に結びつける主張は、ひどく根拠薄弱である。そのような主張が長らく寿命を保っているのは、おそらくもっと深い理由があるからにちがいない。それを探すのはむずかしいことではない。過激な環境保護主義者の大半は、前世はクロムウェルかサヴォナローラだったのではないかと思えるほどに、強欲や贅沢を心底憎んでいる。環境保護主義者の書いたものを読むと、己を律し己を苦しめることが大好きであるらしいとわかる。このピューリタン的な精神は、ジョージ・モンビオットの宣言にも色濃く表れている。彼は自分の運動を「ゆたかな暮らしのためではなく、質素な暮らしのため。より多くの自由ではなく、より少ない自由のため」だとし、「そしてまったく奇妙なことかもしれないが、他人に対する運動のみならず、われわれ自身に対する運動でもある」と述べた(18)。コンピュータが吐き出す陰鬱な費用便益分析データよりも、ここにこそ、環境保護主義者の心意気が吐露されていると言えよう。

以上をまとめると、こうなる。環境保護主義者が唱える成長抑制論は、既知の事実に対する現実的な反応とみなすことはできない。彼らの訴えは情熱や信念の表れにほかならず、事実などはほんのおまけにすぎない。マルクスの経済予測が誤りだったとわかっても、追随者はいっこうに動揺しなかった。同じように、地球温暖化に対する現在の懸念が事実無根だったと判明しても、過激な環境保護主義者は長距離ジェットや四輪駆動車への反対をやめないだろう。それどころか、耐乏生活を正当化する新たな根拠を見つけるにちがいない。環境保護主義の拠りどころは信仰であって科学ではない。ではこの信仰はどこから来たのか。この問いに答えるには、歴史を遡る必要がある。

環境保護主義の倫理的ルーツ

一七世紀の科学革命は、フランシス・ベーコンが予言的に「人間の王国（regnum hominis）」と呼んだものの確立を後押しした。自然は人間の目的に役立つ不活性の材料に格下げされ、神は「世界を最初に動かす」抽象的で遠く離れた存在となった。かくして人間だけが世界の王となったのである。ロックらは創世記をこの新しい哲学の光で照らして再解釈し、人間は実りを採り、土を耕し、石を切り出すことを神から負託されたとみなし、プロテスタントと開拓を結びつけた。この見方は今日まで続いている。一九世紀アメリカの経済学者ヘンリー・ケーリーは、地球を「人間が自らの目的に適合させるために与えられた偉大な機械」と表現したが、この言葉は、当時の一般的な理解を端的に表したものだ。(19)

ベーコン流の発想とそれが産業にもたらした結末に対して、作家や詩人は激しい非難の声を上げた。自然の略奪に対するワーズワースの抗議は、イギリスでは社会思想家のジョン・ラスキン、詩人でデザイナーのウィリアム・モリスに、アメリカでは思想家で詩人のヘンリー・ディヴィッド・ソローやラルフ・ワルド・エマーソンに受け継がれ、このほかにも大勢が加わった。彼らを突き動かしたのは、汚染や資源枯渇に関する科学的な理論ではない。自然を神聖なものとみなし、したがって人間の干渉に嫌悪感を抱く、原始的で半ば汎神論的な感覚である。イギリスの聖職者ジェラード・マンリー・ホプキンズは「すべてが商売で損なわれ、消耗され、労働の汚れがつけられた」と書き、人間の活動が大地におよぼす影響を歎《はぐく》いた。この嫌悪感は、工業に劣らず農業にも向けられている。ロマン主義は野生の自然への憧れを育み、初期ロマン派の詩人や画家は牧場や葡萄園に代わって、原野や山を好んだ。

先駆的な環境保護団体、たとえばイギリスのナショナル・トラスト、ドイツのホームランド・プロテクション・リーグ、アメリカのシエラ・クラブなどは、歴史的建造物や「手つかずの」景観に対するロマンティックな熱愛から生まれた。メンバーは中流階級に属す熱心な自然愛好家で、保守的・愛国的な傾向が強い。彼らは、産業が目につかないところに巧みに隠されている限り、産業を槍玉に挙げようとはしなかった。一九世紀後半にはあちこちにこの種の団体が誕生し、いくらかプロレタリア的に左傾化するようにはなったが、それでも彼らの目的は工業文明の歩みをいくらか緩めることで、完全に打破することではなかった。労働者は、何が自分たちの生活をゆたかにしてくれるのかをよくわきまえていたのである。

とはいえ初期の環境保護主義には、また別の過激な傾向が潜んでいた。それは、技術の偶発的な誤用や悪用への批判ではなく、技術そのものに対する敵意である。カリスマ的なドイツの哲学者にして詩人のルートヴィヒ・クラーゲスは、「進歩は生命の破壊に夢中になっている」と一九一三年に書いた。「進歩はありとあらゆる形の生命を攻撃している。森を切り倒し、生物種を絶滅させ、土着の人々を死滅させ、商売のために景観を台無しにし、残った生き物も家畜のように単なる商品に貶《おとし》める」[20]。マルティン・ハイデッガーもやはり絶対的な技術否定論者だった。ハイデッガーは一九五三年に発表した近代技術に関する論文の中で、進歩は自然をあらゆるところで制圧し、それを免れようとする試みまでも吸収すると指摘した。

「水力発電所は、数百年にわたり岸と岸とをつないできた木造の橋とは異なり、ライン河の中に建設されたわけではない。河は塞《せ》き止められて発電所に流れ込む。いまや河は水力供給装置として発電所の心臓部を形成する。……だが、ラインはまだ自然の中にある河なのだろうか――たぶん。しかしどのような河かと言えば、旅行産業が送り込む観光客が感心して眺める物体としての河なのである[21]」

反ユダヤ主義者のクラーゲスとナチス信奉者のハイデッガーは、そうと認められてはいないが、今日の環境保護運動の元祖である。彼らの思想は、第二次世界大戦後に哲学者テオドール・アドルノやマックス・ホルクハイマーによって左寄りに作りかえられ、アドルノの同僚だったヘルベルト・マルクーゼによってアメリカに持ち込まれた（マルクーゼはいつもの断定的な調子で、「環境保護運動は既存の権力層の意識改革だけでなく、われわれの資源を無駄遣いし地球を汚した組織や企業の徹底的な変革をもめざすべきである」と訴えた[22]）。ここ数十年ほどで、環境保護主義は「進歩的」な運動とみなされるようになっている。この運動に貧困層を貧困の罠に閉じ込めておく意図を疑っているのは、少数の伝統的なマルクス主義者だけだ。

一九六〇年代までは、テクノロジーに対する激越な批判は学生や芸術家や知識人のごく一部にとどまっていたが、やがて二つの出来事がテクノロジー批判を主流に押し上げた。一つは生態学《エコロジー》の誕生である。生態学は生物の生息環境における生態を扱う学問分野で、その台頭は、生命体の相互依存性と人間の干渉の危険性に改めて目を向けさせる契機となった。自然は「バランス」を内包しており、それを破壊すれば人間が代償を払わねばならないという昔ながらの敬虔《けいけん》な考えは、生態学によって科学的根拠を与えられたのである。殺虫剤の濫用《らんよう》に警鐘を鳴らしたレイチェル・カーソンの『沈黙の春』（一九六二年）が大きな反響を呼び、その後の思想に多大な影響を与えた。一九六〇年代には、人口の増加と資源の枯渇に関するマルサスの古い懸念も復活している。一九六八年には人口学者ポール・エーリックの『人口爆弾』、続いて七二年にはローマクラブによる『成長の限界』、七三年には経済学者エルンスト・フリードリッヒ・シューマッハーの『スモールイズビューティフル』が出版された。環境保護主義のこうした新しい思想的潮流は、いくらか過激な色合いを残しつつも、あくまで産業社会の長期的な「持続可能性」という現実に即した目標を掲げており、産業との決別は視野に入っていない。産業を敵視する考えになじめなかった実際的な人々にとって、これは意義のある考え方だった。

一九七〇年代以降ずっと、主流的な環境保護主義は実利的な持続可能性の枠組みで議論を展開してきたけれども、その根深い原動力には、やはり倫理や美意識や宗教的な感覚が関わっていた。この事実が、深い取り組み（いわゆるディープエコロジー）と浅い取り組み（シャローエコロジー）の軋轢《あつれき》を生み出す。ディープエコロジーは自然それ自体に価値を見出すが、シャローエコロジーは人間のための手段として価値を認める（地球温暖化の阻止を訴える運動はシャロー派と位置付けられるが、これまで見てきたように、その支持者の多くはディープ派寄りである）。またこれは並行して、ラッダイト運動に本能的に共感する反科学技術派とコンピュータ予測を信頼する科学技術擁護派との軋轢も生んだ。四〇年前だったら科学万能主義を批判したかもしれない人々の多くが、いまでは科学の忠実な擁護者になっている。

そしてもう一つの出来事は、ジェームズ・ラブロックの登場である。ラブロックは電子捕獲型検出器なるものの発明者にして、あの有名な「ガイア理論」の提唱者であり、彼の中ではロマンと科学という環境保護運動の二つの面が結びついている。ラブロックは科学者として地球化学、生態学、サイバネティックスなど幅広い分野に興味を抱き、地球の温度や大気を生命体に適した状態に維持するうえで、あらゆる生物がそれぞれに欠かせない役割を果たしているとの見方にたどり着く。となれば地球全体は、あたかも一つの生命体のように自己統制する一つの系とみなすべきではあるまいか。そう考えたラブロックは、近くに住んでいた小説家のウィリアム・ゴールディングに自分の閃《ひらめ》きを話す。ゴールディングは「たちどころに……それはギリシャの大地の女神にちなんでガイアと呼ぶべきだと答えた[23]」。新しい神話の誕生である。

当初ガイアは、純粋に問題解決の手段として、つまり仮説を構成する手段として提出され、事実の表明ではなかった。「ガイアを知覚可能なものであるとの印象を与えないようにすることはむずかしく、ときに長々と説明しなければならなかった」と、ラブロックは一九七八年に書いている。「ガイアには「彼女」という呼称以上の意味はない。ガイア号という船を乗組員が呼ぶのと変わらない[24]」。

だがラブロックのその後の著作では、この但し書きは消えている。「ガイアの別名がマリアだったらどうだろう」と『ガイアの時代』の中でラブロックは修辞的な問いを発する。「地球上で彼女は永遠に続く生命の源泉であり、いまを生きている。彼女は人類の生みの親であり、人類はまた彼女の一部である」(25)。ここでラブロックは一人二役を演じており、科学者仲間を安心させつつ、新しい信者にも頷《うなず》いてみせる。自然主義とともに神話的な含意が込められたガイアは、超越的な信仰を受け入れない時代のためにつくられた神なのである。

ガイアのメッセージは必ずしも明快ではない。ガイアが頑健であるなら(ラブロックの協力者であるリン・マーギュリスは、ガイアは「年とった雌犬のように頑丈だ」と言った)、どんな汚染物質も受けとめられそうなものである。現に地球は、長年にわたってさまざまな事態に順応してきたではないか。だがガイアは、もはや頑健ではなくなったのかもしれない。あるいは、現在の事態に対する彼女の「順応」は、何かを排除するという形で行われるのかもしれず、その何かは人類かもしれない。ラブロックの近著『ガイアの復讐』では、その可能性が示唆されている。ここでは、ガイアはもはやおだやかでやさしい聖母マリアではなく、異教の復讐の女神である。「いまや偉大な系ガイアは、神話に出て来る復讐の女神ネメシスのようにふるまう。この女神は生命の生みの母であるが、罪人に対しては情け容赦なく残酷である。たとえそれが自分の子孫であっても」(26)

この文章を読むと、ついに預言が科学を圧倒したと言わざるを得ない。ラブロックの人類破滅の予想には、実証的な根拠もなければ、理論的な根拠もない。ラブロックの論理は神話の論理であり、人間の悪行が復讐を招き、神に代わって自然が牙を剝《む》くというものだ。ワーズワースが詩に込めたのもまさにこの考え方であり、「侵された権利に対して復讐せよ」と自然に呼びかけている。またヴィクトリア朝の自然主義者ジョージ・マーシュも、自然は「侵入者に自ら報復する」と語った[27]。このようなレトリックは科学としても悪いが、さらに宗教としてはいっそう悪い。現代の自然賛美者に描き出された自然は、自らの「バランス」にだけ注意を払い、人間の幸福など考えない存在となっている。自然は神の復讐心を受け継いでも、慈悲心は受け継がなかったらしい。ガイアには、宗教意識の深化ではなく退行が示されている。

駆け足で環境保護主義の歴史を振り返ってみたが、ここから導き出せる結論はあきらかだ。環境保護運動を牽引《けんいん》してきたのは、いやいまも牽引しているのは、科学ではなく感情だということである。なぜ現代の環境活動家はそれを認めようとしないのか。おそらく、自分たちの「有益な」主張の信憑《しんぴょう》性を傷つけるのではないか、という不安が一つの理由だろう。またもう一つの理由として、自分たちの動機を率直に告白したら、不快な攻撃にさらされるという懸念も挙げられよう。たぶんそうした懸念は当たっているし、その点は同情に値する。だが環境保護主義は愚かで不快な面が多々あるとはいえ、すばらしい理想を宿している。それを認めることは、この思想の存在価値を強めこそすれ、弱めることはない。以下では、環境保護主義が宿すこの理想について見ていこう。

自然との調和

先ほど、現代の環境保護思想は大きく二つに分けられると述べた。シャロー派とディープ派である。

前者は自然を人間が活用する資源とみなし、将来世代の利益を考慮して管理すべきだと考える。後者は人間にとっての有用性とは無関係に、自然それ自体を価値あるものとみなす。だがどちらも、自然について人間が抱く懸念のほんとうの意味を捉え切れていない。以下では両者の欠点を分析し、より適切な見方を導き出したい。

スターン報告を始め多くの調査報告に見られるシャロー派の手法は標準的な費用便益分析であるが、分析の対象期間は通常よりはるかに長い。その根拠となっているのは、おなじみの平等主義である。すなわち、白人の幸福を黒人より優先すべきでなく、男性の幸福を女性より優先すべきでないのと同じように、現世代の幸福を将来世代より優先すべきではない、ということだ。人間は「現在偏重」になってはならないという。

この主張には、いくつか考えるべき点がある。私たちはすでに、将来世代の幸福は、現世代と同等ではないにしてもやはり考慮すべきだと認め、世界を沙漠《さばく》にしないためには現世代がしかるべき痛みを引き受けるべきだと述べた。とはいえ人間の幸福への配慮と自然への関心は別ものである。哲学者のメアリー・ミッジリーは、ロビンソン・クルーソーが故国に向けて出帆するときに島を動物や植物もろとも爆破してしまったらどう思うか、と疑問を提起した。そこには人間の利益は絡んでいないが、それでもその行為はあまりに残酷だと誰しも衝撃を受けるだろう(28)。あるいは現実の例で言えば、私たちはホッキョクグマやユキヒョウの運命を気にかけるが、人間にとってこれらの動物にさしたる効用はない（これらの動物の存在がもたらす喜びが効用だと言う人もいるだろう。たしかにそのとおりだが、この効用はこちらが気にかけるのをやめた瞬間に消えてしまい、彼らを保護する義務感も消滅してしまう）。ホッキョクグマやユキヒョウの存在に価値を認めるのは、彼ら自身のためで、そこから得られる利益とは関係がない。地球上で絶滅の危機に瀕している多くの生物種についても、同じことが言える。

こう考えれば、自ずとディープエコロジーに目が向く。ディープ派は、シャロー派の思想を批判して、地球は人間の利益のためにだけ存在すると考えていたロックの恥ずべき古くさい思想の亜流にすぎないと、一蹴する。そして、長期短期を問わず人間のいかなる利益とも無関係に、「人間以外の生命の繁栄」をめざすべきだと説く。(29) だがそうなると今度は、解決困難な新たな問題が生じる。「人間以外の生命の繁栄」とはいったい何を意味するのか。そもそも「人間以外の生命」という単一の生命体は存在しない。存在するのは人間以外のさまざまな種であり、その多くは互いに敵対関係にある。灰色リスが繁栄すればアカリスは駆逐され、ダニが繁殖すれば犬は犠牲になる。となれば、「人間以外の生命の繁栄」を実現するにはどうしたらよいのか。

人間以外の生命の繁栄をめざすとは、おそらく、どの種の繁栄も平等にめざすという意味だろう。ディープエコロジーの提唱者であるノルウェーの哲学者アルネ・ネスは、「生きて繁殖する平等の権利」だという。(30) だがこれはこれで、また別の問題を引き起こす。この「平等の権利」を持つのは誰なのか。植物、菌類、バクテリアも含まれるのか。生物学の分類に倣って、権利のある生命体は種として分類され、権利を持たない生命体は亜種となるのか。これはずいぶん残酷な仕打ちのように思われる。また、「生きて繁殖する平等の権利」があるとすれば、人間はユキヒョウを救うためにも、アメリカケアリ亜属の小さなアリ *acanthomyops latipes* を救うためにも、同等の資源を投じなければならないのだろうか。ちなみにこのアリは、絶滅が懸念される数百種の昆虫の一つである。さらに、現時点では世界の二つの研究所だけで培養されている天然痘のウィルスはどうなのだろう。こうなってくると、人間の利益を勘案せざるを得まい。ところがネスのような「生物界平等主義者」からすれば、自己本位の好き嫌いや見た目の理由からある種を贔屓して他の種を押しのけるのは、「人間中心主義」の本性を現すことにほかならない。人間は自然に対して私情を挟んではならないという。

功利主義的な発想は、これよりすこしばかり思慮深いと言えるだろう。人間がめざすのは快楽の最大化と苦痛の最小化だとすれば、動物の快楽と苦痛にも同等の配慮を払うべきだという考え方である。これを無視するのは「種偏見」であり、自分の種にとって都合のよい依怙贔屓をすべきではないという。[31]

だが、功利主義が抱える一般的な問題（その一部は前章で取り上げた）とは別に、この発想は自然に対して人間が抱く懸念を誤解していると言わねばならない。まず、この論法で行けば、快苦を感じないとされる植物は、気にかける必要がないことになってしまう。その一方で動物の多く、とりわけ病気や飢えや恐怖にさらされている野生の草食動物は、功利主義の思想を徹底するなら、広い公園などにも保護し、天敵から守り、食糧や治療を受けやすい環境にしてやらなければならない。となれば天敵のほうにも、良心的に育てた食用肉か大豆由来の代用飼料を与えてやらねばなるまい。この夢物語は延々と続く。要するにこれは、自然な生息環境での繁栄という観点からは、現実的に可能な提案ではないということだ。

環境倫理学の先駆者であるアルド・レオポルドは、ディープエコロジーのもう一つの路線を示している。「生物共同体の完全性、安定性、そして美が保たれているのが正しく、そうでないのはまちがったあり方だ」とレオポルドは書いた。[32] ここで関心の対象となっているのは個々の種ではなく、さまざまな種から成る共同体である。人間はこの共同体全体の幸福を最大化しなければならないというのだ。全体を構成する部分のどれかを傷つけたり破壊することになったとしても、である。ジェームズ・ラブロックも、こうした全体論の伝統に則っている。ガイアは病んでいる、熱っぽい、老いてきた、彼女の健康を回復するために、まだできることをやらなければならない……。人間の絶滅がちょうどガンやウィルスの撲滅のようにガイアにとって利益になるという考えに、ラブロックは残酷な喜びすら感じているようにみえる。

　こうしたレトリックは、先ほども指摘したが、危険だし混乱も招く。生物共同体にせよガイアにせよ、生命体ではないし生命体に近いものですらない。だからそれは健康にもなり得ないし病気にもなり得ない。花開くこともなければ枯れることもない。生物は何らかの科や目に属し、その固有の機能や生活様式に従って健康か病気かが決まる[33]。たとえばラクダにはヒトコブラクダとフタコブラクダがあるが、フタコブラクダのコブが一つだったら欠陥である。これに対してガイアは単独の存在であり、複数形は存在しない。したがって標準もないのだから、ガイアが病気だとか熱があるなどと言うのは、比喩としても誤解を招く（そもそもガイアの平熱は何度なのだろう）。だから、ガイアを健康にするというのは筋が通らない。もっとも、これは好都合である。さもないと、人類の集団自殺を強要されることになりかねない。

　いったい、どこでまちがったのだろう。自然の価値は本質的なもので手段としての価値ではないと主張した点で、ディープエコロジストはまことに正しい。彼らの誤りは、だからこの価値は人間の視点とは無関係だとしたことにある。これは論理の飛躍であり、正しくない。あらゆる価値は、手段としてであれ本質的であれ、人間の視点から見たものになる。価値を評価するのは人間しかいない、という単純な理由からだ。他の動物にも大切なものはあるが、追求に値するものとして価値を認識することができない。彼らは倫理的な生き物ではない。したがって「人間中心主義」はけっして偏った見方ではなく、この事実の当然の帰結と言えよう。哲学者のバーナード・ウィリアムズがこのテーマについて述べたとおり、「人間以外の動物への気配りが、人間の生活の一部として適切であることはまちがいない。だが人間がこうした気配りを抱き、高め、教えることができるのは、自己の理解の観点からのみである(34)」。

自然の価値が人間の尺度によると同時に本質的でもあると言ったら、奇妙に聞こえるかもしれない。どうすれば両方が真実となりうるだろうか。じつは私たちは、人間の尺度に従うと同時に本質的な価値を持つものをすでに知っている──芸術である。歴史学者のオスヴァルト・シュペングラーは次のように書いた。「いつの日か、レンブラントの最後の自画像やモーツァルトの最後の小節が存在しなくなるときが来るかもしれない。たとえ描かれたキャンバスや音符の書かれた紙は残るとしても。それは、芸術家の残したメッセージを見る目や聞く耳が存在しなくなる日である(35)」。言い換えれば芸術は、感受性と関心を持ち合わせた生き物にとってのみ価値がある。だとしても、芸術の価値が単なる手段にすぎず、快楽の源泉だとか文化的資本だといった理由だけで称賛するとは言えまい。芸術の価値は、たとえ人間の知覚の窓を通してしか存在しないとしても、あきらかに本質的なものである。芸術についてこれが成り立つとしたら、自然についても成り立たない理由はあるまい。

自然の価値として、人間の尺度によるものと本質的なものを両立させるもう一つの方法は、自然との調和はよい暮らしの一要素であると考えることだ。この見方でも、二つの価値を矛盾なく捉えることが可能になる。調和して暮らすのだから、自己目的のために操作することはあり得ないという点で、自然の価値は本質的である。と同時に、自然と調和する暮らしは人間にとって好ましいという意味で、人間の尺度に従っている。これは、シャロー派とディープ派の正しい部分だけをとり、誤った部分を捨てた見方である。

　では「自然との調和」とは何か。その一つの具体例を園芸や造園に見ることができる。腕のよい庭師は、自然の潜在性をよくわきまえ、敬意を払う。彼は（フランス人でない限り）、木や枝を自分の好みの形にねじまげてよいただの「材料」とはみなさない。だからといって、何も手を加えないわけではない。ある木には水をやり、ある木は抜く。大きくなりすぎた木は刈り込む。ナメクジやカタツムリは取り除く。要するに、庭師は人間が理想とする心地よさや美しさの基準に沿って、自然の本来の姿を上手に整え導くのである。庭師は、自然を単なる素材として思う存分腕を振るおうというのでもなければ、自然を後生大事にしようというのでもない。庭師と自然との関係は、調和である。(36)

　このように園芸には、自然と調和して暮らすとはどういうことかを明快に示す特質が備わっている。これが、よい暮らしの描写に庭が必ずと言っていいほど登場する理由でもある。聖書ではアダムとイヴがエデンの園という庭で暮らしていたし、コーランでは「喜びの庭」を信者に約束する。「喜びの庭」には湧き水が永遠に流れ、果物は途絶えることがない。中国の哲人は、都会の喧噪《けんそう》を離れ山や竹林の中を散策する人物として描かれるのが常である。そしてキケロは「君に庭と書斎があるなら、もう何もいらない」と書いた。世界各地の文化の中にこうしたイメージが数多く見受けられるのは、世界中の人が自然との調和を心から求めていることの表れではないだろうか。これについては、次章でくわしく取り上げる。

この考え方が正しいとすれば、現代の環境保護関連の文献で、自然との調和というテーマがほとんど取り上げられないのはなぜだろうか。答はおそらく、ある種の生き方をして初めて調和が許される存在として、自然を理解しているからである。このような自然観は、悪い意味でひどく難解で抽象的だ。今日の標準的な概念では、自然はただそこにある厳然たる事実で、人間の理解を拒絶し、気安く調和できるような相手ではない。自然を大切にするとは、人間の長期的利益のために管理するか、でなければ自然を自然のままに任せることを意味する。前者はシャロー派の、後者はディープ派の見方である。

だが実際には大方の人は、自然と調和する活動とそうでない活動をはっきり区別している。たとえばフランスのヴェルサイユ宮殿の庭園もイギリスのストウ・ランドスケープ・ガーデンズも人間の作った庭だが、ほとんどの人は前者の方が人工的だと感じる。また、たいていの人が農業や畜産業はどれもすべて人為的だと承知しているにもかかわらず、工場方式の農場や畜産場はおぞましく感じる。現実の事柄で最高の審判者となるのはいつも常識であり、人間の活動が自然と調和しているかいないかも常識が教えてくれる。哲学の理論なぞでは、常識は揺るぎもしない。

以上の議論から導き出される新しい環境保護主義を、私たちは「グッドライフ環境保護主義」と呼びたい。これはどのような形をとるのだろうか。シャロー、ディープを問わず、既存のスタイルとかなりちがうことはたしかだ。第一に、環境に配慮した生き方を求めはするが、それは自然のためでもなければ、将来世代のためでもなく、私たち自身のためである。グッドライフ環境保護主義は、現世代の私たち自身のために、地域の植物や動物についてよく知ること、また地場の食物についてよく知り、できれば釣りや園芸などを通じて生産に参加することを奨励する。多くの環境活動家はすでにこうした活動を始めているが、それを認めることに抵抗があるらしい（あるロシア女性は、野菜を育てるのは「魂にとってよいこと」だと語ったが、イギリスの家庭菜園の持ち主でそう言える人はどれほどいるだろうか）。その一方で、一部の環境活動家は、人間の利益をあくまで無視し続けようとする。たとえばラブロックは、農業から全面的に撤退して食物の人工合成をしてはどうかとさえ提案する。なるほどガイアにとっては利益になるだろうが、現世代にとってはすこしもうれしくない(37)。

第二に、野生を賛美するロマン主義は農業や園芸に対する偏見をもたらしたが、グッドライフ環境保護主義はこれとは無縁である。いや、それどころか、人間と自然を結びつけ調和させる試みとして歓迎する。ヴェルギリウスは苗を植え家畜を育てることを称える詩を書き、農夫たちに「自然を耕し、野生の実をつけさせることだ、さもないと大地は不毛になるだろう」と語りかけた。グッドライフ環境保護主義はこの古典的な自然感覚を共有する。だからといって、農業がすべて無害だと言うつもりはない。ブロイラー飼育も単作農業も好ましくない。ただしこれらの方法は、農業自体の本来的な欠陥と見るべきではなく、健全な農業からの逸脱や歪曲とみなすべきである。環境哲学者ベアード・キャリコットは「牛、羊、ブタの群れは、四輪駆動車の一群以上に環境に破壊的影響を与える」と述べたが、このような見解は一考の価値もない(38)。

ではグッドライフ環境保護主義は、ロマン派が愛してやまない「未開の処女地」をいっさい残さないのだろうか。その可能性はある。だが未開の処女地が残されているのは人間の側の都合にほかならず、自然のためによい（それがどういう意味であれ）からではない。地球を広大な庭園にするという構想は、ヴィクトリア朝の進歩主義者ハーバート・スペンサーにとっては魅力的だったが、現代人には不快に感じられる。現代の私たちは、スペンサーと同時代だがもっとロマン主義だったジョン・スチュアート・ミルのほうに共感するだろう。ミルは「人間を人間の監視下で強制的に飼うのはよろしくない」という立場から、未開地を未開のままにしておくことに賛成した。[39] だが理論上どれほど望ましかろうとなかろうと、未開地の保全は実際には矛盾の多い行為である。というのも、人間が介入して初めて未開にしておけるとしたら、それはもはやほんとうの意味での未開地ではないからだ。科学者によって注意深く監視され手入れされているアフリカのサバンナは、実際には広大な公園にほかならない。イギリスの田園地帯とのちがいは、規模の大きさだけである。しかも、公平の観点から、科学者や探検家だけでなく一般の旅行者にも「大自然」に触れる機会を提供しようとすれば、「未開」や「野生」という性質は一段と損なわれるだろう。したがって人間は、意図とはかかわりなく、結局は世界を庭園と化すよう運命づけられているのかもしれない。

第三に、グッドライフ環境保護主義は、同じ絶滅危惧種でもアリよりユキヒョウを保護したい、と堂々と認める。理由を詰問されたら、あっさりと答えよう。ユキヒョウは何と言っても美しい動物だし、美術や紋章にもよく登場してなじみ深いからね。これは言うまでもなく、人間の尺度に基づく価値である。だが人間にはほかにどうすることができようか。ディープエコロジストは、表層的な価値をどんどん剝がしていって最後に残る本質的なものが人間の存在意義だと考えているらしい。だが実際には逆である。人間の価値を次々に剝がしていったら（そんなことができるとは思えないが）、掘り尽くした石炭や原油の鉱脈のような具合で、本質的な価値など何も残るまい。あらゆる価値は、象徴主義のヴェールを通してしか見られない。このヴェールを剝ぎ取ったら、見えるのは荒れた地表と裸の岩だけだろう。

第四に、グッドライフ環境保護主義は人口増加の問題を真剣に取り上げる。二〇一一年の執筆時点で世界の人口は七〇億人を超え、伸びのペースはややゆるやかになったものの、なお増加中だ。この人口増加がマルサスの懸念した危機を引き起こすかどうかはともかく、生活の質を低下させることは確実である。養鶏場のように人間がぎっしり詰まった状況は、たとえ「持続可能」だとしてもうれしくない。ケインズも、至福の訪れは「人口を制御できるようになること」が条件だとしている。どうやってそれを実現するかは喫緊《きっきん》の課題だが、残念ながら本書で扱える範囲を超えている。

グッドライフ環境保護主義は経済にどのような影響をおよぼすだろうか。一例として、農業の保護、スーパーマーケットの出店制限、手作り食品の奨励などが考えられる。これらは、土との結びつきを深める政策のごく一部である。環境経済学者のエルンスト・フリードリッヒ・シューマッハーらはこうした政策を数十年来提唱してきたが、しかしそれは、誤った実利的な理由からだった。これらの政策が経済成長に与えるインパクトはどうだろうか。マイナスに作用する可能性はある。とはいえフランスとイタリアは伝統的な農業の維持にイギリスより成功しており、しかも成長をさほど犠牲にしていない。いずれにせよ、経済成長は重大な問題ではない。グッドライフ環境保護主義は成長の抑制を目的とはしないが、本来的に望ましい施策に伴う副作用に関心はない。

こうした方針に沿って再構築された環境保護運動は、もはや科学的根拠には依存しない。そもそもそうした根拠は不確実であるし、さしたる意味もない。成長を阻む自然の限界が仮に存在するとしても、それが視野に入ってくるのは遅すぎる。最後の最後まで稀少な資源に望みを託すとなれば、人類は数十年、おそらくは数世紀にわたって愚かなコンシューマリズムに浸《ひた》り切ることになる。さらにグッドライフ環境保護主義は、環境保護運動につきものの道徳的な堅苦しい雰囲気を一掃する。自然と調和する暮らしはけっして犠牲ではなく、誰もがやりたくなるようなものだというのが、グッドライフ環境保護主義からのメッセージである。自然は人間が好き勝手に使う原材料でもなければ、人間に一方的な犠牲を要求する不可思議な神でもない。ドイツ・ロマン主義が好んだ表現を借りるなら、自然は「まどろむ生命力」であり、人間が意識しているその同じ生命を黙って支えている。人間が自然を不当に扱うのは、自己の存在の根源を脅かすことにほかならない。

第6章　よい暮らしを形成する七つの要素

必要なのは一壜の葡萄《ぶどう》酒と詩の本、
そしてほんの少しの肉。
そうして誰もいないところで二人座っている私たちは、
スルタンの王国よりもゆたかだ。

――ウマル・ハイヤーム

人々が消費中毒や仕事中毒からいつまでたっても抜け出せない大きな原因として、よい暮らし、よき人生という概念が公の場で議論されなくなったことを挙げた。ケインズやヴァージニア・ウルフは、年五〇〇ポンドだとか自分の書斎といった具合に野心や願望の限りある目標を示したが、そういうものが姿を消してから久しい。残された基準は隣人や同僚の所得や資産であり、しかもこれは固定的ではない。「足るを知る」とはどういうことなのか。失われたその意味を取り戻すためには、そもそも「よい暮らし」とはどういうものなのかを改めて問い直す必要があるだろう。

第3章で述べたように、よい暮らしとは望ましい暮らし、望む価値のある暮らしであって、単に多くの人が望む暮らしではない。アンケート調査をしたところで、よい暮らしがどういうものかはわからない。とはいえよい暮らしは、国や時代を問わず、大方の人の願望からそう大きくかけ離れたものにはなるまい。倫理観の対象である善という概念については誰もが何かしら意見を持っており、科学とはちがって万人がまちがえる可能性は乏しい。倫理に専門家はいないのである。アリストテレスはそのことをよく理解していた。倫理について考えるに当たって、大衆から知識人にいたるさまざまな人の個人的意見を聞き集めたのはそのためだ。日常的な経験には、たとえ隠され歪められていたとしても多くの知恵が秘められていることをアリストテレスは知っていた。そして今日なら、同時代のみならず過去に遡ってより広い範囲から意見を聞くことが可能である。

すると、倫理観や倫理的な慣習がじつに多種多様であることが判明するだろう。そうなると今度は、これほど多様だとしたら「よい暮らし」なぞというものを語り合うことは可能なのか、という疑問が提出される。そんな話し合いは結局はお国自慢に終わったり、悪くすれば「文化的帝国主義」に陥《おちい》ったりして、自分の好みを恣意的に他者に押し付けることになりかねないのではないか、というわけだ。となれば、大層なことは考えずに中立的なルールの枠組みを決めるだけにし、さまざまな考えの持ち主がうまくやっていけるようにすれば、それでよいのではないか。第3章でも見たとおり、これが現代の自由主義、とりわけ経済における自由主義の典型的な立場である。

自由主義からのこうした問いには、二通りの答ができる。第一は、倫理を巡る意見が多様だという事実だけでは、それらがすべて等しい価値を持つとは言えない、という答である。一部の文化は、もちろん先進国の文化を含めて、倫理的な問題でまちがいを犯していると言わざるを得ない。教条的な相対主義者であっても、北アフリカで見られる処女の陰核切除や中国の纏足といった数々の例にはたじろぐだろう。そして、ある文化が別の文化の誤りを指摘し、正すよう説得することはけっして不可能ではない。完璧に論破するのは無理でも、義憤や共感など眠っている感情を呼び覚ますことで、文化を変えられることがある。その例として、唐代の中国では仏教の影響により、二〇世紀のインドでは西洋の影響により、いずれも家族制度に自由が持ち込まれたことが挙げられる。ミルトン・フリードマンは、基本的価値観の相違に対しては「闘うしかない」と述べたが、けっしてそうではない(1)。

第二は、倫理観のちがいはたしかに存在するにしても、大方の人が思うほど多岐にわたってはいない、という答である。世界中どの文化でも、子供を生み育てるために男女が安定して結びつくことが奨励される（ただしその形態はきわめて多様である）。またどの文化でも、人々は家族を超える規模の集団で生活しており、その一部は何らかの政治体制を整えている。どの文化も、所有や交換の概念を持つ。どの文化も、宗教、芸術、娯楽など、生きるために必須のこと以外の活動に従事する。どの文化も自然や植物や動物を大切にし、賛美し、絵や詩に描く。ほとんどの文化で人間は生殖器を隠す。そしてどの文化でも、死者を腐る肉体とは扱わず、宗教的儀礼をもって敬意を払う(2)。

こうした共通性はほかにもあり、そこから人間的生活の形がはっきりと浮かび上がってくる。このような共通性の存在は、よい暮らし、よき人生を形成する要素すなわち「基本的価値」と呼べるものについて、幅広い合意が存在することを示す。たとえば健康、尊敬、安定した生活環境、信頼関係、愛といったものは、世界中どこでも、よい暮らしに欠かせないものと認識されている。そしてこれらが欠けていれば、世界中どこでも、不幸なことだと認識されている。なるほど、価値の表れ方はさまざまだ。ジャワの王子に対する尊敬もあれば、ロンドンのタクシー運転手に対する尊敬もある。だが尊敬というもの自体は変わらない。虐《しいた》げられた人々に対する同情も万国共通である。(3) ドイツの哲学者エルンスト・カッシーラーはこう書いた。「無数の表明、無数の仮面の中で繰り返し出会うのは、所《しょ》詮《せん》は「同じ」人間なのだ」と。(4) となれば私たちは時間と場所を超えて、よい暮らし、よき人生を探せることになる。人間には愛国的な「文明の衝突」がつきもので、市場のルールや国際条約でかろうじてそれを回避しているとよく言われるが、けっしてそうではない。

よい暮らしとは何かを探ろうとする私たちの試みは、最近の研究とどう関係づけられるだろうか。ジョン・ロールズは『正義論』とその後の著作で、「基本財 (primary goods)」という概念を論じている。合理的な人間は、他に何を欲するとしても、必ず基本財を欲する。なぜなら「人生の合理的な計画を立てて実行するために必ず必要になる」からである。(5) ロールズは基本財として、個人および政治の自由、所得と富、公務員になる資格、「個人の尊厳を維持するための社会基盤」などを挙げている。基本財は、それとしてよい暮らしを形成する要素ではなく、さまざまな形のよい暮らしを実現する手段であり、自主自立のための外的条件と言うべきだろう。自由主義国家は、これらの基本財が国民に公正に分配されるようにしなければならないが、それがどう使われるかを監視すべきではない。それは中立の原則を侵害することになる。

開発経済学者のアマルティア・センと倫理学者のマーサ・ヌスバウムは、基本財を実際の機会に転じられる度合いは個人が置かれている状況に左右されるとし、この個人的状況のちがいをロールズが無視していると反論した。たとえば障碍《しょうがい》を持つ人が健常者と同等の物理的移動性を獲得するためには、健常者より多くのお金が必要になる。男尊女卑社会に生まれた少女は、より高度な教育を受けないと男性と対等に伍《ご》していけない。したがって、重視すべきは財よりも潜在能力（capabilities）であり、具体的には思考力や行動力である。重要なのは、「どのリソースをどれだけ使えるか」ではなくて「何ができるか、何になれるか」なのだ、と。ヌスバウムは一〇の重要な潜在能力として、身体的健康、身体の不可侵性、想像力、感情、実践理性、連帯、遊びなどを挙げている(6)。こうした潜在能力が、生活の質を決定づける空間を形成するのだ、とセンとヌスバウムは論じた。彼らの主張は開発経済学の分野で強い影響力を持ち、ゆたかさの指標をＧＤＰからより洗練された指標に変えようとする動きを後押しした。

センとヌスバウムはロールズを批判するが、個人の自立を何よりも重視する点は共通する。だからこそ彼らは、ロールズが挙げた基本財には満足できなかった。ヌスバウムはロールズと対比させながら、次のように書いている。

「私たちが求めるのは、各人の自己開発の努力に敬意を払い、一人ひとりを目的として、行為主体として、固有の権利に値する存在として扱うアプローチである。この敬意は、成人に関する限り、すくなくともきわめて重要な選択についてその善悪の判断に不当に干渉せず、重要な選択と意味のある連帯のために個人に幅広い余地を残すことを意味する。それだけでなくこの敬意こそは、個人が政治や伝統の圧制を受けず自由に自分の道を歩んでいくことへの支持を明示する(7)」

このように個人の自主自立を守ろうとする立場から、センとヌスバウムは実際の状態よりも潜在能力を重視した。しかしこれは、まずもって奇妙に感じられる。健康になれるか、教育を受けられるかといったことを問題にするよりも、実際に健康で教育を受けていることのほうがずっと重要ではないか。だがヌスバウムにとって、後者の立場を公にとることは、善悪の判断に不当に干渉することを意味するらしい。「成人に達した市民に関する限り、実際の状態ではなく潜在能力こそが政治目標として適切である」という。(8)

私たちのアプローチはまったくちがう。基本的価値と私たちが定義するものは、よい暮らしのための単なる手段ではないし、そのための潜在能力でもない。よい暮らしそのものである。さらに、基本的価値は個人だけでなく政治の適切な目標ともなりうる。多くの場合に重要なのは、よい暮らしをする能力があるかどうかではなくて、実際によい暮らしをしているかどうかである。となれば、それを実現するために全力を尽くすことをなぜ差し控えなければいけないのか。ここで、二種類の社会を想像してほしい。一つには病院がなく、もう一つには病院はあるが誰も利用しない。一方には健康になる潜在能力がなく、他方にはあるけれども、どちらの社会も同じように病人が多かったら、能力の有無に意味はなかろう。どちらにもあきらかに政治に問題があり、国が行動を起こさなければならない。

さらに、先進国に固有の問題は貧困ではなく富であり、したがって取り組むべきは潜在能力ではなく目的のほうである。センとヌスバウムは主として貧困国に関心を持っており、たしかにそこではよく生きるためのリソースが不足している。だが富裕国が抱えるのは、リソースはあるのに賢く使われていないという別の問題である。潜在能力だけを政策目標に据えるのなら、先進国では何も問題がない。「遊ぶ機会を持っている人間はいつでも仕事中毒になることを選んでよい」とヌスバウムは述べ、(9)選択が自由である限りにおいて、結果は政治の関心事ではないと示唆した。だがこの問題を考えたことのある人なら誰でも同意すると思うが、仕事中毒の生活が不毛であるなら、健全な生活よりその不毛な生活を選ぶのは、選択が自由であろうとなかろうと懸念すべき事態ではないだろうか。

おそらくここで反対論者は、パターナリズム（父親的干渉主義）といういやな言葉を振りかざして異論を唱えるだろう。どうやらあなた方は手段や潜在能力ではなく個人の目的を政策で取り上げたがっているようだが、それは「善悪の判断に不当に干渉している」のではないか、と。この疑問に答え、すくなくとも懸念を和らげるには、二通りの考察が役に立つ。第一に、最近まで欧米のどの国でも、放っておいたら国民が選びかねないことを阻《はば》み、より幸福な生活を送れるようにしたいという明示的な意図を持った法律が多数制定されていた（たとえば一九六〇年代まで、英米法ではポルノは人間を「堕落させ下劣にする」ものと定義されていた）。そうした法律の多くはいまなお効力があるし、今日では第三者への危害を防ぐという理由付けがされているにせよ、延長もされている。たとえば麻薬、近親相姦、獣姦を禁止する法律、ポルノ、酒類、煙草類の販売・使用を制限する法律、健康や安全に関する多数の法律がこれに該当する。自由主義国家が「善悪の判断に干渉しない」のは、哲学者の高尚な世界の中だけのことだ。

第二に、よい暮らしとは、妥当なあらゆる定義において自主的に自分で決めるものであるから、国家が強制力でもって推進しようとしても、できることは限られている。ピョートル大帝は貴族にサロンで哲学を談じるように命令し、従わなければ拷問にかけると脅したが、そんなやり方で国民に教養をつけろと強制するのはばかげている。ただし、そのように度を超した強制力を使わなくとも、国にできることは少なくない。経済的な誘因や優遇措置を活用して人々をより幸福な方向に仕向けることに一部の自由至上主義者は反対するだろうが、通常は「不当な干渉」とはみなされない。実際のところ、あらゆる自由主義国家はすでにそうした誘因を活用している。ただし表向きは、倫理的な理由ではなく効用が根拠になっているが（たとえば既婚者に適用される税控除には、正規の婚姻から生まれた子供のほうがよりよい人生を送れるからという理由付けがされている。しかし実際にそうだとしても、これがほんとうの理由とは言いがたい）。次章では、すでにある経済的な措置を使っても、よい暮らしのための政策を提案できることを示す。国家が、市民にとって悪い暮らしよりよい暮らしのほうがしやすい状況を用意することは可能である。しかしもちろん最終的な選択は、あくまで個人に委《ゆだ》ねなければならない。

よい暮らしについて、より深い哲学的な観点から議論を促すことも可能だろう。現代の科学では、自然には本来的な目的はないと考える。となれば、人間も生まれながらにして目的を持っているわけではなく、個々人にとって何が善いか悪いかはそれぞれが思い描けばよいということになる。経済学者が「欲望を所与のものとする」立場をとるのも、第3章で論じたように、こうした考え方に一因がある。だがこの立場は正しいのだろうか。この疑問に完全に答えようとしたら泥沼に足を踏み入れることになりかねないが、ここでは議論の余地のないことを一つ挙げれば十分だろう。科学は目的を問うことを禁じ、これを所与のものとするとしても（もっとも生物学の場合、物理学や化学ほどはっきり禁じるわけではないが）、自分に深く関わることについてまで、なぜそうしなければならないのか。科学は自然を解明するすばらしい手段であるが、人間の善を対象とするときに頼るべきは読書、旅行、会話によって鍛えられた直観なのである。

基本的価値の選択基準

基本的価値を私たちが恣意的に選んでいるのではないかと思われる読者が多いことだろう。そうした懸念を払拭《ふっしょく》するために、基本的価値を挙げる前にまず選択基準を掲げておかねばならない。基準は四つある。

㈠基本的価値は普遍的価値である。すなわち、何か特定の時代や地域に固有のよい暮らしではなく、よい暮らしというもの自体に属す。個々の立場から普遍的なものを見分けるには、さまざまな時代、さまざまな文化の証拠や証言を踏まえた哲学的な深い直観が必要になる。この「さまざまな文化」という点はとくに忘れられがちで、現代の哲学者が「直観」と言うとき、それは二一世紀初期の自由主義的な直観であることが多い。たとえばヌスバウムが掲げる「人間の中心的な潜在能力」のリストには、「人種、性別、性的指向、宗教、社会階級、民族、出身国を理由とする差別がないこと」が含まれている。まことに進歩主義的なリストではあるが、普遍的とは言えまい(10)。深く考えてみたら、普遍的な価値と現代の自由主義的な価値をイコールとすることに疑問を抱くはずだ。そもそも永遠の視点から見たら、現代の先進国文明が他の文明に劣らず偏狭《へんきょう》であることはまちがいない。

㈡基本的価値は最終価値である。すなわち、それとして価値があり、他の価値を得るための手段ではない。これは、ロールズの「基本財」やセンとヌスバウムの「潜在能力」とはっきり異なる点である。哲学者が最終的な価値を突き止めるときは、「それは何のためか」という問いをうんざりするほど繰り返していく方法が標準的だ。もう答えられなくなったとき、それが最終だとわかる。「この自転車は何のためか」「仕事に行くためだ」「仕事は何のためか」「金を稼ぐためだ」「金は何のためか」「食べ物を買うためだ」「食べ物は何のためか」「生きるためだ」「命は何のためか」答はない。命は何かの「ため」ではない。私たちが考える七つの基本的価値では、命は健康の中に含まれる。

基本的価値はどれも最終だが、最終なら基本的価値というわけではない。先ほどの問答は、ことによると「ロシアの切手コレクションを完成させるため」という答で終わるかもしれない。なるほど切手コレクションの完成は最終目的であり、何かを得る手段ではないだろう。だが、さきほどの「普遍的」という基準には該当しないし、後で出てくる「必要不可欠」という基準にも該当しない。したがって、基本的価値とは言えない。

多くの哲学者は、問答の最後に「幸福になるため」と言いたがることだろう。だがそれは誤りだと私たちは考えている。自分の行動の理由を「幸福になるため」と説明する人は（精神科の診療室や哲学セミナー以外の場では）まずいないだろう。第4章ですでに論じたとおり、これが幸福を最終的な価値とみなさない大きな理由である。

この「最終的」という基準によって、一見すると基本的価値とみまがう多くのものが排除される。たとえば食物がそうだ。食物は従来基本的な財に挙げられることが多かったが、問答の例からもわかるように、食物は生命あるいは健康という基本的価値を実現する手段にすぎない。基本的価値の実現を超えてなお欲しがれば、もはや有用ではなくなるし、ときには有害にもなる（だからといって、調味料や香料の類いが不要だと言いたいのではない。ただ、基本的ではないというだけである。また、すべての人に野菜と豆腐で我慢しろと言うつもりもない）。本書のテーマに関連したもので言えば、お金は本質的に他のものを入手するための手段であるから、基本的価値には該当しない。そのほかの基本的価値になると異論の余地があり、健康、安定、余暇は最終的と考える人もいれば、手段とみなす人もいる。この点については後段で取り上げる。

㈢基本的価値は独立した価値である。すなわち、他の価値の一部ではない。「ガンにならない」のはある意味で普遍的なよいことであるし、最終的でもあるが、独立しているとは言えない。なぜなら、健康というより大きな価値の中に含められるからである。とはいえ、あるものが独立かそうでないかを決めるのは、むずかしいことが多い。たとえば「家族の絆《きずな》」を私たちは「友情」の中に含めたが、独立項目として立てるべきだったかもしれない。ただ私たちは、家族も家族以外の関係も、愛や信頼や安定性という同じ性質によって善きものになっているのだと考えたため、二つを分けるのは不適切だという結論に達した。

㈣基本的価値はなくてはならないものである。すなわち、これを欠く人は誰でも、深刻な苦しみを味わっているとみなして差し支えない。ここで重要なのは、「誰でも」という条件である。切手コレクションを完成させる最後の一枚を失ったら、切手蒐集家《しゅうしゅう》にとっては大打撃にちがいないが、誰にとってもそうだというわけではない。また、必ずしも当事者が苦痛と感じるにはおよばない。災厄や不幸に慣れてしまって何も感じなくなることはめずらしくないが、それでも災厄であることに変わりはない。

基本的価値の不可欠性をよりよく理解するためには、「必要」と対比させてみるのがよいだろう。「必要」という言葉は、人間が人間らしく生存するうえで必須であること、したがって乏しい資源の分配に当たって優先すべきであることを「価値」よりも明確に示している。当初私たちも、基本的価値ではなく基本的ニーズという言葉を使おうかと考えた。最終的に「価値」にしたのは、純粋に言葉の問題である。「必要」という言葉は、不愉快な禁欲主義の響きがするのだ。「それは必要ない」という表現は、「だからあなたはそれを欲しがるべきではない」という意味を含んでいる（この種の主張を不実な二人の娘がしたとき、リア王は「おお、必要なものを理屈で決めるな」と叫んだ）。対照的に価値という言葉にすれば、基本的価値を損なわない限り、同時に他の価値を追求しても問題がないことを示せると考えた。

「なくてはならない」という基準は、私たちのリストと他の類似のリストを分ける特徴と言える。たとえば法哲学者のジョン・フィニスは、基本的価値を「人間存在の基本的な目標」と定義したが、それを欠くのは重大な損失や不幸とはされていない。だからフィニスは「宗教」（全体の価値体系に配慮してきわめて広い定義となっている）と「芸術体験」を重要な価値に含めることができた(11)。たしかに、もしいま宗教と芸術が欠けていたら貧弱な文化と感じられるかもしれない。だがだからといって、宗教を信じない人や芸術体験をしたことがない人が深刻な痛手を被《こうむ》っているとは言えまい。芸術や宗教にとんと無関心でも、元気でゆたかな人生を送っている人はいくらでもいる。フィニスの定義は、自然法の第一原則を確立するという彼の目的には完璧にふさわしいが、「もう十分」の基準を作ろうとする私たちの目的にはそぐわない。この目的のためには、なくなったら重大な損失や不幸となるものだけを基本的価値としなければならない。そういうものだけが、手にしたときに「もう十分」と感じさせてくれるからである。

では、何がこの基準をクリアしただろうか。私たちは七つの価値を選んだ。これが絶対だと言うつもりは毛頭ない。他と部分的に重なるものや関連づけられるものがあるし、含めるべきでないと言われるものもあるかもしれない。たとえば「自然との調和」は西洋的な感覚に根ざすもので、ロマン主義や環境保護主義の産物だと主張する人がいることだろう（まちがった見方だと思うが）。また、健康や安定はそれとして価値があるというよりは、他の何かの役に立つと考える人もいるかもしれない。たしかにあいまいな点はあるし、議論の余地もある。だが欠点を指摘していただくにはおよばない。この種のリストはそもそも正確にはなり得ないものであり、誠実な不正確のほうが、偽りの正確性を追い求めるよりよいと信じる。*

七つの基本的価値

1　健康

健康とは、身体が十全に機能し、生物として申し分のない状態であることを意味する。健康には、生命または妥当な寿命の維持に必要なすべてのことが含まれるが、それだけではない。生命力、精力、注意力、血色のよさ（トルストイや多くのモラリストは、退廃的な美よりもこちらを好んだ）なども健康の一部と言える。健康なときはおおむね身体的な苦痛はないが、これは単に心地よいという意味ではない。というのも、病的なのにいっこうに苦痛を感じない人（モルヒネで陶酔状態にある人など）は健康より始末に負えないからだ。健康とは、ちょうど目的を黙々と完璧に果たしてくれる道具のように、自分の身体のことを安心して忘れていられるような状態を意味する。フランス人の医師ルネ・ルリッシュの言葉を借りるなら、「臓器が沈黙している状態」である。(12) 健康は人を外に向かわせ、病気は内に向かわせる。

多くの哲学者が、健康は人間性ではなく人間の中の動物の部分に属すという理由から、他の善よりも下に位置付けている。「肉体の健康が望ましいとすれば……それは魂のためである。賢人は肉体の健康を魂のために選ばねばならず、健康のために魂を選んではならない」とアリストテレスが述べた

＊アリストテレスは、「教養ある人間の特徴は、何かを調べる際にはその対象について可能な範囲でのみ正確性を追究することだ」と述べた（Aristotle, *Nicomachean Ethics*, tr. Christophe Rower & Sarah Broadie, Oxford University Press, 2002, p. 96）。ケインズも同じような意味合いで、「厳密にまちがうよりは、おおむね正しいほうがよい」と言ったとされる。

ことが以後の主流となった。[13] もしこれが正しいなら、健康は私たちの考える最終的な価値ではなくなり、したがってリストから外すべきだということになる。だが動物が健康をよろこぶからといって、なぜ健康に最終価値があるとしてはいけないのだろうか。それは知識人にありがちな偏見ではないだろうか。人が若者の活力に感嘆するのは、仕事に役立つとか、国家にとって有用だといった理由からではあるまい。じゃれ回るイルカやライオンの子供の活力に感心するときと同じように、活力それ自体を称える。

今日では、健康は自由主義国家が奨励してよいものの一つとされている。というのも、精神の健康とは異なり、身体の健康には科学の裏付けがあるからだ。だが、両者にそれほどちがいがあるのだろうか。科学は、薬xが状態yに効くかどうかは言えるが、y自体が「健康でない」状態かどうかは言えない。後者の判断には、人間が元気で調子がよい状態というものについての科学以前の常識がかかわってくる。目の見えない人や足の悪い人を見ればそれとわかるように、健康な赤ちゃんは一目見ればわかるものだ。そしてこれ以外のケースでは、議論の余地が大きくなる。たとえば、どのくらい太っていたら肥満なのか。どれくらい体力や身体能力があれば健康体と言えるのか。答は、戦争に行くのかスポーツをするのかによってちがうだろうし、性別や年齢などによってもちがってくるだろう。要するに身体的健康の判断は、倫理的判断と同程度にしか客観的ではない。やはり、元気で万全の状態をどう考えるか次第である。

となれば、先進国で目的論的思考が廃《すた》れるとともに、健康の概念が変容したのも驚くにはあたらない。このプロセスは、すでに述べたが、お金について起きたこととよく似ている。古くは、健康とはすべてが「本来の機能を完全に果たしている絶頂期の状態」を意味した。これに代わって登場したのは、恒常的な健康増進という理想である。長生きの強迫観念は、その一つの表れと言えよう。かつての医療は一人ひとりに自分の寿命に気づかせるようにし、高齢で死ぬことを悲劇とはみなさなかった。だがもし自然の寿命というものが存在せず、文化によって異なる相対的な（しかも変化する）基準しかないとしたら、何歳で死んでも痛ましく、医療の失敗ということになる。現代の科学は、「永遠の若さ」という錬金術的な約束を再現しようとしているらしい。ほんの数十年前までは、さほど苦痛を感じるまでもなく早々に死んでいた人たちが、いまでは慢性的な病気で衰弱しながらも生かされている。＊

健康思想の転換を表すもう一つの症状として、病気の治療と健康の増進の間に明確な区別がなくなってきたことが挙げられる。かつては両者は厳格に一線を画しており、生命にかかわる手術は一方に、美容目的の手術は他方に分類された。だが完全な健康が存在しないとすれば、望ましくない状況は何であれ病気とみなして治療の対象にすることが可能になる（そして人が「望ましくない」と考えるもの

＊老人病の研究者であるオーブリー・ド・グレイは、人類は近いうちに数千年も健康に生きられるようになると主張している。だがケンブリッジの神経科学者ガイ・ブラウンは、もっと悲観的だ。「寿命を数年延ばすことはできるが、最後の数年のクオリティは低い」という（Guy Brown, "No Way to GO", *Guardian*, November 13, 2007）。私たちは人々を墓場へ急がせたいわけではないが、優雅に年をとってほしいとは願っている。中国の思想家、林語堂は「八一歳の誕生日を祝える人は、とりわけ神に祝福された人だとみなされる」と書いた。

は限りなく多い）。この傾向に拍車をかけたのが製薬会社である。彼らには、自社の薬で治せる病気を探し出す動機が大いにある。たとえばバイアグラの製造元であるファイザーは、かつては人間らしい喜劇の一部だった出来事を「勃起不全」という外聞の悪い病気に変えてみせたが、これなどは端的な例と言えよう。

このように医薬品開発でも経済的な競争が繰り広げられた結果、「健康」の概念自体が損なわれてしまった。どんな身体状態も「望ましい」状態と比べたらどこか足りないとすれば、誰もがある意味で永遠に病気ということになる。ゲーテ流に言えば、世界は巨大な病院となり、そこでは誰もが互いに看病し合う。しかも貪欲な健康志向のせいで、医療費は所得と同じペースで、いや所得以上のペースで拡大するため、人々はハツカネズミのように追い立てられ、労働と経済成長の踏み車を回し続けなければならない。したがって私たちの目的からして重要なのは、健康をこのように相対的な見方で捉えず、古来の見方と同じく、身体の自然に整った状態と捉えることだ。このように定義したとき初めて、健康は「もう十分」と言いうるものになる。

2　安定

安定とは、自分の生活が戦争、犯罪、革命など社会的・経済的な動揺に脅かされることなく明日以降もおおむね従来通り続く、と妥当に予測できる状況を意味する。安定は、他の基本的価値の実現に必要な条件とみなすことができ、とりわけ人格、友情、余暇についてそう言える。だが安定は、それ自体としても価値がある。生物はみなそうだが、人間にも生活を営むうえであたりまえになっている環境がある。この環境が突然変わったり、ひんぱんに変動したりすれば、人間は混乱し不安になる。ちょうど新しい家に連れて来られた猫や檻《おり》から野に放たれた動物のように。もちろん賢い動物である人間は、どんな環境も超越する力、哲学者ヨゼフ・ピーパーの言葉を借りるなら「屋根の上の星」を見る力を備えている。(14) そうは言っても、やはり屋根は必要だ――星を眺める足場としてだけでなく。世界のどの言語でも、「平和」という言葉にはやすらぎの響きがあり、反対に「混乱」や「無秩序」にはいやな感じがつきまとう。

たしかに、無秩序を好む人間はいる。暴君、相場師、夢見る詩人といったタイプだ。暴君だった毛沢東は、ロマン派的詩人でもあり、無秩序を愛するあまり「継続革命」と名付けた。西洋では、自由奔放な芸術家や知識人が長らく安定をばかにしてきた。そのせいでいまだに、安定が好ましいなどと認めるのは、おままごとが好きだと認めるようなものとみなされている。だが実際には、創造的な精神の持ち主はみな、安心して創造性を発揮する大前提として安定を好む。詩人でさえ、自分に正直になったときにはそれを認める。詩人のウィリアム・バトラー・イェイツは、祖国アイルランドが戦争に突入した一九一九年に、愛娘が無事育って安定した人生を享受できるよう願って詩を書いた。

「そして花婿が連れて行ってくれる家では
すべてがいつも通りで礼儀に適《かな》っていますように
傲慢《ごうまん》と憎悪は
街頭でいくらでも売られているが
純潔と美は

習慣と礼儀の中でしか生まれない
礼儀はゆたかな角、
習慣は広がる月桂樹」

イェイツは、無秩序を愛するロマンティシズムと無縁だったわけではない。一九一六年の復活祭の暴動のときは、熱狂的に恐怖の美を謳《うた》っている。だが本物の混乱に直面したとき、とるべき選択は明らかだった。市民生活の極度の混乱が文明と芸術を破壊することを、イェイツは身にしみて知ったのである。

資本主義は安定にどのような影響を与えるだろうか。一九世紀の自由主義者は、「商業のおだやかさ」が国際関係に平和をもたらすと論じた。貿易をする国同士には戦争をするまともな経済的理由は存在しないというのである。この主張に頷《うなず》けるところはある。とはいえ、貿易相手国同士はまともでない経済的理由から、あるいは経済以外の理由からやはり戦争をするのであり、そのことは一九一四年にすでに証明されている。一国の中で自由市場が安定にどのような影響を与えるかということは、一段と不確かだ。「すべて堅固なものは雲散霧消する」というマルクスの言葉は有名だが、この言葉は、資本主義の下では技術や技能や生活様式の革新が際限なく続くことを指している。社会構造の絶え間ない変革は、労働者も消費者も疲弊させる。とりわけ、新奇なことを好まなくなった四〇代、五〇代以上の人にとってはそうだ。自由市場原理主義者たちは、そうした不満に対して軽蔑を隠さない。地元で職を見つけられないならよそへ行けばいい、余った人材は再教育すればいいという。これはどう見てもあべこべである。そこで二〇世紀前半に登場した社会自由主義（新自由主義）は、人間が市場に合わせるのではなく、市場が人間に合わせるべきだと主張した。資本主義に伴う不安定性を最小限に抑えようとする彼らの啓蒙的な努力は、いまとなってはおおむね放棄されている。これについては次章で論じることにしたい。

3 尊敬

他人を尊敬するとは、その人の意見や姿勢を重んじ、無視したり粗略に扱ったりすべきでないとし、それを何らかの形で表明することである。尊敬は、同意や好意を意味しない。敵であっても尊敬はできる。また、称賛を意味するわけでもない。尊敬が意味するのは、他人の視点を認め、重んじることである。これは、動物に対する態度とは根本的にちがう。人はペットの犬に愛情を注ぐことはできても、尊敬するとか尊敬を欠くということはない。*

尊敬は他の基本的価値、とくに友情にとって必要な条件であるが、しかしそれ自体としても価値がある。世界中どこでも、奴隷であること、すなわちあらゆる尊敬を失った状態は、死に次いでいやな

*ここで言う尊敬は、「尊厳」と呼ばれることも多い。とりわけ宗教に関する文脈では、そうである。私たちが「尊敬」という言葉を選んだのは、そのほうが人間関係にまつわる言葉であることを明確に示せるからである。尊敬は与えるものだが、尊厳は生まれついて備わっているものだ。誰かを尊敬する能力を持ち合わせているということは、その人自身に尊敬に値する何かがあることを前提としており、その「何か」は、お好みなら尊厳と呼んで差し支えない。

ものとみなされているし、死ぬよりみじめとさえ考えられている。よく言われるように、奴隷になることは社会的に死ぬことなのだ。生物学的な意味ではまだ人間だとしても、人間と認められていない。アウシュヴィッツから生還したプリーモ・レーヴィは、ナチスの科学者による尋問を回想して、「あの視線は二人の人間の間の視線ではなかった」と書いた[15]。絶えずそうした視線にさらされていると、やがてその見方に同化してしまう。いっさいの尊敬を断ち切られたら、自分を尊敬することはできない。

尊敬は対等である必要はないし、相互的である必要もない。自分をさほど尊敬してくれない相手、いや全然尊敬してくれない相手を尊敬することは十分に可能である。ただ、互いに尊敬し合えれば、それはどちらにとってもとりわけしあわせなことだ。自分が尊敬する人の尊敬を勝ち得たいというのは、誰もが心の奥底で望んでいることである（ファンや取り巻きからの賛美は、自尊よりも自己満足に結びつきやすい）。どの時代にも、同じ身分や階級の間では相互に尊敬しても、それ以外の人をすべて見下す集団が存在した。古代ギリシャの市民や中世の貴族はその一例である。近代民主主義は仲間集団の枠を拡げ、所定の範囲内のすべての成人が含まれるようになった。フランシス・フクヤマが主張するように民主主義の勝利を歴史が保証するかどうかはともかく、いまや民主主義はほぼ全世界で、すくなくとも理論上は支持されている。したがって現代において、民主主義に逆行するような「よい暮らし」は考えられない。この観点からすれば、たとえば科挙《かきょ》に伴う教養に対する尊敬は、現代にはあてはまらない。

何が尊敬をもたらすかは、文化によって大きくちがう。力、金、土地、出自、教育、地位は、時代によっては尊敬の的だった。現代の市民社会で尊敬をもたらすものは二種類ある。一つは人権および公民権、もう一つは個人の業績である。前者は市民を権力者の干渉から守るという意味で、市民に「法律上」の尊敬を与える。とはいえこの権利は功績とは無関係にすべての市民に与えられるものであるから、真の尊敬を生み出すことはできない。したがって真の尊敬を得るためには、人はそれぞれに何かしらを成し遂げなければならない。最低でも、生活の糧《かて》をまっとうに稼ぐことが必要だ。地位や肩書きがあれば自動的に尊敬を得られる時代は終わった。現代の貴族が自分の価値を証明するには、慈善団体の理事などを務めなければならない。さもないと、寄生者同然とみなされるだろう。

法律上の尊敬の平等は真の尊敬の不平等と共存しうるが、それも程度問題である。格差が大きくなりすぎたら、前者は脅かされるだろう。たとえば慢性的に高い失業率のせいで、社会が「働く多数派」と「無職の少数派」に二分されたとしよう（あり得ない話ではない）。このような場合、法律で両者に事実上の差別を設け、公民権や投票権に差を付けるよう定めるのはあまりに容易である。そうなったら、広く知られている意味での民主主義は存続できまい。また不平等が一定限度を超えないようにするためにも、相互の尊敬が重要である。(16) たとえば世間一般とはかけ離れた生活をし、遊ぶのも勉強をするのも一般の人とは別というエリートは、共通の市民意識を持つことができない。民主的な連帯感を抱くうえで、完全な平等とは言わないにしても、より平等な富と所得の分配が必要である。

最近の自由主義的な論調とは対照的であるが、正義の要件は価値観と切り離して決められるものではなく、固有の価値観に応じて決まると私たちは考えている。平等は博愛のうえに築かれるのであって、その逆ではない。したがって、「不平等はどの程度になれば行き過ぎなのか」という問いに対して、ロールズが試みたような抽象的・先験的な答は存在し得ない。この問いに答えるには、不平等が社会の倫理意識、とりわけ政治制度にどのような影響を与えているのかを見なければならない。金持ちが法を無視して傲慢《ごうまん》にふるまい、貧乏人が無力で恨みに満ち、政治家が金の亡者になっているなら、不平等は行き過ぎである。

4　人格または自己の確立

この言葉で私たちがとくに意味するのは、自分自身の理想や気質や倫理観に沿って人生を設計し実行する能力のことである。これは、カントの「自律」やアリストテレスの「能動的な理性」に当たるだろう。だが人格という言葉には、幅広く自発性、個性、気性など多くの要素が含まれている。多くの哲学者、とりわけカントは自律のお手本のような人物ではあったが、個性には乏しかったようだ。

人格と尊敬を敢えて分けた理由を説明しておこう。この二つは相互に関連しており、尊敬は人格に払われ、人格は尊敬を呼ぶとも考えられる。だが、そこには微妙なちがいがある。ここで、修道会あるいはフーリエが提唱した革新的な自給自足共同体といったものを想像してほしい。そこでは財産はすべて共有され、すべてのことが公開され、誰もが公益のことだけを考えている。このような共同体では、メンバーはお互いに尊敬し合っているとしても、自分というものを持っていない。人格とは「店の後ろの部屋」のようなものだとモンテーニュが言ったように、自分の私室であり、そこでは自分をさらけ出し、自分自身に立ち帰ることができる。それは公を慮《おもんぱか》る理性や義務の呼び声に逆らって、内面に向かう自由なのである。

中世以降のヨーロッパではとりわけ人格を重んじた。ここで理想とされたのは、フランスの自由主義思想家バンジャマン・コンスタンが「近代的自由」と呼んだものに近い。これはヨーロッパだけの現象ではなく、世界のどの文化でも、自らを貫いた市井《しせい》の人々が詩歌に名を残している。人格が否定され、個人が無抵抗無反省に社会的役割を受け入れるような社会は、もはや人間の社会ではあるまい。おそらくそうした社会は、ＳＦ映画よろしく、知性と社会性を備えた昆虫のコロニーのようになるだろう。

今日の自由主義においては、個性を、あるいはよく言われるように自立性を高く評価し、他の資質はすべてそこから発するとみなす傾向がある。すでに触れたように、こうした傾向が、ロールズ、セン、ヌスバウムが目的を論じたがらない原因の一つとなっている。だが、このような姿勢は誤りではないか。自主自立は好ましいけれども、他に優先して好ましいわけではない（愛のために自立を犠牲にしても、ひどくばかげているとは言えない）。倫理的配慮という広い視野を失った自主自立は、「無関心の自由」に堕落しかねない。そうなったらあらゆることが許され、一切の配慮がなされなくなるだろう。最近よく耳にする「価値選択」という表現は、この混乱の一つの表れである。正しく理解していれば、選択は価値に応じてなされるものだ。そうでないから、選択が恣意的になるのである。

己を確立し人格を守るには、私有財産が欠かせない。私有財産が認められて初めて、個人は出資者・後援者の専横や世論の圧力を免れ、自分のやりたいことや理想とすることに従って生きていける。フランスの経済学者マルセル・ラボルデールは、ケインズに宛てた書簡の中で、「安定した財産……は無形の社会資産であり、どのような種類の文化も大なり小なりこれに依存している」と書いた。

「個人の生計の財政的安定は、計画的に余暇を楽しんだり思索にふけったりする必要条件である。そして計画的な余暇や思索は、独創性に富む真の文明を形成する必要条件なのだ」(17)。ここで、人を自由にするのが所得ではなく財産であることに注意してほしい。旧ソ連の共産党政治局員はあらゆる消費財を手に入れることができたが、資本は与えられず、個性を伸ばす自由はなかった。ウォール街のトレーダーたちも、その点では変わらない。彼らの巨額の報酬は、「必要経費」のためにあっという間に消えてしまう。*経済的自立は贅沢とはちがうし、贅沢よりはるかに重要である。

このような人格尊重に基づく私有財産の擁護は、現代のキリスト教的社会思想の柱となっており、資本主義と社会主義の両方に対する間接的な批判を形成している。この思想の基盤となったのは、ローマ教皇レオ十三世が一八九一年に出した回勅《かいちょく》「レールム・ノヴァールム（新しい課題）」である。この回勅には「資本と労働の権利と義務」という副題がついている。世帯を営む者はすべて、自分自身と家族を継続的に養う手段を持たなければならない。そのような手段を持たずにいると、民間人であれ公人であれ資本の所有者に依存せざるを得ない、と教皇は論じた。「したがって法は所有権を認めなければならない。また国家の政策は、できるだけ多くの国民に所有を奨励しなければならない」(18)。こうした考え方は、二〇世紀前半のイギリスで富の分配の動きにつながったほか、ドイツとイタリアではキリスト教民主主義思想を生んだ。これらについては次章で取り上げることにしたい。

人格尊重の立場から私有財産を認める論拠は、よくある自由市場の立場からの論拠とは異なる。主流的経済学において財産は資本主義の法的基盤の一部をなすが、その分配は独占的価格形成につながらない限り、基本的に経済学の関知するところではない。対照的に人格尊重の立場からすれば、財産の少数集中は財産本来の機能に反する。財産の本来の機能は、所有者と家族に独立した生計を可能にすることである。財産はひろく分配されなければならず、そうでなければ倫理的な役割を果たすことができない。どのように分配すればいいのかについては、次章で論じる。

5　自然との調和

自然との調和を基本的価値の一つに挙げる理由は、前章の最後ですでに論じた。とはいえ、この問題には異論が多い。マーサ・ヌスバウムによれば、南アジア出身の同僚の一部は、こうしたものに基本的価値を認めること自体が「ロマンティックな緑の党の考えそうなこと」だと切り捨てたという(19)。中国人の友人も、同様の反応をした。現代の西洋人が自然に対して感傷的になりがちで、ときには人間への危害すら無視する傾向があることは、否定しない。だが動植物や自然の景観への愛情は、西洋だけのものではない。サンスクリット語や中国の古代文字を始め、世界各地の古い文字で書かれた詩には自然を謳《うた》い上げたものが多数ある。これだけでも、自然への憧憬《しょうけい》が西洋の専売特許でない証拠になろう。

自然との調和と言うと、都市生活よりも田園生活をよしとする、というふうに捉えられがちだ。古

＊トム・ウルフの小説『虚栄の篝火《かがりび》』に登場するウォール街のエリートトレーダー、シャーマン・マッコイは、報酬を家賃や教育費その他に注ぎ込む。その結果、職を失って数週間と経たないうちに破産に追い込まれた。マッコイは大金持ちではあったが、結局は給料の奴隷だった。

代ローマやバイロンの時代から、都市は悪徳の温床であり不衛生の象徴とされてきた。だが正反対の見方もある。ソクラテスは、必要な知恵はすべてアテネの城壁の内側にあると言った。マルクスは田園生活の愚かさについて語っている。ここでは、この古い論争に足を踏み入れる必要はない。どちらにももっともな言い分がある。ただここで新たに付け加えたいのは、現代の都市の途方もない規模のことである。一八世紀に世界最大級の都市だったパリの住民は、三〇分も歩けば農地が広がる光景を目にすることができた。しかし今日のパリの住民は、渋滞の中を六時間も歩かなければならない。こうした都市への不満と田園への憧れが、いささか滑稽ながら「自然へ帰れ」という合い言葉につながったのだろう。過密都市が住人の行動や気分におよぼす不健全な影響は、多くの心理学者が報告している。

では近代都市を破壊すべきなのだろうか。現在の都市の稠密《ちゆうみつ》度を考えると、そんなことをしたら国中が郊外化するのがオチだろう。ただし、都市が周辺の農村地帯から完全に孤立しないように努力はすべきである。数千年にわたり、地方の農産物市場は都会との接点の役割を果たしてきた。しかしいまやそれも過去のことになり、それとともに土地や季節の感覚も失われている。今日のイギリスの食通は、日本の天ぷら、中国の四川料理、モロッコのクスクスなどの異国料理で肥えた舌を刺激することができる。しかし世界各地から送られてくる過程で、食を取り巻く意味付けはすっかり失われている。自然からの疎外は消費者選択に伴う代償の一つだが、この代償は途方もなく大きい。

友情を表す英語の“friendship”は古代ギリシャ語のフィリア（philia）の翻訳であり、必然的に不正確である。フィリアは健全な愛情で結ばれたあらゆる関係に当てはまる。私たちの語義にしたがえば、父親、結婚相手、先生、同僚はすべて「友達」と呼んで差し支えない。となると、家族との区別がはっきりしないと思われるかもしれない。家族は選ぶことができないが友は厳密な意味では選ばれるという決定的なちがいがあるものの、よくよく考えてみれば、そう簡単には区別できないことがわかるだろう。どんな家族の結びつきも、実際には選択的な要素が絡んでいる。たとえばある時点を超えると、母あるいは姉であることに努力を要する。その一方で、義兄弟、寮母など家族関係を表す言葉で呼ばれるような強い人間関係が家族の外に生じることもある。家族とそれ以外の人間関係の構造や重要性は文化によって異なるが、いずれにせよ疑う余地なく、想定しうるすべてのよい暮らしにとって欠かすことはできない。「愛する友なしには、たとえ他の善きものすべてをもっていたとしても、誰も生きてゆきたいとは思わないであろう」とアリストテレスは書いている[20]。

ここで、「共同体」ではなく「友情」という言葉を選んだ理由を説明しておこう。共同体という言葉は、ここ数十年ほどひどく人気があるようだ。だが私たちは、この言葉の使われ方に懸念を覚える。「共同体のために」とか「チームのために」ということが安直に言われるが、これではまるでメンバーよりも共同体のほうが上位に位置付けられるように響く。「友情」であれば、そうした心配はない。私とポールとの友情はあくまで二人の間の関係であり、二人の上に亡霊のように浮遊して独自の権利や利益を主張したりはしない。共同体をこのような友達のネットワークと考えるなら、政治的迫害の原因は一つ取り除かれることになろう。

古代社会では、友情はきわめて重く考えられていた。このテーマを巡るアリストテレスの古典的な議論では、真の友情を「有用な友情」（共通の利害に基づく友情）や「快楽のための友情」（趣味や娯楽を共にする友情）と峻別《しゅんべつ》する。相手の価値をあるがままに受け入れ、それによって共通の新しい価値が育まれるところに真の友情は存する。このような関係は、その人が何かをしてくれるからではなく、その人がその人だから愛せるような、徳の高い人同士でしか成立しない。友情は個人的なものであると同時に政治にもかかわってくる。友情は家族の絆《きずな》を強め、その延長線上で市民の絆をも強めるからだ。友情は、「国家にとって最高の善きものであり、革命に対する最良の防波堤となる」[21]。こうした言葉は、現代人にとっては奇異に聞こえるかもしれない。現代人は、自己利益を追求する個人の集合として国家を捉え、友情は純粋に個人的な感情であって政治とは無縁だと考えることに慣れ切っているからだ。だがアリストテレスの目から見れば、友情のない国家はそもそも国家ではない。国家は「単に犯罪の防止や商業取引のために発足した社会ではない」のである。アリストテレスの考える国家は、「満ち足りた自給自足の生活、すなわち尊敬に値する幸福な生活を営む家族や村の集合体」であった[22]。

アリストテレスに先んじること一五〇年、地球の反対側で中国の孔子も、人間関係が政治にとって重要な意味を持つと説いている。「孝悌《こうてい》にして上を犯すことを好む者はすくなし（日頃から親兄弟に孝行悌順《ていじゅん》でありながら、目上に逆らうことを好む者はほとんどない）」と論語にある[23]。とはいえ両者の類似は表面的なもので、孔子が言わんとしたのは価値の共有ではなく目上の権威の尊重だった。同じ一節では、「孝悌なるものは、其《そ》れ仁を為《な》すの本か（親孝行で目上に従順であることは、仁の徳を完成させる根本である）」とも述べられている[24]。このような姿勢のちがいは、今日でも見られる。欧米の子供は、成長すると親を狭い意味での「友達」として見るようになるが、中国では生涯を通じて親子愛と相互犠牲の関係が続く。

友情は経済的な意味での財ではないが、経済にとって必要条件である。たとえば飢饉のときには信用は発達しない。事業再編や人員削減やアウトソーシングがのべつ行われるような経済では、継続的な深い人間関係は育たない。「元気を吸い取るヒルになるのはやめて、元気を与えるエナジャイザーになろう」というアメリカのライフスタイル・コーチ、ロバート・パグリアリーニの言葉は、自己啓発本やウェブで数え切れないほど繰り返された。[25] アリストテレスの定義に従えば、「元気を与えて」もらうことが目的の友は、有用な友ではあっても真の友ではない。とはいえこのような友情は、自立と移動性を最重視する文化に当然予想される特徴と言えよう。

7 余暇

現代では、余暇はくつろぎや休息と同義語のようになっている。だが古くは、余暇という概念は単に仕事を休むことではなく、それ自体が一つの特別な形の活動だった。この意味での余暇は、疲れをとったり英気を養ったりして何か別のことに備える手段としてではなく、それ自体をするものだったのである。哲学者のレオ・シュトラウスは友人のクルト・リーツラーに宛てた手紙の中で、「精神を働かせることは、苦痛の多い労働ではなく、余暇を優雅に真剣に使うことである」と述べた。[26] ぜひとも「余暇」をこの意味にとってほしい。

私たちの考える余暇は、広く理解されている意味での余暇とほとんど共通点がない。報酬をもらってする仕事も、お金が主目的でなく、それをしたいからするのであれば、私たちの考える余暇活動に当たる（作家の多くは、全然お金にならなくても、また別のことをしたほうが儲かる場合でも、書き続ける）。その一方で、世間一般で言う「レジャー」の多くは、私たちの考える余暇活動ではない。痩《や》せるためにスカッシュをするといった具合に手段として行われているか、でなければあまりに受け身的で活動とは言いがたい（テレビを見るとか酔っぱらうといったことは、人間のやることはすべて活動だと解釈した場合に活動と言えるにすぎない。自主性もスキルもいらないので、余暇活動と言うよりは「休息」と言うほうが当たっている）。とはいえ、真剣さや努力が余暇の条件だというわけではない。大事なのは、外から強制されてやるのではない、ということである。この意味では、マルクスの言う「疎外されない労働」が近い。マルクスはこれを「生活を自由に表現すること、ひいては生活を楽しむこと」と定義している。(27)

余暇が大事だということは、世界中どの文明でも認識されている。ユダヤ教・キリスト教・イスラム教はいずれも、週の終わりに安息日を設けている。もっとも、安息日は祈りを捧げるためで、自由な活動に充てるためではないので、私たちの考える余暇とは言えない。(28)「自由な」労働と「機械的な」労働のちがいを述べたアリストテレスは、より私たちの考えに近い。前者は自由人にふさわしく、後者は職人や奴隷にふさわしいという（「身体の変形を伴うような労働、また精神を消耗・劣化させるような労働を機械的と呼ぶ(29)」）。余暇の文化が発達したのは、何と言っても江戸時代の日本である。数世紀におよぶ平和のために本来の仕事がなくなった封建貴族たちは、生活の中の芸術に没頭し、花を生けるとか茶を飲むといった日常的な行為を洗練された儀式に高めた。哲学者のアレクサンドル・コジエーヴは、日本こそが「歴史の終焉《しゅうえん》」後に初めて成功した社会だと述べ、冗談めかしてではあるが、「近年始まった日本と西洋との間の相互作用が、最終的には日本の再野蛮化ではなく西洋の日本化につながることを願う」と書いている。(30)

余暇が基本的価値の一つである理由は、はっきりしている。余暇のない人生、すなわちすべてのことが他の何かのためになされる人生は空《むな》しいからだ。そのような人生はつねに準備のために費やされる人生であり、現実を生きることがない。ほんとうの意味で世界を見つめ広い視野に立って熟考できるのは、必要のくびきから解放されたときだけであり、したがって余暇は、より深い思索、よりゆたかな文化の源泉だと言える（余暇を意味する古代ギリシャ語スコレー〈scholē〉がスクールの語源であることも、このことを暗示している）。ヨゼフ・ピーパーは、「精神をくつろがせ、薔薇《ばら》のつぼみ、子供の遊び、大いなる神秘について沈思黙考するとき、私たちは休んでいながら活発に活動している。ちょうど夢を見ない眠りの中にいるときのように」と書いた。「この世界を一つにしているものに人間の魂がふと気付くのは、こうした沈黙と受容の瞬間なのである」(31)。余暇がなかったら本物の文明は生まれず、マルセル・ラボルデールの言う「機械的な」文明しかなくなるだろう。現代の大学が「ターゲット」と「アウトプット」の機械と化しているのは、このおぞましい予想を先取りしているようだ。

いま述べたような余暇の概念は、ひどく知識人ぶって聞こえるかもしれない。だがそういうつもりは毛頭ない。もともとどんなレクリエーションにもスキルや積極的な自発性が必要だ。公園でサッカーをするにしても、家を飾るにしても、仲間とギターを合奏するにしても。そしてこれらはすべて、私たちの考える余暇である。決め手は活動の知的水準ではない、「目的のない合目的的行動」であることだ。

余暇を生み出す経済的条件はどういうものだろうか。何よりもまず、労苦の軽減が必要である。賃金労働だけでなく、通勤時間や家事労働の負担も減らさなければならない。ただし、全身全霊を挙げて没頭する作家や職人のように、それをやること自体が目的と化しているような有償の労働は除く。労苦や疲労が一日の生活のあまりに多くを占めて、残された時間は食事と睡眠だけというのでは、余暇など不可能だ。だが労苦が減っただけでは、私たちの考える余暇にとっては不十分である。ケインズの言う「退屈しきったご夫人方」を思い出していただければよい。「賢く心地よく満ち足りて」暮らすためには、単に時間があるだけでなく、その時間を投じるやりたいことがなければならない。会話、ダンス、楽器演奏といった古くからある生活の楽しみが、まさにそれを必要としているときに衰退しているのは、まことに皮肉な現象と言わねばならない。市場取引のための生産物の最大化に向けて疾走する経済は、自発的な参加を要する余暇に代わって、出来あいの余暇を生み出すようになっている。

基本的価値の実現

以上の七つが、私たちの考える基本的価値である。すべてを実現できたなら、それはよい暮らしだと言えよう。とはいえ「実現」とはあいまいな表現である。どれほど尊敬されたら、尊敬を「実現」したと言えるのだろうか。当然ながら答は、人によって、また文化によってまちまちだろう。それでも、先に述べたようにそもそもが正確にはなり得ない問題だったのだから、答があいまいでも失敗とは言えまい。

それよりも懸念されるのは、価値が衝突する可能性のほうである。自己実現が古い友人との決別を必要としたら、余暇の享受によって一家の大黒柱として尊敬されなくなったら、どうするのか。こうしたジレンマを想像すると、何か「最高基本的価値」のようなものがあるはずだと考えたくなる。そうすれば、他の価値は最高価値に従属するかその手段となる。最高価値が存在しない場合、ある価値を他の価値より優先する合理的な理由はないように見える。となれば、やみくもにどれかを選ばなければならないのだろうか。

現代の倫理学の文献から察するに、最高基本的価値の候補は二つある。一つは幸福または効用（＝快楽）である。もう一つはカントの言う「善意（good will）」、すなわち道徳律に従う意志である。どちらにも納得できない。幸福は、第4章で述べた理由から、最高価値にはなり得ない。古典的な意味でとらえれば、幸福はよい暮らしと同義であり、それを構成する複数の要素の対立を解決することはできない。また現代の標準的な意味からすれば、精神の心地よい状態が善であるとは言いがたい。では、カントの善意はどうか。こちらはあまりに狭すぎて、価値あるすべてのものの上に君臨するとは言えず、やはり最高価値とは認められない。善意のみが無条件でよいと考えるのは、道徳狂（ニーチェはカントをこう呼んだ）ぐらいのものである。

というわけで、基本的価値はやはり複数にならざるを得ない。どれか一つをとれば、別の一つが犠牲になるという悲劇的なジレンマが発生する可能性はある。だが、それでむやみに悩むにはおよばない。比較不能な選択肢を前にしてどちらかを選ぶことは日々いくらでもある。余暇や思索の時間を犠牲にして政治家としての栄達を追い求めるべきか。テニスに打ち込むことにしてピアノは諦めるべきか。こういう選択肢を前にしたら、万能の公式といったものがあるはずもなく、みな自分が一番よいと思う方向を賢く選んでいる。市民レベルで言えば、比較不能な選択肢を巡る議論は、すくなくともあるべき姿の民主政治にはつきものだ。計画と混沌の間で着地点を見出せないのは、頭の固い官僚だけである。(32)

基本的価値が複数あることには重大な意味がある。ユーロが足りなくてもドルをたくさん持っていれば埋め合わせられるが、どれか一つの基本的価値が欠けていたら、別のもので埋め合わせることはできない。友情のない人生、あるいは余暇のない生活は大切なものが欠けており、たとえどれほど尊敬されていても埋め合わせにはならないのである。アリストテレスや孔子を筆頭に哲学者という哲学者が一つの価値の偏重を戒《いまし》めるのはこのためだ。芸術や科学のごく狭い一部門に一点集中すれば成果は上がるかもしれないが、その代償として、一人の芸術家あるいは科学者としていびつになってしまう。基本的価値をすべて手にしているなら、別の何かに情熱を注ぐのは妥当かもしれない。だが何か一つの分野でどれほど成功していても、健康でなかったり、余暇あるいは人格に欠けていたりしたら、よい人生を送っているとは言えまい。

個人にとって第一の目標となるのが自分自身のよい暮らしを実現することだとすれば、国家にとって第一の義務は、持てる権限の範囲内でできる限りにおいて、すべての市民によい暮らしのための物質的条件を整備することである（この公正の原則は、先ほど述べたように、相互の尊敬という基本的価値を基盤とする）。「持てる権限の範囲内でできる限りにおいて」という条件は重要である。というのも、健康と友情は運に左右される面が大きいし、人格、尊敬、余暇は部分的には個々の行為主体に委ねられるからだ。それでも国家には、そうした価値が育《はぐく》まれる物質的な条件を整えるという、法に適った重要な役割がある。物質的な条件の中には、国富の全般的な水準を引き上げることだけでなく、それを正しく分配すること、賢明な公的支出を行うことを始め、さまざまな要素が含まれている。このほかの価値は、個人と制度の両方に委ねられる。ケインズの言い回しを借りて言うなら、国家は文明の受託者ではないが、文明の可能性の受託者なのである。

さきほど、国家の第一の義務は、すべての市民によい暮らしの物質的条件を実現することだと述べた。この義務を遂行した国家には、美や力や国威の誇示をめざす資格が十分にある。つまり国民の生活や健康や福祉を犠牲にしないなら、ヴェルサイユ宮殿やピラミッドを建造してもよい。この原則には「十分主義」といういやな名前が付けられているけれども、その根本にあるのは、「必要を贅沢の犠牲にしてはならない」というごく常識的な発想である。なお、基本的価値の実現方法が何通りもある場合には、国家はその歴史的伝統に則って選ぶ自由がある。インドと中国は、同性婚の合法化や動物虐待の法的禁止などを求める欧米の傾向に同調する義務はまったくない。正義が伝統の放棄を求めるのは、伝統が基本的価値を破壊したときだけである。

以上のことは、経済成長にどう影響するだろうか。成長それ自体は健全な政策の最終目的にならないことははっきりしている。アリストテレスは、「富は私たちが求める価値ではない。なぜなら富は何かほかのことのために役立つものだからである」と書いたが、これは当時の常識を述べたのだった。(33) とはいえ経済成長は、それ自体が目的にはならないとしても、別の理由から望ましいと言えるかもしれない。すぐに思い浮かぶのは、次の三点である。

第一に、基本的価値を実現する手段として経済成長を追求するのは、道理に適っていると言えるかもしれない。健康のためにはよい食事や薬が、余暇を得るには労苦から離れる時間が、人格を涵養《かんよう》するには「店の後ろの部屋」に引っ込むことが必要だ。あまりに貧しくてこれらを手にすることのできない人々は、何としてでも裕福になりたいと願うだろう。だが富裕国においては、健康、余暇、人格の物質的な必要条件は、ずいぶん前にすでに達成されている。問題は、それをいかに活用するかということに尽きる。他の基本的価値（安定、尊敬、友情、自然との調和）は、富の絶対的な水準にも、経済運営や経済以外の要因にもさほど左右されない。したがって、経済成長に固執する理由にはならないと言える。

第二に、経済成長は、人々が重視する別の何かの指標として役立つかもしれない。英金融サービス機構のアデア・ターナー元長官は二〇一〇年のロビンズ記念講演において、成長は「経済成長の目的と考えるべきではなく……むしろそれとして望ましい二つの事柄の結果なのである。その二つとは、選択の経済的自由と、つねに変化を求める精神である」と述べた[34]。言い換えれば成長は、重要なものの状態を計測する感度のよい装置という意味で、心電図のような役割を果たすのかもしれない。ただし経済成長がこの役割を果たしうるのは、経済的自由と有意に相関し、かつ経済的自由が他の何よりも重要な場合に限られる。後者の条件は、とりわけ疑わしい。もちろん、ある程度の経済的自由は重要である（私たちの考える基本的価値では、人格つまり自己の確立の条件となる）。だが重要なものはほかにもあるし、その中には成長を妨げかねないものもある。* たとえば雇用が安定し人々が長い時間を余暇に費やす社会は、経済的には低迷するかもしれない。バランスのとれた経済が成長に有利かどうかは実証的な問題であり、成長する経済が健全な経済だと先験的に断定することはできない。

そして第三に、現実的な目先の理由から成長を追求する場合もあるかもしれない。不況で失業率の上昇と公的債務の膨張を伴う場合には、成長優先は正しい選択肢と言えよう。ただし、短期と長期は区別して考えるべきだ。成長は一種の抗鬱《こううつ》剤で、患者を立ち直らせるには有効だが、常用させるわけにはいかない。残念ながら、麻薬と同じく経済成長にも中毒性がある。急場しのぎの方策が一生の習慣にならないよう、老獪《ろうかい》な医者に腕を振るってもらわねばならない。

成長の飽くなき追求は基本的価値の実現にとって不必要どころか、よからぬ影響をおよぼしかねない。基本的価値は本質的にお金には換えられず、市場で売り買いすることは不可能である。そこで市場価値の最大化を目的とする経済は、基本的価値を締め出すか、でなければ取引可能な代替物に置き換えようとする。その結果は見てのとおりだ。自分らしさや個性といったものが広告の謳い文句になり、ありきたりの商品を買うことが「自己表現」になる。友情はもはやアリストテレスが語ったような真剣な人間関係ではなくなり、余暇を楽しむための演出の一部に成り下がっている。そして余暇自体も効率化の対象となり、これに取り憑《つ》かれたスポーツ、ゲーム、ナイトクラブ産業は、最小限の時

＊ターナー卿はその可能性を認めており、三回目の講演録には、変化の目的と経済的自由を「他の潜在的に望ましい目標とバランスをとる必要がある」と書かれている。だが卿は、その場合には成長は経済の健全性の指標として役に立たなくなると付け加えるべきだった。

間に最大限の享楽を詰め込もうと躍起《やっき》になっている。「ごく最近まで金銭的な取引の外にとどまっていた生活領域にまで、市場が侵入してきた」とポーランド出身の社会学者ジグムント・バウマンは書いている。「市場は絶え間なく家庭にメッセージを送り続ける。どんなものも商品だ、あるいは商品になりうる、まだ商品になっていないものも商品のように扱うべきだと」[35]。

こうした変化を統計に表すのはむずかしい。基本的価値はそもそも量ではなく質であり、識別の対象ではあっても計測の対象ではないからだ。計測できるのは、基本的価値の代用品、すなわち基本的価値と連動して増減すると想定される数値にすぎない。そうした代替的な数値を計測してみたところ、じつに残念な結果が出た。イギリスの一人当たり所得は、一九七四年から現在までの間に二倍以上に伸びている。だが私たちが判断する限りでは、同時期の基本的価値はまったく増えていないか、はっきりと減っている。他の富裕国の結果は、国によってまちまちだった。

1　健康

イギリス人の平均寿命は、一九七四〜二〇〇九年に七年伸びた。ただしこの伸びは、成長のおかげではない。同時期に、成長率の大小に関わらずほとんどの国で平均寿命は伸びており、これは医療技術の進歩やインフラ整備の賜物《たまもの》と言える[36]。中国とブラジルの平均寿命は欧米先進国より六、七年短いだけだし、貧困国の一つであるキューバの平均寿命は、飛躍的に伸びてアメリカと肩を並べている。それに、寿命が健康のよい指標でないことは、すでに論じたとおりである。寿命という数字は質に関して何も語らないからだ。「寿命ではよい暮らしを計測することはできない」と八六歳のジェーム

図9　イギリスにおける飲酒関連の死者数

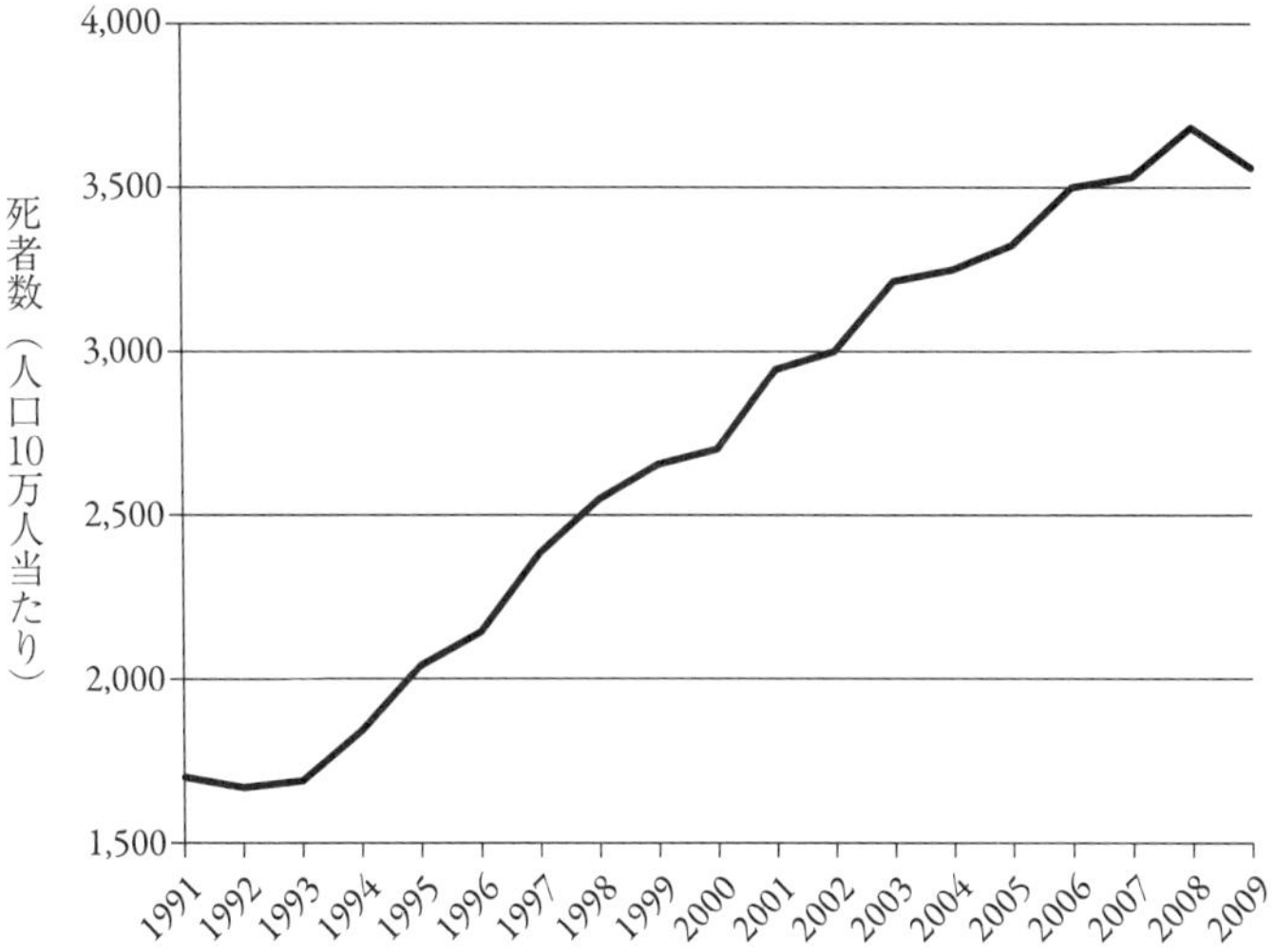

資料：WHO Global Information System on Alcohol and Health

ズ・ラブロックは書いている。「よい暮らしの指標となるのは、生きていることの喜びや重みである[37]」。

ゆたかさは、ある面では健康を低下させる。イギリスでは、飲酒と関連づけられる死者数が一九九〇年代以降急増した。ただし、他の富裕国ではこの現象は見受けられない（図9参照）。肥満は、一九八〇年代以降ヨーロッパ全体で三倍に増え、従来肥満の少なかった国でも増えている点が目立つ[38]（図10参照）。イギリスでは抗鬱剤の処方も増えている（ただし、鬱病自体が増えたとは限らない[39]）。仕事絡みのストレスは一九九二年以降悪化の一途をたどっており、とりわけ女性にその傾向が強い[40]。なるほど歴史を通して見れば、現代人はきわめて健康と言える。しかし過去には健康状態に右肩上がりの改善が期待できたのに対し、現在はそうとは言えなくなっている。

図10　イギリスにおける肥満率

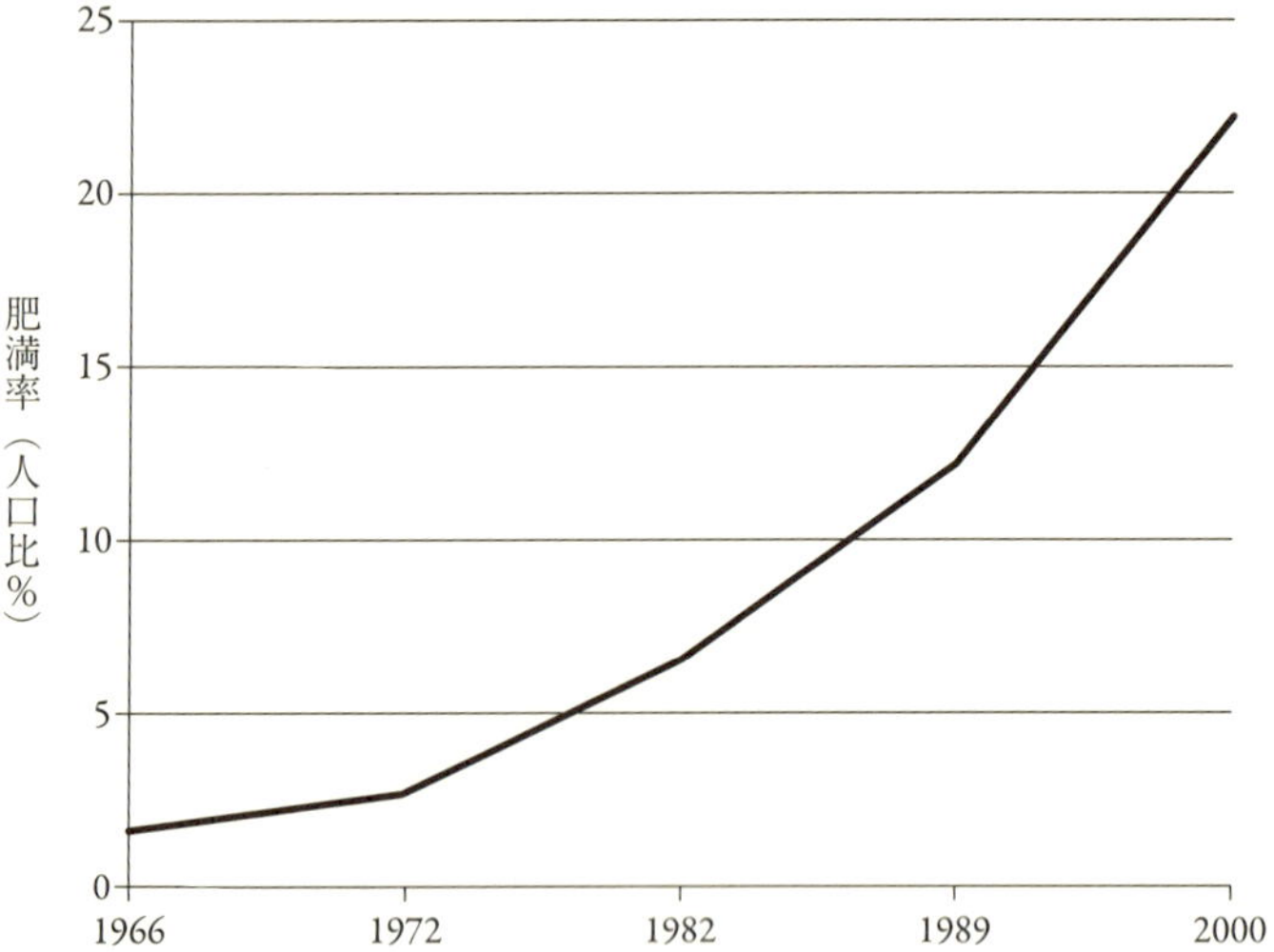

資料：WHO Database on BMI

ゆたかさゆえの病は、将来的には貧しさゆえの病を上回る可能性がある。

2　安定

マクロ経済政策の目標だった完全雇用はレーガン＆サッチャー時代に放棄され、以後復活していない。イギリスの失業率は一九八〇年に五％を超え、その後おおむね横這《ば》いで、景気後退局面では一〇％以上に跳ね上がることを繰り返してきた。同様のパターンは、OECD（経済協力開発機構）加盟国全体で見受けられる（図11参照）。イギリスとアメリカでは、終身雇用はしだいに臨時あるいは暫定雇用に置き換えられてきた。イギリス人男性の勤続年数は、一九七五～一九九五年に二〇％短縮した（女性の勤続年数にこれほど顕著な変化が認められないのは、出産による退職が減ったためと考えられる）[41]。一方、臨時雇用者

図11　OECD加盟国における失業率

資料：OECD Employment Outlook, 2011

とくに派遣労働者は同時期に顕著な伸びを示し、一九九二年以降に倍増している。[42] こうした傾向は、一部は製造業からサービス業に比重が移ったという構造的要因によるが、政策がこれを助長したこともまちがいない。安定は人間の基本的価値の一つとはみなされず、成長というより大きな価値のために犠牲にしてよいものと、みなされてきたのである。

3　尊敬

多くの欧米諸国で市民相互の尊敬を阻む最大の要因は、恒久的に国家に依存する集団が出現したことである。これは、一九七〇年代から始まった。* 生活保護や失業保険で暮らす人々は、かつてはキリスト教や社会民主的な感情から擁護されていたが、いまやマスコミではあからさまに軽蔑されている。もう一つの阻害要因は、過度の格差である。貧富の差

図12　1977年以降の所得格差

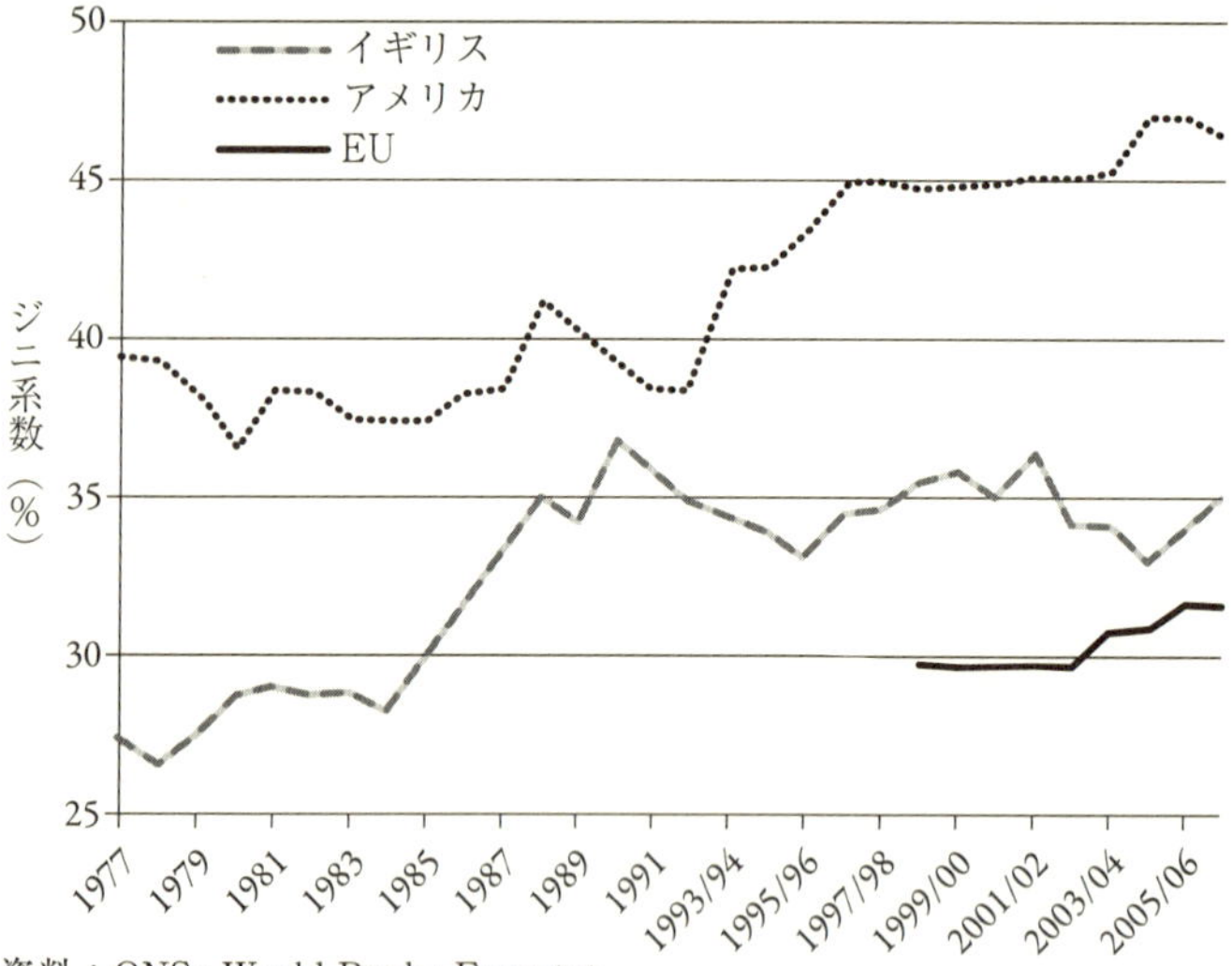

資料：ONS ; World Bank ; Eurostat

があまりに大きくなると、最下層だけでなく、最上層にも敬意が払われなくなる。不当に富を得ているとみなされれば、なおさらだ。一九七〇年代から、欧米のほとんどの国で貧富の差は拡大してきた。図12からもわかるように、イギリスとアメリカはとりわけひどい。この傾向の一部は自然発生的な社会の流れによるものだが、レーガン＆サッチャー時代の所得税の最高税率の引き下げが拍車をかけたことはまちがいない。

　さらに、この三〇年間、ウォール街やシティで崇《あが》め奉《たてまつ》られたターボ資本主義（政府による経済管理を排除して市場の力を最大限に引き出そうとする考え方）が職場の人間関係を不毛にしたことも、尊敬を薄れさせる原因となっている。「スマートフォンとセキュリティ・パスを警備員に取り上げられ、仕事関係のメールにはアクセスを禁じられ、私物の撤去に五分しか与えられなかった」という記事は、病気の妻の看病のために休暇を申し出た株式アナリストがクビになった場面を描写したものである。(43) こうした場面は、いまやすこしも珍しくない。今日ではどれほど高い報酬も、屈辱的な仕打ちを免れる保証にはならないのである。

4 人格

自分の人生を設計し人格を守るには、経済面で財産という基盤が必要だと先ほど述べた。これは、イギリス人にとって好材料のように見えるかもしれない。というのも、持ち家比率は過去一世紀の間に堅実に上昇し、現在では六八％に達するからだ（二〇〇三年に過去最高の七一％を記録してから、すこし減った）。ただし、ほとんどの住宅はローンで購入されているから、ほんとうに持ち家と言えるようになるのは（なったとしても）人生の後半にさしかかってからである。だから、家を買う効能はいろいろあるにしても、解放感だけは味わうわけにはいかない。ローンで家を買うと、買主は安定した職業に縛られる。したがって、自立的な人生を歩む自由を保証してくれるのは、単に財産ではなく、資産総額から債務総額を差し引いた実質資産である。イギリス政府は、富をより広く分配するための施策を散発的に打ち出してきた。富の分配は、サッチャー政権時代の一九八〇年代に推進された民営

＊イギリスの下層階級の正確な規模を把握するのはむずかしい。だが、就労不能給付申請者が一九七〇年代後半には数えるほどしかいなかったのが、二〇〇六年には二七〇万人に達したことは、ある程度参考になるだろう（Caro Black, *Working for a Healthier tomorrow* [London : Department for Work and Pensions, 2008], p. 34)。

図13　イギリスにおける富の分布

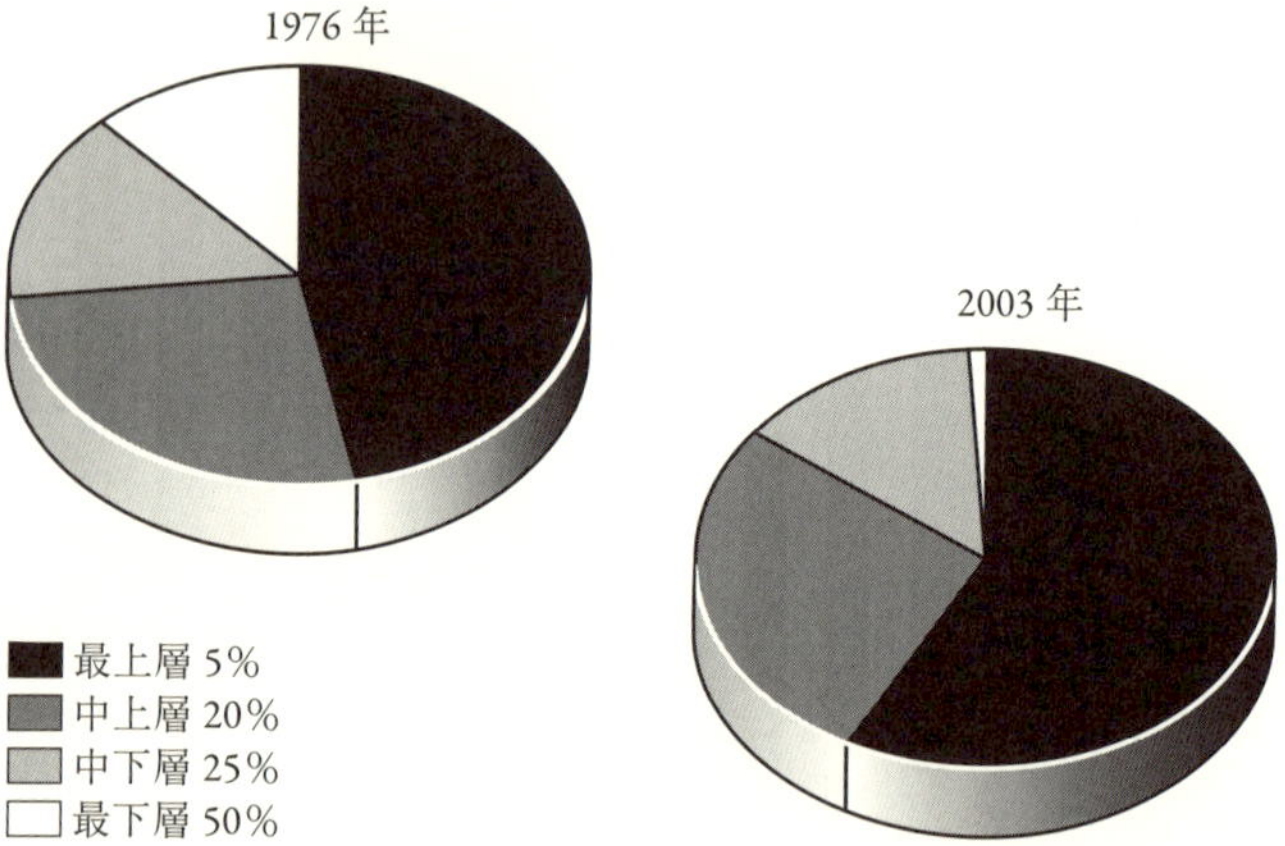

資料：ONS; HMRC（英国歳入税関庁）

ここで言う富（または純資産）は、売買可能な資産（株、不動産、銀行預金など）から債務を差し引いた額を意味する。ここには、譲渡不能な職域年金は含まれない。先祖伝来の家屋敷も除外される。

化プロジェクトの目的でもある。また従業員持ち株制度も、企業単位で推進された。たとえばイギリスの大手小売りチェーン、ジョン・ルイスでは、正社員七万六五〇〇人が会社の株主である。[44]だがこうした先駆的な企業の存在をもってしても、富の集中傾向に歯止めをかけることはできていない（図13参照）。

5　自然との調和

イギリスの農業はかなり前から伸び悩んでおり、またフランスやイタリアに比べると多様性に乏しい。国内で生産される農作物の比率は減少の一途をたどっており、輸入作物の比率が高まっている。一九七〇年には食糧輸入は二〇億ポンドだったが、その後は輸出の倍のペースで増え続け、今日では二〇〇億ポンド前後に達する。イギリスの食糧自給率は、一九七〇年代には安定的に七〇～八〇％を維持していたが、現在は六〇％を下回り、史上最低の水準となった。[45] 町の食料品店が姿を消してスーパーマーケット・チェーンが着々と増えており、食品小売市場のじつに九七％以上を占める。[46] イギリスのほとんどの大通りでは、ケインズの言う「ほんとうに買い物ができる店」は「連結決算上の単なる一支店」の間にごくまばらにしか見つからない。大手チェーンばかりの味気ない風景の中に産直市場や有機食品の協同組合といったものを見かけることもあるが、これらは中流階級向けの飾り物にすぎず、喩《たと》えるなら、退屈したフランス貴族が遊びでやった乳搾りの現代版と言えよう。そこで売られているのは高価な高級品ばかりで、逆方向に突き進む現在の趨勢《すうせい》を食い止めることはできそうもない。

6　友情

私たちの考える友情（あるいは今日の野蛮な言葉遣いで言うなら「社会資本」）がゆたかになったのか衰えたのかは、社会学者の間で論争の種になっている。一つはっきりしているのは、イギリスの昔ながらの社交の場、たとえば教会、労働組合、パブ、女人禁制のクラブといったものの多くが長期的な衰退傾向にあることだ。[47] ただし、その代わりとなるものは出現している。たとえば、いわゆるニューエイジ集団は急増中だし、社会問題に取り組む団体は雨後の筍のように増えている。そして言うまでもなく、ウェブ上ではソーシャル・ネットワーキングが増殖中だ。全体としてみれば、生活の場を共にする関係性から興味やアイデンティティに基づく関係性への変化が見受けられる。近代以降の多様な自我には、後者が適しているのである。[48] 他のＯＥＣＤ加盟国でも同様の傾向が見られる。[49]

図14　イギリスにおける結婚と離婚の推移

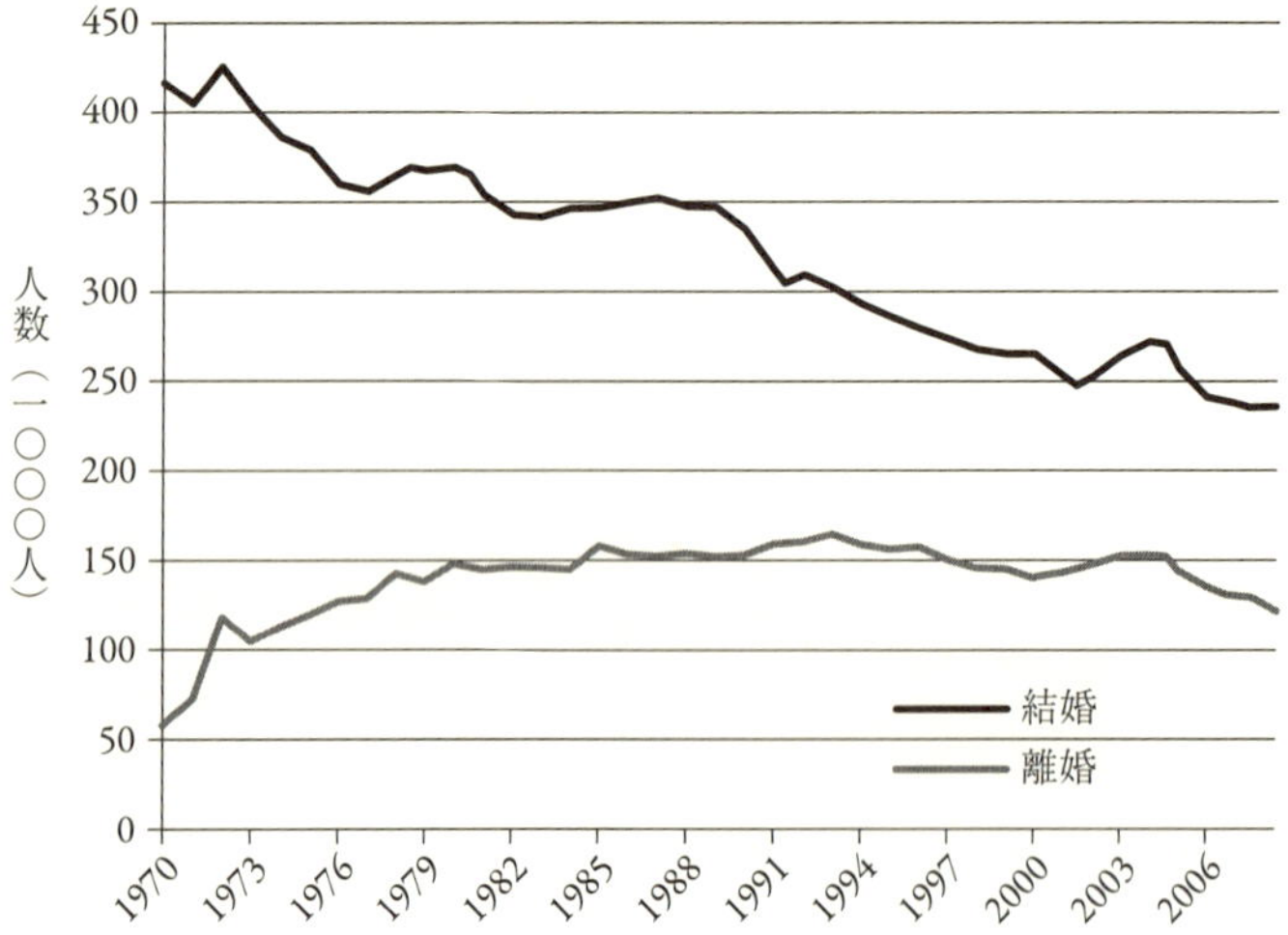

資料：ONS

現在、とくに注意を要する現象として、先進国で結婚が減っていること、また、結婚はしても離婚にいたるケースが増えていることが挙げられる[50]。一人の人間と生涯添い遂げる約束をするなど、とりわけ女性にとって罠に落ちるようなものだとよく言われる。だが、安定した関係が家族全員にとって、とりわけ子供にとって好ましいこと、結婚が同棲など非公式の関係よりも安定していることは、データが証明している[51]。世界中どこでも性行為が儀式化され、また刑罰の対象になるのは、おそらくこのためだろう。性の自由が基本的人権の一つとみなされるのは、現代の欧米だけの現象である。

7　余暇

第1章でも述べたが、余暇はここ二〇年増えていない。それどころか、通勤時間などを考慮したら、むしろ減っている。ただし、私たちの考える「余暇」は単に仕事をしていない時間を意味するのではなく、確たる目的のない自由な活動を指すのだから、時間数ではなくその時間に何をするかを調べなければならない。結果は国によってまちまちだった。テレビ視聴はいまだにどの国でも圧倒的に多く、平均的なイギリス人は一日四時間以上見ている。[52] テレビゲームとソーシャル・ネットワーキングは、若者を中心に急増中だ。イギリスの成人でスポーツを楽しむ人は、一九九〇年には全成人の四八％だったが、二〇〇二年には四三％に減った。この現象はカナダとアメリカでも見られる。[53] 読書時間は、一九七五年以降イギリスとフランスで微増を記録したが、読者の総数そのものは減っており、とくに新聞・雑誌の購読者数は大幅に減少した。アメリカでは、読書時間数、読者数ともに急減している。[54] イギリスでは、映画や音楽会など文化的催事の参加者は一九八六～二〇〇三年に多少増えた（図15参照）。しかし十分な分析を行わない限り、これらの統計から結論は下せない。一つはっきりしているのは、余暇の増加とともに中流階級の文化が大衆に普及する、というケインズの予想が当たらなかったことである。

世界のどの国でも、この三〇年間で高等教育を受ける人が増えており、その分を余暇に加算してよいという考えもあろう。だが高等教育もしだいに実利的な路線で見直されているため、もはや余暇とみなすことが自明とは言えない。なにしろ第一義的な役割が生徒に「移転可能なスキル」を教え込んで「付加価値」を高めるというのでは、私たちの考える余暇には当たらない。これは、労苦である。賃金労働の労苦と強度こそ異なるが、質的には何ら変わらない。

以上のように、成長至上論者を元気づけるような結果は認められなかった。イギリスの一人当たり

図15　イギリスにおける文化的催事への参加

	1986/87	96/97	98/99	2000/01	01/02	02/03
映画	31%	54%	57%	55%	57%	61%
演劇	23%	24%	22%	23%	24%	24%
展覧会	21%	22%	21%	21%	22%	24%
クラシック音楽	12%	12%	11%	12%	12%	13%
バレエ	6%	7%	6%	6%	6%	7%
オペラ	5%	7%	6%	6%	6%	7%
現代舞踊	4%	4%	4%	4%	5%	5%

資料：Target Group Index, BM RB International; Cinema Advertising Association

所得は一九七四年と比べて倍になったものの、基本的価値が増えたとは言えない。いや、いくつかの面では減ったと言える。私たちはなくてもよいものを追い求め、ほんとうに必要なものをないがしろにしてきた。第4章で取り上げた幸福度調査の結果が横這いなのも、統計上のノイズ以上の何かがあるとすれば、このことが原因なのかもしれない。イギリス国立統計局のジル・マセソンは、幸福は「健康、人間関係、仕事、環境」で決まると述べた。(55)これは、私たちの基本的価値にきわめて近い。この四項目が一九七四年以来ほとんど改善されていないのだから、以前より幸福になったと感じられないのも当然と言えよう。

では、一九七四年の生活水準に戻ればよいのだろうか。そうとは言い切れない。手に入れた贅沢が幸福に何も寄与しないとしても、いまとなってはそれなしに暮らすのは苦痛だからである。有害な社会的変化は逆転させても修正できるとは限らないのであり、成長も例外ではない。ではどうしたらいいか。私たちが提唱するのは、今後は成長ではなく、よい暮らしをしやすい社会構造を長期的な経済政策の目標とすることだ。どうやってそれを実現するかについては、最終章で論じることにしたい。

第7章　終わりなき競争からの脱却

しっかりつかまえたと信じてゆっくり楽しもうとするまさにその瞬間に、逃げて行く
——この終わりなく休みなき進化の追求は何を意味するのか。
——ローマ教皇パウロ六世「行動への招き」

ケインズ世代の経済学者は、人間は効率的に欲望を満たせるようになれば、労働を減らして生活をより楽しむようになるだろう、いや、合理的な主体であればそうすべきだ、と考えていた。すでに述べたように、ケインズの予言の実現を妨げた要因は二つあり、一つは競争関係、もう一つは貪欲に由来する。二つが重なり合って作用すると、飽くなき欲望の追求をよしとする倫理観が生まれ、社会は無目的の富の創造に狂奔《きょうほん》することになる。これはかつてなかった事態であり、今日でもある意味では資本主義国家に特有の現象と言える。

国家間の競争意識は、欲望の追求に拍車をかける。先進国はすでに十分にゆたかな社会を実現しているにもかかわらず、もっともっとと急き《せ》立てられている。とりわけ、中国を始めとする貧しいが勤勉な人々に負けてはならないというのだ。「アジアの世紀に生き残れ」というかけ声がかまびすしい。

「イギリスはつねにゲームを支配しなければならない。だがわれわれは、いまだに四つの弱点を抱えている……設備投資は少なく、スキルは乏しく、企業はイノベーションや生産性で劣り、そのうえ活気ある新興市場への進出も不十分だ」[1]と。だが「もう十分」の状態に達したのなら、なぜ「活気ある新興市場」にもっと進出しなければならないのか。

「ゲームを支配」し続けるためには、生活を楽しむことを犠牲にしてでも、貪欲をよしとするシステムを維持しなければならない。だが政府が国民に約束できるものがあるとしても、いつまでも経済成長を続けることぐらいしかない。それも、先進国の資本主義システムが衰退し始めたことを多くの兆候が示す中で、成長をめざそうというのである。金融の優勢は資本主義の堕落を示す最たる症状であり、金銭愛自体も問題だが、他の有用なことがしだいにおろそかにされている点が悩ましい。アングロサクソン型の個人主義を旨とする資本主義は、弱肉強食の富裕層を肥え太らせる方向で突き進み、最もおいしいところをすくいとる連中は、その略奪行為を「自由」や「グローバリゼーション」で正当化する。政治指導者は、相変わらずこうした言葉の響きが大好きだ。実態は公的な精査からも巧みに隠され、把握することもできない。現代のシステムの中心に巣食っているのは、モラルの低下である。これが容認されているのは、アウゲイアス王の牛小屋と同じで、積もり積もった汚泥の一掃があまりに大変だからにほかならない。

読者に思い出してほしいのは、経済成長を終わりなき目標とする理念はつい最近始まったばかりだということである。一九五九年に、イギリスのハロルド・マクミラン首相は有権者に対し「いまはこのうえなくよい時代だ」と自慢したが、これは当時のごく一般的な見方だった。その頃は、西側の資本主義国家は消費の高度安定期に近づいているとされ、将来の主な問題と言えば、この新しいゆたかさの果実を民主的に分配するにはどうすればよいか、ということだった。ガルブレイスの『ゆたかな社会』（一九五八年刊行）が「個人のゆたかさは社会の貧しさ」というイメージを提出して大きな影響を与えたことも、こうした時代の空気と重なっている。第2章でも論じたように、一九六〇年代にアメリカで展開されたユートピア運動の背景には、ゆたかさを認識し、それゆえにテクノロジーを嫌悪し、労働の世界から心理的に距離を置く傾向が存在した。

となれば、次の疑問が湧いてくる。「至福」のときは近いという一九六〇年代の感覚が、どうして一九八〇年代の進化論的資本主義の復活に結びついたのだろうか。レーガンとサッチャーを権力の座に就かせ、自由市場原理主義を再生させるにいたった要因は何だろうか。

マルクーゼの追随者たちが描いたような形での「至福」が幻想だったことはすぐにわかる。第1章で指摘した理由から、富裕な社会では相対的な欲望がつのるため、欲望は膨らむ一方になるからだ。とはいえこの長期的な傾向では、先進国にゆたかさをもたらした政治経済システムが突如破綻した理由は説明できない。

そもそも経済成長が、あっという間に、それも決定的に、他の目標を圧倒する最優先目標になったのはなぜだろうか。単純明快だが驚くべき答は、こうだ。恒久的な完全雇用という政策目標が達成されたと考えられた以上、他には目標となりうるものが残っていなかったからである。こうした状況で、経済政策は再び生産効率一辺倒となった。効率向上は手元のリソースの有効活用を意味するので、経済学が標榜《ひょうぼう》する最大化ともなじみがよい。成長が経済政策の目標となったのは、国内総生産（GD

P）の統計手法が発達したという理由も大きかった。おかげで各国の経済情勢の比較が容易になった。それに、二度にわたる破壊的な戦争の後では、好戦的になるのはやめて国民を裕福にすることのほうが、より文明的な努力目標だとも考えられた。

さらにそこに二つの理由も加わった。第一は、ソビエト・ブロックとの武器開発競争で対等に渡り合うために、西側陣営全体が成長ペースを加速する必要性を感じていたことである。なにしろ一九六〇年代には、ソビエト・システムは西側の資本主義をしのぐ成長を実現していたうえ、個人消費を抑制することによって、軍事支出の比率を西側より大幅に高めていた。西側諸国は、軍事と経済を両立できるところを見せつける必要があったのである。第二の理由は、高度成長は階級対立を避ける賢明な方法だったことだ。経済が拡大していれば、富裕層の増税を行わなくても貧困層の状況を改善できる。したがって経済成長は、富の分配を巡る潜在的な階級闘争を刺激することなく労働階級に利益をもたらす点で、左派も賛同する政策となった。一九六〇年代に成長を熱心に支持したのは、主として左派の経済学者と政治家だった。彼らは制度的な国有化は断念したが（そもそもアメリカでは一度も表明されたことはない）、より平等な社会をめざす願望は捨てず、ソビエト式計画経済の民主版といったものを望んだ。目標や補助金や優遇税制などで民間企業の尻を叩く一方で、その成果の多くを教育、福祉、公的サービスなどに割り当てるというシステムである。こうした構想は、低成長のイギリスではとりわけ多くの支持を得た。

それでもこうした考え方は、今日の進化論的資本主義とはまだかなり隔たりがあった。サッチャー（一九七九年に首相就任）とレーガン（一九八一年に大統領就任）が加味した重大な要素は、市場に対するイデオロギー的信仰である。計画経済では成長は期待できない、市場を官僚主義から解放し、減税によって利益追求のインセンティブを強化し、労働組合の弱体化を図ること、そして民営化と規制緩和を通じて市場を拡大することこそが成長への道だと彼らは説いた。これらを組み合わせれば、より効率的に資本の分配が行われるようになる、と。サッチャー&レーガン時代には、「富の創出」意欲を刺激する限りにおいて、所得格差の拡大も容認しうるとされた。富裕層から貧困層へのトリクルダウン（移転）効果も見込めるという。こうした発想が、アデイア・ターナー曰く「有用な常識」として、以後三〇年にわたって政治の世界を席巻《せっけん》したのだった。[2]

いまにして思えば、第1章で指摘した飽くなき欲求に火をつけたのは、成長重視の思想というよりは市場重視の思想への転換だった。計画的に成長をめざす場合には、貧困層の幸福を富裕層の標準に徐々に近づけることが最大の目的になるが、市場主導型の成長に依存する場合には、成長が社会にもたらす結果にはいっさい拘泥《こうでい》しない。経済システムは個人の満足を最大化すればよく、その個人の満足は自ずと市場に表れるものとされた。個人はもはや全体を構成する部分とはみなされず、単に部分の合計である全体が存在するだけとなった。経済活動がこのように未熟な個人主義に陥ったのは、一九七〇年代だったと思われる。この頃に経済学の分野では、個別の経済主体の行動を研究するミクロ経済学が下火になり、経済を全体として研究するマクロ経済学が主流となった。政治思想の分野では、個人の権利義務が集団の権利義務に置き換えられた。もちろん市場の秩序も法の支配に縛られてはいるが、個人の富の追求に対する倫理的、経済的、あるいは文化的な制約はもはやなかった。唯一の足かせがあるとすれば、成長それ自体に自然の限界があるかもしれない、ということだけだった。

根深い意識変化は、危機の刺激を受けて起きるものである。自由市場の信奉者にとって刺激となったのは、「ケインズ経済学の危機」だった。失業率とインフレ率が同時に上昇したのは完全雇用政策の不可避的な結末である、とミルトン・フリードマンは指摘した。既存システムは硬直化している、労働組合の力は強すぎる、税率は所得分配的と言うよりは懲罰的である、というのが自由市場主義者の主張である。とはいえケインズ学派の社会民主主義を決定的に打ち砕いたのは、一九七三年と七九年の二度のオイルショックに伴う原油価格の高騰だった。その結果、今日の貨幣価値にして一兆九〇〇〇億ドル相当が富裕な石油輸入国から主に中東の産油国へと移転する。輸入国では、エネルギー・コストが嵩《かさ》んで実質所得を押し下げた。多くの労働組合が賃金引き下げに頑強に反対したため、当初この移転のショックは賃金ではなく利益を直撃した。やがて完全雇用の放棄、労組の賃金交渉力の排除、製造業からサービス業への産業再編が相俟《あいま》って利益率は回復するが、このときに理想的なサポート役を果たしたのが自由市場イデオロギーだった。つまりレーガン政権とサッチャー政権は、経済を企業家の掌中に返したと言えよう。経営、所有、規制、割り当て、分配といった面での国家の役割は大幅に縮小された。政府は市場を舵取りして社会に好ましい結果を生み出すことを断念し、市場がうまく機能するような基礎的条件の維持に専念する。社会的な制約から欲望を解き放ってやれば、国富はより早いペースで増えて行くと考えられた。これは、アダム・スミスとその継承者たちが提唱した学説の再現だった。

このような世界では、すべてが理論通り進行する限り、資本主義の終焉《しゅうえん》が訪れる理由は何一つない。資本主義システムは、進化するにつれて新たな欲求を生み出し、終わりなき地位競争を煽《あお》り立てるのだから、ケインズの言う「足るを知る」など、どこにも入り込む余地はない。富裕な社会で、少なく働いて少なく消費することで現状に満足しようという傾向が現れたとしても、すぐさまグローバリゼーションや所得格差の拡大という現実を突きつけられる。だが言うまでもなくそのようなシステムは、理論通りには機能しない、いやできないだろう。なぜなら、経済的にも倫理的にも欠点が多いからである。このようなシステムが存続しているのは、何のための富かという感覚を私たちが失い、よい暮らしという言葉の意味を忘れているからにほかならない。以下に挙げる数少ない例外を除き、国家は個人の選択に関して中立であるべきだというのが、経済学と政治思想の主流的な考え方になっている。だが現在のようなシステムでは、そうなったら必然的かつ不可避的に、制度と手段の選択は最も多くの富と権力を持つ者の手に委ねられることになる。

ここで私たちはついに重要な問いにたどり着く——いったい先進国社会には、いまのすさまじい貪欲を排除し、よい暮らしへと方向転換させられるような知的、倫理的、政治的リソースはまだ残っているのだろうか。

徳への回帰

哲学者のアラスデア・マッキンタイアは、著書『美徳なき時代』の中で、自然科学を破壊した災厄《さいやく》を想像してほしいと読者に訴えかける。あとに残されたのは、知識の理論的文脈から引き剝がされた事実や習慣の断片だけである。「われわれが住む現在の世界では、倫理を巡る言葉は、いま私が示した想像の世界と同じく深刻な無秩序状態に置かれている」とマッキンタイアは語る。私たちが持っているのは過去の倫理観の断片にすぎず、しかもそれに論理的統一性を与えていた概念スキーマや文脈からは切り離されている。だが私たちは、災厄が起きたことにさえ気づいていない。倫理の問題を扱う学問分野もそれを知らない。彼らが知っているのは断片だけであり、断片を取り上げて議論を闘わせている。だからいつまでたっても決着がつかないのだ。そこで、異なる倫理観の間で中立を保つことが現代の自由主義国家では唯一可能なスタンスとみなされている。(3)

マッキンタイアの言う災厄とは、近代国家とそれに伴うイデオロギーの出現を意味する。したがって彼に考えられる唯一可能な解決策は、政治の世界からの完全な撤退だった。言うなれば現代の修道院生活である。「この段階で意味があるのは、地域的な共同体を構築することだ。その中でなら、すでにわれわれに覆いかぶさっている暗黒の時代を生き抜いて、礼節に満ちた知的・道徳的生活を維持することができる……われわれはゴドーを待っているのではない。もう一人の、言うまでもなくまったく別の聖ベネディクトを待っているのだ」とマッキンタイアは予言的に結論づけている。(4) マッキンタイアの言葉は、過去三〇年間に先進国に出現した環境活動家の琴線に響いた。また、アメリカで自然発生的に生まれた質素な生活運動やイタリアのスローフード運動などの動きも刺激した。

マッキンタイアは現代文明の病巣について鋭い診断を下したけれども、政治改革の可能性についてはあまりに悲観的だった。実際にはごく最近まで欧米の公共政策は、必ずしも明示的ではないにせよ、暗黙のうちによい暮らしやよい社会をめざしていた。こうした理念は失敗に終わったわけではない。先ほど述べたような政治闘争に敗れ去ったのである。それでもよい暮らしをめざす理念は、人々の心の中や社会の片隅でちゃんと生きている。少しばかりの政治的勇気がありさえすれば、それを舞台の中央に呼び戻すことができるにちがいない。マッキンタイアが提唱した私的な試みはそれとして称賛に値するが、公的な支持を得られない限り、心細い傍流にとどまるだろう。ベネディクト会を創始した聖ベネディクトにしても、その前にキリスト教を公認したコンスタンティヌス大帝がいたことを忘れてはならない。

古い社会道徳の断片はいまも存続している。中でも広く知られているのはキリスト教の社会教説で、これはローマ教皇の一二通の回勅《かいちょく》にまとめられている。一通目は一八九一年の「レールム・ノヴァールム（新しい課題）」、一二通目は二〇〇九年の「カリタス・イン・ヴェリターテ（真理における愛）」である。これらの教説は一宗派の考えにすぎないが、何もカトリックでなくとも、いやキリスト教徒でなくても、それを評価することはできる。カトリック教会は、多くのプロテスタント教会とは異なり、異教徒の知恵につねに開かれていた。たとえば私有財産制の擁護、公正価格や賃金の提唱、強欲や高利の批判などは、福音書のみならずアリストテレスにも依拠している。教説の中で明らかにキリスト教的で反アリストテレス的なのは、人間の原罪の償いとして労働の必要性を強調した箇所ぐらいである（ピウス一一世は「鳥が飛ぶために生まれたように、人間は働くために生まれた」と書いた）。とはいえカトリック教会の社会教説が、休む間もない労苦を理想に掲げたことは一度もない。「真に合理的な教義は、人間が必要なものを十分に生み出し適度な快適さと利便性をすべての人々に提供できたとき、残された時間を自己の知性や精神の涵養《かんよう》、人生の奥義の追究に使うべきだとする」と二〇世紀前半のアメリカの神学者ジョン・ライアンは書いている(5)。

カトリックの教説に備わった強みの一つは、国家社会主義も無節操な資本主義も同じように非難できることである。一通目のレオ十三世の「レールム・ノヴァールム」には「資本と労働の権利と義務」という副題がついており、マルクスが聞いたら喜びそうなほど、資本主義に対するみごとな批判を形成している。

「こうしてしだいに労働者は屈服させられ、孤立させられ、雇用主の非情や歯止めのかからぬ強欲競争に対して無力になっていった。とめどない貪欲の悪弊は増える一方である……しかも、労働者の雇用と事業の経営は一握りの手に集中している。かくして少数の富裕者が大量の貧しい労働者の上に君臨することになった。労働者にはくびきがかけられており、奴隷よりましという程度にすぎない」(6)

ただし教皇が提案する処方は、マルクスとはだいぶちがう。そもそも教皇はマルクス主義を致命的な誤りと糾弾しているのだ。社会問題に対する答は「階級間の正義」であり、具体的には財産が広く分配されることである。カトリックが理想とするのは、家族経営の小規模な農場や家内工業だった。財産があってこそ、男(初期の回勅では、妻と母以外の女性は言及されない)は大地に「自分の印を残す」ことができ、家族に保護を与えることができる。賃金と労働条件は、つつましい労働者が貯金をしてささやかな財産を築ける水準でなければならない。休日は、労働の疲労を癒し魂のやすらぎを得られるよう、潤沢に与えられなければならない。回勅が信頼を表明した対象は国家ではなく、国家と個人の間にある組織、いまなら「市民社会」と呼ぶものだったが、その頂点に君臨するのは教会だった。富裕な者には慈善の義務があり、雇用主と労働者はカトリック系の政党や労働団体を組織するよう奨励された。回勅が回を重ね「階級間の正義」という目標がより野心的になるにつれ、当初は正義の維持と保証に限定されていた国家の役割はしだいに拡大されていった。

こうしたカトリックの主張は、「分配主義」「コーポラティズム（協同主義）」「人格主義」などさまざまなレッテルを貼られてきた。これらの教説は、反資本主義・反市場主義の形での私有財産制の擁護とみなせるのかもしれない。私有財産制の恩恵よりもこれに伴う義務を強調しているし、慈善を奨励し、貧しい人々への優先的な尊敬を要求している。

ただしどの教皇も、「現世の事柄は、来世を考慮しない限り正しく評価することはできない……未来というものを除外した瞬間に、何が善で何が正義かという観念そのものが破壊されてしまう。いやそれどころか、宇宙のすべてが暗黒になり、理解不能になってしまうだろう」と強く主張することは忘れなかった。[7] 結局は、宗教信仰ひいては宗教団体が略奪を抑制する唯一の手段だということである。

カトリックが残した教説は、やがて「社会的市場経済」という思想として現世で結実する。* この思想を発展させたのは一九四〇年代の反ナチスの知識人であり、その主目的は、カルテルが跳梁跋扈《ちょうりょうばっこ》して瀕死《ひんし》の状態にあったドイツ経済を、家族経営を基盤に立て直し、資産の所有権を確立することにあった。それが自由に必要不可欠の条件だと考えられたのである。法外な相続税を課してすべての人の出発点を公平にすること、大規模工場や国のレベルでは雇用主と労働者による「共同決定」方式で信頼を醸成することが必要だとされた。こうした考え方を最初に支持したのはキリスト教民主党で、一九四八年のことである。一九五九年には社会民主党がこれに続いた。社会的市場経済論は、ヨーロッパ連合という社会モデルの形成を促した。相対的に力の弱い国家と強い市民団体の組み合わせが、その特徴である。欧州大陸の社会カトリシズム、モンテスキューやトクヴィルを始めとするフランスの思想家が提唱した社会環境論的自由主義、サッチャー以前の保守党指導者が採り入れたエドマンド・バークの保守主義と、中世のギルドにルーツを持つ多種多様な財産所有形態（共済組合や従業員組合など）の間には、強い類似性が認められる。[8]

プロテスタントの世界でも社会カトリシズムに似た動きはあったが、こちらには「新自由主義」という漠然とした名称が付けられた。社会カトリシズムとは対照的に、新自由主義は現世的、進歩主義的で、広い意味の国家主義であったが、実際には多くの点で同じ結論に収束している。新自由主義の最初の波は、第一次世界大戦前のイギリスに現れた。新自由主義者は、社会カトリシズムと同じく貧困層の困窮状態に触発され、ヘーゲルの理想主義の影響を受けつつ、古典的自由主義の刷新をめざした。ホモ・エコノミクス（経済人）という概念は退けられ、共同体の中で自己実現をする個人と捉えられるようになる一方、国家は権利と契約の執行者から公益の主体に格上げされた。新自由主義は、二つの根拠を挙げて社会改革を提唱した。一つは、モラルの低下は人格的欠陥が原因ではなく、病んだ社会環境の産物だというもの。もう一つは、無規制の資本主義は富裕層に「不労増価」（または課税可能な余剰）をもたらすが、これこそ貧困層の救済に充てるべきだ、というものである。したがって新自由主義の主な政策手段は相続税と累進所得税であり、税収は教育、社会保障その他生活水準向

＊イタリアのファシストが主張した「法人国家」は、レオ十三世の回勅の誤った応用と言える。

上のための施策に充てるべきだとされた。「条件整備型国家（enabling state）」すなわち各人が能力を発揮できるような国家をめざす新自由主義の理論は、その後に続く多くの理論の先駆けとなる。アマルティア・センとマーサ・ヌスバウムの理論もこの流れの中にあり、国の施策の目標として、個人の「潜在能力」の開発が容易になるような条件整備を掲げた。

新自由主義の第二波は混乱の一九三〇～四〇年代に芽生え、一九五〇～六〇年代に発展した。これに関与したのは、ケインズ、ウィリアム・ベヴァリッジ、フランクリン・ルーズヴェルトなどである。ケインズは古典的な市場経済における重大な欠陥として完全雇用を維持できないことを挙げ、この欠陥の是正をめざした。彼は『雇用、利子および貨幣の一般理論』（一九三六年）の中で、十分な総需要を維持してあらゆる潜在資源を継続的に活用することは国家の義務だと述べている。継続的な完全雇用は生活の安定に欠かせない条件というだけでなく、「経済的ニーズ」をできるだけ早く満たしてすべての人によい暮らしを実現しようという倫理的な構想の一環でもあった。ベヴァリッジはイギリスの社会保障制度の創始者であり、元祖ニューリベラルの一人でもある。彼がめざしたのは、無知、貧困、不衛生、失業、病気の根絶だった。有名なベヴァリッジ報告（一九四二年）は、強制社会保険により退職・失業・就労不能に対する保障を「ゆりかごから墓場まで」国民に提供すると謳《うた》っている。税金で賄われる国民健康保険と学校教育制度の発足を以て、ベヴァリッジの構想は完成をみたと言えよう。一方、ルーズヴェルト大統領は、大恐慌で破綻したアメリカ経済を立て直すためにニューディール政策を導入した。この政策はだいたいにおいて、アメリカの特定の産業部門が当時抱えていた問題に対する現実的な答だったけれども、ルーズヴェルトは一九三三年の就任演説では、アリストテレスと聖書に則り、「寺院から両替商を追い出す」と誓っている。ニューディールのプログラムは、少数民族の生活改善を目的として、一九六〇年代まで継続・拡大された。

古い社会道徳の第三の断片として、社会民主主義が挙げられよう。社会民主主義は一九世紀後半に革命社会主義から分離・誕生したイデオロギーで、その中心的な主張は、生産手段の共有を旨とする社会主義は民主的な手法（議会での多数決など）によっても実現可能だというものだった。第二次世界大戦後に共産主義ときっぱり袂《たもと》を分かったこの思想は、引き続き社会主義をめざす一派と、社会主義的目標は断念し資本主義の改革を通じて貧困層の生活向上をめざす社会民主主義派に分裂する。そして社会民主主義は、政府部門と民間部門が混在する「混合型経済」において、新自由主義に平等重視の理念を色濃く付け加えることになった。社会民主主義にはさまざまな形態があるが、基本モデルが生まれたのはイギリス、フランス、イタリア、北欧である。

経済学にも、古い道徳観の断片は残っていた。学問としての経済学は、市場の支配に重要な条件を課すところから始まった。アダム・スミスは、国家には競争条件の維持に加え、国防、司法の運用、公的制度の「構築と維持」という三つの義務があると述べた。この公的制度は社会全体にとって有益なものであるべきで、その制度を提供した個人に報いるものであってはならない。したがってこの制度は、おそらく税金で賄うのが適切であるとした。教育などがこれに該当する。(9) 非市場財に関することうした指摘は、公共財と価値財に関する近代的な理論の発展につながった。これらは社会にとって望ましく、また備えるべき財であるが、さまざまな技術的な理由から市場では生み出すことができない。一九世紀末になると厚生経済学が、効用に基づく所得再配分理論を発展させた。この理論は限界効用逓減《ていげん》の法則（追加的な一ドルの効用は金持ちより貧乏人のほうが大きい）に依拠し、再配分により公平性が高まれば社会全体の効用あるいは幸福が増大するとした。とはいえ経済学は「市場の失敗」という言葉を使って、根本的には倫理的な議論を功利主義の枠組みに紛れ込ませており、倫理についての踏み込んだ議論はしていない。

それでも、これらの重なり合う社会理論の断片は二〇世紀前半にはそれなりの影響力を保ち、ケインズが思い描いたユートピアの精神的・物質的条件の実現に向けて、先進国社会に大きく足を踏み出させる働きをした。さまざまな国が採用した政策についてここで判断を下すことはしないが、どの国の政府も国民の福祉向上に必要な物質的条件の確保をめざした、と総括してまちがいではなかろう。資本主義は崩壊こそしなかったが、さまざまな制限を加えられ、アンソニー・クロスランドを始めとする思想家は、これが同じ野獣なのかと疑ったほどである（『社会主義の将来』一九五六年）。一九五〇〜七五年の二五年間は、完全雇用の維持、累進税を通じた不公平の是正、社会保障の大幅拡大、平和維持といった大きな成果を生み出す。生産性の向上により実質賃金の上昇と労働時間の短縮も実現し、しかもインフレは軽微だった。一九世紀のようなみじめな貧困は撲滅され、健康、教育、女性の権利では進歩が見られた。この期間中に達成された経済成長は、さまざまな政策が重なり合った結果としての思わぬ副産物と言うべきで、成長は独立した政策目標ではなかったし、まして最重点目標ではなかった。この時期には、あらゆる階層の生活水準が実質的に向上した結果、社会の絆《きずな》も強まったと言える。

当時の政治経済は、いろいろな意味で私たちの考える基本的価値の実現にじつに適していた。問題は、もう倫理を語る言葉が失われていたことである。当時の経済が、一九七〇年代に先進国を襲った危機を乗り越えて存続できなかった主な原因はそこにある。歴史家のピーター・クラークは「倫理的改革主義」と「機械的改革主義」を区別する鋭い見方を示した。倫理的改革主義は人々の倫理観を向上させる手段として物質的条件の改善をめざすのに対し、機械的改革主義はひたすら繁栄の拡大をめざす(10)。宗教離れと経済・政治哲学における個人主義の大流行によって倫理の言葉をもぎ取られた「倫理」論者は、「機械」論者に打ち負かされたのである。機械論者は、労働者がよい物を食べ、よい家に住み、よい服を着て健康と教育の水準が高まれば、生産性の押し上げ効果が期待できるのだと強調した。たぶんそのとおりだろう。だが広く受け入れられる言葉が「効率」や「生産性」といったものになったとき、倫理的改革論者の立場は弱くなった。彼らの改革は、労働・貯蓄のインセンティブ縮小、生産性の高い部門からの資源の転換などを通じて非効率を生み出すと批判されたからである。一九五〇～六〇年代の社会自由主義は、「市場の失敗」の唯一の原因は利益追求にあると考えていた。このため一九七〇年代に社会自由主義国家が次々に財政危機に陥り、無制限の利益追求肯定論が再び登場したとき、彼らは自分たちの思想の論拠を失ってしまう。こうして税率は引き下げられ、福祉国家への歩みにはブレーキがかけられ、国有企業は民営化され、金融部門の規制は排除されていった。

とどめは、共産主義の崩壊である。冷戦時代には、西側陣営は共産主義の威力に対抗すべく、独自のよい暮らしを打ち出す必要があった。しかし共産主義の崩壊で、その必要はなくなる。もはやイデオロギー上の挑戦者はいない。共産主義後のロシアでは、長らく抑圧されてきた本能的な欲望が猛烈な勢いで解き放たれた。資本主義の最近の危機はアンチ資本主義の大合唱を巻き起こしたものの、これに代わるイデオロギーはいまだ見つかっていない。ゲームを支配しているのは、相変わらず市場個人主義である。

とはいえ皮肉なことに、私たちの置かれている状況からすれば、もはやよい暮らしを効率追求の犠牲にする必要はなくなっている。もしほんとうに、ケインズの言う「富の蓄積がもはや社会にとって重要ではなくなる」地点に達しているのだとすれば、「ありとあらゆる偽りの道徳原理や……富の分配や経済的な褒賞と罰にかかわる社会の習慣や経済の慣行」を心おきなく捨て去ってよいはずだ。というのも、「私たちがあらゆる犠牲を払ってそれらを維持しようとしているのは、富の蓄積にきわめて有用だという理由」にすぎないからである。このことは、実際には何を意味するのだろうか。

基本的価値を実現するための社会政策

政党のマニフェストを書くことには不慣れなので、ここではおおざっぱな提案をすることしかできない。それに私たちは、掲げる目標がすぐに達成できるとも考えていない。ケインズと同じく「未来への飛翔」を望んではいるが、スタート位置はケインズより有利でもあれば不利でもある。ケインズの頃より四、五倍はゆたかだという点では有利だが、ケインズにとっても当時の読者にとっても当たり前だった倫理の言葉を失っている点、人口増と天然資源の枯渇による新たな稀少性が将来世代を脅かしている点では不利である。

基本的価値の実現をめざす社会はどのような姿になるのだろうか。そのような社会は、すべての人の基本的ニーズを満たせるだけのモノとサービスを生み出すと同時に、適度な快適さを提供しなければならない。しかもそれをいまよりはるかに少ない量の労働で実現し、自分のやりたいことを自主的にやるための余暇を生み出さなければならない。富と所得の分配における不公平を減らさなければならないし、労働に駆り立てる誘因を減らす一方で、健康、人格、尊敬、友情のための社会基盤も改善しなければならない。さらに、友情や自然との調和という基本的価値の実現をめざすなら、中央集権化やグローバリゼーションを緩和して地方主義へと軸足を移すべきである。こうした条件はすべてそろって初めて意味があり、どれか一つが欠ければ、程度の差はあれ他も危うくなる。猛烈に働かないと物質的充足が得られないとしたら、余暇のような基本的価値は犠牲になるだろう。貧富の差が大きくとも全員が物質的に充足することは可能かもしれないが、少数の富裕層が十分すぎるものを持っている状況は貪欲に火をつけ、富を不安定にしかねない。また生産あるいは政治の地方回帰は、人格、尊敬、自然との調和といった基本的価値と切り離しては実現できない。

　これらの実現は、どの程度まで政策で後押しすべきだろうか。最も重要なのは、「どのぐらい働くか」「何を消費するか」といった個人の決定に自由主義国家が干渉することはどこまで正当化できるのか、という点だ。自由主義を奉じる経済学者と哲学者は、パターナリズムに強硬に反対する。自分の利益になることをいちばんよくわかっているのは自分なのだ、たとえそうでなくとも、失敗するのは個人の自由だ、という立場である。人間は好きなだけ働くことを許されるべきだし、消費者が何を買いたがるかによって何を生産するかが決められるべきである、なぜなら、欲しがる人に欲しがるモノが行き渡ることによってのみ社会の幸福は最大化されるからだ、と経済学者は主張する。より一般的に言えば、現代の自由主義者の多くは、こうした問題について国家が「中立」から逸脱することは個人の自由の侵害に当たると考えている。

私たちの立場は、「非強制的パターナリズム」と表現できるかもしれない。基本的価値を高めるために国家権力を行使してもよいが、それは個人が大切にする価値を損なわない場合に限られる、とする立場である。したがって私たちは、強制的な施策よりも非強制的な施策をつねに優先する。以下で提案するのも、個人の選択の自由に新たな制限を加えることなく、何らかの行動を促す（あるいは妨げる）性格の施策である。いやむしろ、平均的にみれば個人の選択の自由を増やすような施策になっている。

第1章で、労働に駆り立てる主な要因として、第一に労働者に対して資本家が優位に立っていること、第二に広告に煽られて人々が際限のない消費に駆り立てられていることを指摘した。第一の要因は実質所得を決定し、それを得るためには労働の負の効用や苦痛を引き受けねばならない。第二の要因は人々が必要と感じる所得の額を決定し、そのためにはあきらめて働かねばならない。今日のシステムでは、どちらも労苦を増やし余暇を減らす方向に作用する。第一の要因が生産性の向上に呼応して所得中央値が上昇することを妨げ、第二の要因が所得水準のいかんにかかわらず消費を煽る心理的圧力となるからだ。こうしたわけで、私たちが提案するのは二面作戦である。生産性向上の果実をより公平に分配すると同時に、消費に駆り立てる圧力を減らすことである。

第一の問題で重要なのは、所得の現在の分配が生産性の平均的な上昇を反映していないことだ。製造業と一部サービス業における生産性向上の恩恵が全人口にもたらされていたら、おそらく労働時間数は一九八〇年以降も減り続けていただろう。すでにあきらかになったとおり、生産性の伸びで得た利益の多くを手にしてきたのは資本家だった。そして生産性の伸びの計測がむずかしく、また伸びがさほど問題にされない公的サービス部門では、平均的な生産性に応じて賃金を引き上げるしくみが機能していない。その結果、公的部門の賃金は政府の財政状態次第ということになっている。

　こうしたわけで、一九三〇年にケインズが指摘した「省力化の手段を発見するペースが速すぎて、労働力の新たな活用法を見つけるのが追いつかない」という問題はいまなお解決されていない(11)。製造業における自動化は余暇の大幅増にはつながらず、低賃金のサービス部門へと労働者の大量移動を引き起こしただけだった。その結果、生計を立てるために労働者はさらに長時間働かざるを得なくなっている。一方、サービス業に吸収されなかった労働者は失業するか、十分な時間働けないか、パートタイムで働くことになった。なるほどそうなればたしかに労働時間は減る。だが雇用が非常に不確実になるため、安定という基本的価値は損なわれる。また、所得が増えなければ、労働所得では消費欲を満足させることができなくなり、借金が増える。

　経済におけるサービスの比重拡大は、富裕国では自然な成り行きである。だがサービス部門は、今日では「少数独占の富裕層」のニーズに手厚く応える形になっており、このような歪んだあり方は望ましくない（第1章「もっともっと働きたい」の項を参照されたい）。じつのところ、私たちはゆっくりと昔の状況に、すなわち、社会が少数の不労所得生活者《ランティエ》と多数の奉仕者に二分されていた状況に戻りつつある。ただし、かつては階級社会だったためにそうした地位の不平等も受け入れやすかったが、現代はそうではない。膨大な資産の持ち主は、それがないために長時間働かざるを得ない人々、たとえば運転手、庭師、使用人、清掃業者、住み込みのベビーシッター、家庭教師、トレーナー、美容師、ペットのトリマー、店員、ウェイター等々のサービスを享受できる。このような社会では、富裕層が自腹を切って受ける高級なサービスと、それ以外の人が集団で受ける低劣なサービスとが混在することになる。

ゆたかな時代がこうした不快な結末を迎えることは、大いにありうる。では、どうしたらこの結末を避けられるだろうか。まず、所得の不平等を緩和することが必要だ。少数者が現在享受する所得に対して大多数の人の実質所得が引き上げられない限り、平均労働時間は減らない。イギリスとアメリカでは、最上位層の所得と所得中央値の差はいまや途方もなく拡がっている。教師、医師、看護師を始め公共的な専門サービス従事者の給与水準を引き上げるべく、努力しなければならない。そのためには増税せざるを得まい。となれば、所得の分配がもっと公平に行われている国より政治的抵抗が大きいと予想される。

だがこれだけでは十分ではない。社会学者のジュリエット・ショアが指摘するように、職場における不平等な力関係という問題がある（第1章「働かざるを得ない」の項を参照されたい）。このため雇用主は労働者の賃金はもとより、労働条件も一方的に決めることができる。雇用主にとっては、多くの労働者に仕事を広く薄く分配するよりも、既存の労働者に長時間労働を強いるほうが利益になる。これでは労働市場は、望む以上に長時間働かざるを得ない人々と、望むだけ十分に働くことができない人々とに二分されることになる。

労働条件に関して現在雇用主が握っている権限を制限するには、さまざまなアプローチが必要になろう。最も簡単なのは、労働時間の段階的短縮を法制化することである。週労働時間に制限を導入するか、取得義務のある有給休暇を増やせばよい。これは、すこしも目新しいことではない。一九世紀前半に工場法が制定されて以来、労働時間は政府に規制されてきた。今日では、EU労働時間指令により週労働時間は四八時間以内とされている(ただしイギリスの労働者は、個人的にこの制限の適用除外を選択できる)。またフランスが二〇〇〇年に定めた法律では、週三五時間以内である。多くの職業について労働時間の上限を設定する一方で、個人事業主、パートナーシップ、家族経営、小企業など適用除外の対象を決めておくことが望ましい。

こうした枠組みの中で、雇用主と被雇用者は柔軟な退職制度やワークシェアリングについて自由に交渉すればよい。経済学者は必ず「労働塊《ろうどうかい》の誤謬」を持ち出してワークシェアリングを退けてきた。これは、世の中にある仕事は決まった量しかなく、それを働きたい人が取り合うしかないという誤謬である。経済政策の目標が成長の最大化であるなら、この反対意見は正しい。だが成長が主目標ではないなら、ワークシェアリングは労働の需要と供給をバランスさせる民主的な方法と言えよう。とりわけ、自動化によって製造業の労働需要が縮小している国ではそう言える。ワークシェアリングは賃金水準の低いサービス部門でも実行可能だが、この場合には何らかの支援策が必要になる。

労働時間が全般的に減少したからといって、大半の人の賃金水準を引き下げねばならない理由は何もない。たとえばオランダはイギリスより労働時間が短いにもかかわらず、一人当たり平均所得は四万二〇〇〇ドルで、イギリス(三万六〇〇〇ドル)より多い。(第1章「平均の幻想」の項を参照された い)。同国の富と所得の分布はイギリスほど偏っていない。労働時間の短縮や勤務体制の改善を通じて労働者がより集中するようになれば、むしろ生産性は上昇すると期待できる。労働時間の短縮が試験的に導入された国では、現にそうした結果が出ているようだ。イギリスではエドワード・ヒースが首相だった一九七四年に石油ショックに加えて炭坑ストライキで電力供給が止まり、二カ月にわたって週三日しか工場が稼働できなくなったことがあったが、生産量はほとんど減らなかった。フォルクスワーゲンは三万人の労働者のレイオフを避ける目的で、週労働時間を三六時間から二八・八時間に切り詰めたことがある。すると、工場の勤務再編で生産性は上昇した。小刻みのシフトを組めるようになるため、たとえ各人の労働時間は減っても工場の操業時間を延長することによって、単位時間当たりのコスト削減が可能になったのである。(12) 一九八〇~九〇年代には、いわゆる「ダウンサイジング(規模の縮小)」を埋め合わせる狙いから、ヨーロッパの他の国でも同様の勤務体系が導入された。これらはいまも実施されており、労働時間の短縮のみならず、フルタイム勤務者とパートタイム勤務者の賃金格差縮小、さらには生産性向上にも効果的であることが多くのデータで確かめられている。(13)

さらに、可能であれば、また所得が大幅に減らないのであれば、所得と余暇を交換したい人が多いことを示すデータも豊富に存在する。たとえばデンマークでは一九九三年の法律で、長期休業とその間の継続的な所得保障を認めた。この措置はワークシェアリングを促すきっかけとなっている。従業員は四年ごとあるいは七年ごとに長期休暇をとることができ、休暇を短期に分割することもできる。休業期間中は失業者を代わりに雇用し、休業者の給与の六〇%を払うしくみである。労働組合は、法律で正式に認められたこの権利を行使して会社全体の労働時間を減らし、正社員の雇用数を増やすことに成功した。ある企業は、正社員の一〇%が常時長期休暇をとるようにして、正社員の数を一〇%

増やしたという。もちろん長期休暇をとった社員の給与は減るが、それは自ら選んだことである。デンマーク方式の成功は、経済学者とはちがって多くの労働者は、生活水準イコール一人当たり所得とは考えていないことを雄弁に物語っている。所得は余暇の価値を高めてはくれるが、所得が余暇をもたらすわけではないのだ。

だがワークシェアリングにいくら長所があると言っても、低賃金で働く多くの人にはとても活用できない。彼らは生活のためにフルタイムで働かざるを得ない。こうした労働者には、労働時間を減らせるような状況を整える必要がある。この問題を解決するには、就労義務を伴わないベーシック・インカム（基礎所得保障または一律所得保障）の導入が有望である。

ベーシック・インカム

ベーシック・インカムは、「すべての国民または審査に合格した住民に対し、就労の意志の有無を問わず、また資産状況の如何《いかん》を問わず、言い換えれば所得の源泉とは別個に、かつ同居家族の状況とも無関係に、国家が保障する所得」と定義できる(14)。

ベーシック・インカムは、「ミニマム・インカム（最低所得保障）」とはまったく別物である。ミニマム・インカムは、所得がいわゆる「貧困ライン」を下回らないようにすることが目的で、給付に際しては資産や収入を調査するし、積極的に求職活動をすること（イギリスの場合、失業給付は「求職手当」という名称に変更された）、あるいは賃金が極端に低いことが受給条件となる。これに対して、ベーシック・インカムは無条件に全市民に支給される。給付額は、理想的には、各人がどれだけ働くかを自由に選択しうるだけの水準であることが望ましい。

ベーシック・インカム（ときに「市民所得」と呼ばれることもある）という発想には、きわめて長い歴史がある。最初の提唱者は一七世紀のホッブズであり、一八世紀にはイギリス出身の社会哲学者トマス・ペインが、一九世紀にはフランスの哲学者シャルル・フーリエの後継者が続いた（ジョン・スチュアート・ミルも好意的に言及した）。ジェファーソンの系譜に連なるアメリカの思想家も、ベーシック・インカムを支持した。その後も、クエーカー教徒、社会主義者、経済学者のジェイムズ・ミード、サミュエル・ブリタン、社会哲学者のアンドレ・ゴルツらがベーシック・インカムに賛同している。[15] 一九四三年には、リベラルな政治活動家リース・ウィリアムズ女史が「社会配当制度」を提唱した。所得税を財源として、所得の多寡《たか》を問わずすべての世帯に支給し、国民所得が増えれば社会配当も増額されるしくみである。もっと最近では、たとえばミルトン・フリードマンの「負の所得税」も社会保障の安上がりな提供方法とされている。負の所得税は、所得が下限を割り込んだすべての人に支給される一時払いの現金である。[16] 市場水準の賃金では最低限の生活もできない場合に、所得に上乗せする形で支給する「ベーシック・インカム」も提唱されている。これは従来、税額控除の形で広く実施されてきたものに相当する。

初期のベーシック・インカム論者の大半は、国民にはベーシック・インカムを受け取る権利あるいは資格があるとする。代表的な主張は、そもそも国家が略奪したのだから、その償いとして、国民には国家の継承資産（天然資源および世襲資産のストック）を共有する権利がある、というものだ。彼らの多くは、個人の自立と余暇の価値を重んじる。

無条件無差別の所得保障という純粋な形のベーシック・インカムは、つねに二種類の反対に遭ってきた。第一に労働意欲を削《そ》ぐ、第二にそんなものを支給する財源はどこにもない、という。こうした反論の結果、ベーシック・インカム制度を実際に採用しているのはアラスカとアラブ首長国連邦（部分的な適用）だけとなっている。これらの国や地域は多くの労働力を要しない天然資源で富を築いているため、国民に提供できる雇用機会が少ないという事情がある。*

しかし、問題が窮乏ではなくゆたかさであって、政策の主目標が成長の最大化ではなく基本的価値の確保だとしたら、二種類の反論はどちらも力を失う。この状況では、むしろ余暇をより魅力あるも

＊アラスカ永久基金は、アラスカ油田の収益を資金源として一九七六年に発足した。アラスカ州に六カ月以上居住し重罪を犯していない者なら誰でも、毎年ベーシック・インカムを受け取ることができる。受給額は、ファンドの直近五年間の平均運用成績に基づいて決められる。二〇〇八年には一時払い戻しを含め三二六九ドルに達したが、二〇一〇年には一二八一ドルだった。基金のおかげで、アラスカの所得格差は全米で最も小さい。一九九〇年代には、基金の配当が同州ＧＤＰの六％を占めた。同時期にアメリカ全体では最貧困層の平均所得の伸びが一二％、最富裕層は二六％だったのに対し、アラスカでは逆の傾向が認められた。すなわち、最貧困層の平均所得の伸びが二八％、最富裕層は七％だったのである。この方式は人気があるが、政治的には異論が多い。というのも、資金手当を有限の天然資源に依存しているからだ。ベーシック・インカムを全面的に実施しているのは世界でもアラスカだけだが、ブラジルは二〇〇四年にベーシック・インカムの導入を決め、二〇〇五年から最貧困層を手始めに段階的実施に踏み切っている。アラブ首長国連邦でも原油関連収入が国民に支給されている。ただし、採掘に従事する労働者の大半は同国の国民ではない。

のにして労働意欲を抑えるべきだ。それに、富裕国はしだいにベーシック・インカムを捻出することが可能になっている。無条件のベーシック・インカムが支給されれば、現在フルタイムで働かざるを得ない人の多くが、パートタイムを選択できるようになるだろう。現状では、どんな条件でどれだけ働くかの決定権は資本の所有者が握っているが、その選択肢が労働者全員に与えられるようになるはずだ。ブリタンは二〇〇五年に、たいへん魅力的な表現でベーシック・インカムの論拠を示した。

「ベーシック・インカムの目的は、市民一人ひとりを小さな地主にすることにある。マルクス主義者がさんざん非難した私有財産と不労所得は、けっして本質的な悪ではない。問題は、持ち家を除きそれを持っている人があまりに少なく、その少数だけが経済的自立に伴う恩恵をすべて享受していることだ。われわれが望むよりよい社会では、そうした恩典がもっと広く分配されているはずである(17)」

少々紛らわしいのだが、ベーシック・インカムと呼ばれているものは二つの形をとりうる。一つは資本の授与、もう一つは年間所得の保障である。資本は将来の期待利益を現在価値に割り引いたものにすぎないから、厳密にはどちらも同じだと言えるかもしれない。ただし、資本の所有者には選択肢が生まれる。所得で生計を立ててもいいし、資本を使って家を買ったり、事業を興したりしてもいい。もちろん貯蓄してもいいし、人に貸してもいい。所得保障が生涯にわたって生活を安定させるのに対し、資本授与は選択の自由度を高める。どちらかと言えば、私たちは資本授与を支持する。可処分資産を広く分配するという所期の目的を達成し、ひいては尊敬と人格の基盤作りに寄与すると考えられるからだ。ただし、ある基本的価値が他の基本的価値を排除することがあってはならない点を考慮すれば、ベーシック・インカム制度は資本授与と所得保障の二本立てにするか、どちらかを選べるようにするとよいだろう(18)。

国民全員を貧困ライン以上に押し上げる目的でのベーシック・インカム制度を維持する財源がないという主張は、富裕国にはもはや当てはまらない。ノーベル賞受賞経済学者のジェームズ・ミードは、著書 *Agothotopia*(一九八九年)の中で、失業給付と同額の最低生活所得は、資本税と国有投資信託(運用は民間で行う)の利益を組み合わせれば、国民全員に支給可能だと述べた。支給額は、国民所得に連動させる(19)。別の学者によれば、炭素排出枠などの公害排出枠を環境汚染の度合いに応じて販売すれば、EU域内で一人当たり一五〇〇ユーロのベーシック・インカムの資金源を確保できるという(20)。トービン税として知られる資本取引課税も財源の候補である。二〇〇一年にはイェール大学のブルース・アッカーマンとアン・アストット両教授が、私有財産税を財源とする資本授与方式を提案した(21)。そして同じく二〇〇一年、当時財務相だったゴードン・ブラウンは「子供信託基金*」を創設し、資本

---

*計画では、毎年生まれるおよそ七〇万人の赤ちゃんのために口座を開設する。費用は推定四億八〇〇〇万ポンド。金融機関が資金を運用し、子供が一八歳に達すると、教育、訓練、住宅購入、起業など承認された目的に限り引き出すことができる。政府が発行する債券の額面は、富裕な家庭の子供の場合は四〇〇ポンド、貧困層では七五〇〜八〇〇ポンドである。貧困家庭に貯蓄を奨励するため、政府は審査に合格した世帯には「助成金」を提供する。受給世帯には、資金運用報告を毎年送付する。本計画を政府に推奨した公共政策研究所(IPPR)の試算によると、七五〇ポンドを一九八一年に運用開始した場合、一九九九年には二六二五ポンドに増えたはずだという。

授与への小さな一歩を記した。新しく生まれた子供すべてに無税の少額債券（上限八〇〇ポンド）を発行し、大人になったときに金融資産を保有できるようにするというスキームである。このスキームは、社会保障税、取引税、国有投資信託の収益を財源とした大規模なスキームの一部となる可能性もあったが、連立政権は二〇一〇年にこの制度を廃止してしまった。

ベーシック・インカム制度は、どちらの方式であれ、怠慢と浪費を促すだけだとよく言われる。年間所得が保障されていたら、大方の人は国に依存し、無気力で堕落した人間になってしまうだろう、というのだ。また無責任な一八歳の若者に資本など与えたら、早晩ドラッグとファッションに消えてしまい、すぐに元の木阿弥《もくあみ》になってしまうとも言われる。

こうしたリスクは、たしかに無視しがたい。だが有望な対策が二つほどあり、一つめは資本授与方式に当てはまる。そもそも一括払い金を受け取った人が、遺産相続人よりも資産管理に劣ると考えるべき理由は何もない。資本の授与が完全な棚ぼた（たとえば宝くじに当たるなど）ではなく、社会契約の一部として行われるのだから、なおのことである。なるほど、金持ちの子供が相続財産を浪費したり賭博に注ぎ込んだりするケースは少なくない。それでも富裕層の多くは、数世代にわたって資産の維持にみごとに成功している。彼らは、独力でそれができたわけではない。財産が信託管理されるなどして、おいそれと散財できないようになっているのだ。同様の制限を、国民に授与するささやかな資本にも適用すればよい。使途を教育などあらかじめ定められた対象に限るとか、引き出せる年齢を三〇歳以上にするなどの工夫をすれば、せっかくの資本が雲散霧消するリスクは大幅に減らせるだろう。実際、現在の遺産相続もそうした条件がついているケースが多い。

二つめは、余暇についての教育を浸透させることだ。現在の教育は生徒を労働市場に送り込むことを目的としており、仕事で役立つ知識やスキルをひたすら教え込んでいる。だがいずれ、生活の中で「働いている時間」は減っていくという事実を受けとめ、何か仕事以外のことで人生を充実させるための準備が教育の大きな目的になるはずだ。人生の充足を目的に掲げる多くの私立学校は、余暇のための教育の重要性を理解し、多彩なカリキュラムを用意している。一方、公立学校は実利重視の傾向を強めてきた。富裕国において、少数だけがよい暮らしを手に入れ、大多数が単調な労働に明け暮れる事態を避けたいなら、公立学校の根本的な方針転換が必要である。かつては、所得の増加とともによい暮らしのための教育が必要だと論じる思想家が大勢おり、その中には経済学者も含まれていた。だがやがて経済学はこの大志を捨て、学校を人的資本を送り出すベルトコンベヤーとみなすようになってしまった。[22]

ベーシック・インカムを導入しても、多くの人は働くことをやめないだろう。すくなくとも、現在使われている意味での労働をやめることはあるまい。そして法律で制限されなかったら、好きなだけ働くにちがいない。だから多くの人が、ベーシック・インカムを単にそれまでの収入の足し前にするだけであることは明らかだ。それでも、有給労働以外のことに時間を使いたい人はいるし、第1章で見たように、そういう人はけっして少なくない。この人たちは、きっとそれを選択するだろう。また、単調だが報酬のよい仕事から、報酬は少ないがやりたい仕事に移りたい人も、そうするだろう（たとえば不動産販売から工芸家になるというふうに）。哲学者のフリットヨフ・ベルグマンは、ベーシック・インカムは「労働の圧制から仕事を解放する」と述べた。[23] こうした選択は、自発的で自主的な活動という意味での余暇を増やすので、大いに歓迎したい。とはいえベーシック・インカムの導入は、よい暮らしへと導く一連の政策の一部にすぎない。

消費に駆り立てる圧力を減らす

消費に駆り立てる圧力を減らすのは、労働に駆り立てる圧力を減らす有効な方法である。現代人は主に消費のために働いているので、消費欲がしぼめば、むやみに働きたがる傾向も緩和されるだろう。ところが現代社会はこれみよがしの派手な消費を奨励しており、到底手の届かないものさえ買わせようとする。金持ちになっても怠けていられないのはこのためだ。

二〇一一年九月五日、ロンドンの新聞は、ハーレー街の神経科医の家に泥棒が押し入ったと報じた。この医者はとくに裕福な家庭の出身ではなく、週六〇時間働いて一〇〇万ポンドの「夢の家」をようやく買ったのだと言う。買ったと言っても頭金を除く九〇%がローンだった。これは現代の資本主義文明を表す完璧な図式と言えよう。金持ちは将来を抵当に入れて夢を買い、貧乏人は貧乏の報いを受けるという図式である。さてこの神経科医は、九〇万ポンドのローンの利息を払い元金を返済するために、手取りでどの程度稼ぐ必要があるのだろうか。借入条件と期間にもよるが、だいたい年間二〇万ポンドというところだろう。これでは働き詰めが続くわけだ。しかも一〇〇万ポンドの家と、そこに住む家族（妻は妊娠中だった）は、維持するのに金がかかる。使用人を一人や二人は雇わなければならないし、ベビーシッター、トレーナー（週六〇時間も働くのだから、体調を整えてもらわねばならない)、高級家電、旅行、服、そしておそらくは二人の子供の途方もない教育費……。なぜこういうものが必要なのか。言うまでもなく、神経科医と同等の所得のある専門職従事者は、みんなこうしたものを持つとされているからだ。だがここに、厄介な問題がある。一〇〇万ポンドの家を買ったわれらが神経科医は、「若き成功者」のカテゴリーに入る。では「熟年の成功者」はどうなるのか。彼らは二〇〇万ポンドか三〇〇万ポンドの家を買わねばなるまい。高級住宅街にあって、たぶん地下にプールがあるような。そうなったら、週六〇時間労働でもまだ足りないだろう。このように、現代の生き方は貪欲を煽《あお》り、またその貪欲が生き方を決めるという具合になっている。

神経科医が消費したのは大邸宅というひどく目立つモノだったが、消費欲の向かう先が必ずしも贅沢品ばかりとは限らない。消費は現代社会における偉大な気休めであり、むやみに長時間働くことに対する偽りの報酬である。親は、子供と共に過ごす時間という支出をする代わりに、おもちゃやくだらない品物をどしどし与えることで、子供たちに「強迫観念的な消費」を伝染させている(24)。たしかに、市場に投入される革新的な技術や商品が人々の生活の質的向上に貢献したことは、まちがいない。だが向上と言っても、その大半はごく些細なことであり、その一方で消費競争を煽って労働時間の短縮を妨げている。今日の資本主義に対する重大な不満の一つは、労働を過剰に生み出す一方で余暇を十分に創出せず、その結果として友情や趣味やボランティア活動を減らしてしまったことである。

では、消費に駆り立てる圧力を減らすために、国には何ができるだろうか。

国家はすでに、税金その他の政策手段を使って、消費の方向性に影響を与えている。国民は望んでいないサービスや、税金で賄われるより自分で払いたいと考えているサービスに税金を払わされ、よい学校やよい病院やよい鉄道といった、ほんとうに欲しいサービスは提供されていない。国が消費におよぼす影響は、価値財、すなわち市民が望もうと望むまいと社会にとってよいと判断された財の場合には、一段と明白である。たとえば学校給食の無料化、低所得層向け住宅への補助金、貧困世帯の医療費の無料化などがこれに当たる。[25] 美術館、博物館、コンサートホール、劇場、歌劇場などに政府が補助金を出すことも、そうだ。一方、タバコやアルコールなどは負の価値財とされ、これらの消費欲は挫《くじ》くべきだと国は判断している。そこで「悪行税」とも言うべきものを課す。いずれについても、国は消費者のために、すくなくとも「望ましい消費者」のために行動しているのだ、と主張することは可能だ。たしかに、国民はタバコへの課税を望んではいないにしても、健康は大切と考えているだろう。要するに国家は、ある財の提供は望ましいとか望ましくないとか、倫理的な判断を下しているのである。国がさまざまな事柄について倫理的判断を下すべきだということを否定しているのは、公の建前としてだけだ。

第1章では際限のない貪欲な消費欲について論じ、この欲望の大部分はステータスの誇示という消費の役割に由来すると指摘した。経済水準がある程度以上になると、絶対的な意味では必要でないが、他人より地位が上であることを示す財、すくなくとも下ではないことを示す財に所得の大半が費やされるようになる。そうしたものの値段は平均的な価格以上でなければならない。そうでないと、他人と差を付ける役割を果たせないからである。となれば、それらを手に入れるために所得を人より増やさねばならない、ということになる。供給が限られた財についても、同じことが言える。巨匠の作品が天井知らずに値上がりするのはこのためだ。こうした競争的消費の連鎖のために労働時間はいっこうに減らず、余暇という基本的価値はいつまでたっても手が届かない。また、つねに他人と競争関係になるため、友情、人格、安定も脅かされる。

競争的支出を減らすために採られた伝統的な方法は奢侈《しゃし》禁止令であり、さまざまな贅沢品の消費が禁じられてきた。紀元前六世紀のアテネでは「ソロンの法律」によって葬列の規模が制限され、葬儀で供する食物の値段に上限が定められたほか、持参金や持参財の価値、花嫁衣裳を制限する法律も定められた。古代ローマ初期の奢侈禁止令でも冠婚葬祭における浪費や見栄が禁止の対象になり、たとえば墓の規模や葬儀の食事が制限された。その後の時代には、禁止の対象は冠婚葬祭から食物のむだな消費に移っている。奢侈禁止令は贅沢品の消費制限を目的とする法規ではあるが、図らずも、他人との張り合いで欲望が際限なく膨らむ事態を防ぐ役割も果たしていた。

奢侈禁止令の背景には、倫理的な根拠と経済的な根拠の両方があった。まず倫理面では、贅沢はよくないことだと広く認識されていた。ルソーの単刀直入な表現を借りるなら、「贅沢は公序良俗の正反対」であり、社会に不和を生じさせるだけでなく、貴族を弱体化させ、軍人の徳を堕落させる。また経済面では、「浪費」は経済資源が生産的な目的に使われないことを意味する。資源がつねに稀少な社会においては、資源の無駄遣いは食糧不足、飢餓、破滅に直結した。一七～一八世紀になると奢侈禁止令で贅沢品の輸入が禁じられたが、これは重商主義国家が貿易収支を重視したためだった。(26) それ以降になると直接的な禁止は姿を消し、税を介した禁止の形をとるようになる。この種の税はさきほど述べた懲罰税に似ているが、対象品目ははるかに広範だった。

奢侈禁止令が廃止されると、第2章でも論じたとおり、すぐさま贅沢が容認されるようになる。贅沢は経済的繁栄に資すると最初に主張したのは、バーナード・マンデヴィルだった。贅沢は「意欲と革新のエンジン」だという。[27] だがそのマンデヴィルでさえ、贅沢が公共の利益に適《かな》うとしても、個人にとってはやはり悪徳だと認めていた。奢侈禁止令が廃止されたのは、消費を個人の選択に任せても何ら問題はないという見方が登場したからでもあった。アダム・スミスは、「倹約」は自己利益になるのだから、贅沢支出を制限する法律は不要だと考えていた。[28] 社会がゆたかになると、従来は最富裕層に限られていた贅沢品の競争的支出が万人に広がり、いつまでたっても足るを知る状態にならないことを、アダム・スミスは見抜けなかったのである。いまの状況を見ると、どうやら再び奢侈禁止令に登場を願わなければならないようだ。

　とはいえ変化が早く活気のある経済においては、特定の品目の禁止や課税は専断のそしりを免れないうえ、効果もない。自分の富を誇示しようと固く決心した人たちは、必ず代わりの方法を見つけるにちがいないからだ。ただし、一般消費税なら話は別である。消費（より正確には支出）への課税は、主に個人消費を減らし個人貯蓄と完全雇用への投資を促すマクロ経済手段として、一九五五年にイギリスの経済学者ニコラス・カルドアが、一九七八年にジェイムズ・ミードが唱えた。カルドアによれば、消費税の目的は「政府の代理である地方自治体が国家資源の割当量を公共目的に使うために、その割当量に対する消費需要を抑えること」だという。[29] カルドアはホッブズの主張を援用し、消費は長期的な成長を損なうが、労働と貯蓄は成長を促すと述べた。[30] したがって支出に税金をかけるべきで、所得にかけるべきではないという。この税を累進制にする根拠は、経済的・社会的平等を推進するという政治的判断[31]と、「裕福な金利生活者を散財よりも貯蓄と投資に向かわせる」という経済的目的[32]に根ざしていた。ちなみに、カルドア税が一九五〇年代に部分的に適用されたインドでは、「マハラジャ（大王）税」と呼ばれたそうである。(33)

支出税には、カルドア以前にもジョン・スチュアート・ミルを始め確固たる支持者がいた。だがこの税金は、実施不能だとしてつねに退けられてきた。というのも、支出の都度記録に残す必要があると考えられていたからである。一九三七年になってアメリカの経済学者アーヴィング・フィッシャーが、その必要はないと指摘した。支出は、入ってきた金と出て行く金の差額で計算できる。課税当局に必要なのは、納税者の年間所得と貯蓄＋投資の合計を知ることだけだ。そして差額に課税すればよい。(34)なお、貧困層を保護するために一定額を控除の対象とする。

経済学者のロバート・フランクはカルドア案を復活させた。ただしカルドアの目的は成長の促進だったが、フランクの目的は「コンシューマリズム」の抑制である。(35)「富裕層がとめどなく支出すれば……贅沢熱とも言うべきものが伝染し……万人を虜にしてしまう」とフランクは書いている。(36)金持ちの浪費が派手になるほど、それをまねた支出が拡がっていく。そのうえ浪費的な消費は、「堅実な消費財」のためのリソースを横取りする。たとえば「渋滞のない道路、家族や友人と過ごす時間、休暇、好ましい仕事……きれいな空気、公園……衛生的な飲料水……暴力犯罪の抑制……医学研究(37)」などだ。フランクが列挙した「堅実な消費財」は私たちの基本的価値と同じではないが、考え方は同じである。今日の資本主義は、強欲をよしとする消費偏重になっている、ということだ。富裕層が買ったものの値段はスノッブ効果、バンドワゴン効果、ヴェブレン効果を通じて高騰し、あらゆる階層を労働へと駆り立てる。さもないと隣人との競争に負けてしまう。

フランクの案では、一人当たり七五〇〇ドル以上の支出は累進税の対象となる。支出額が多いほど税率も高くなるしくみで、限界税率は七〇%とする。限界税率は、最富裕層にしか買えないような贅沢品への支出に適用されることになろう(38)。所得税を完全に支出税で置き換えることは現実的でないとしても、*政治的抵抗に遭って政府が所得税率を引き上げられない場合に、支出税は限界税率を引き上げる有効な方法となりうる。浪費的な消費を抑制し、強欲を満たすための所得（ひいては労働）を減らす点で、所得税を支出税に完全に置き換えた場合とほぼ同じ効果が得られよう。ケインズが別の文脈で指摘したように、「もっと低い賭け金でゲームをプレイできる」はずである(39)。

カルドアは、成長を促進するために、貯蓄を適用除外とする税を提唱していた。今日のゆたかさの中にあっては、成長の促進はさほど重要ではない。しかし定年後の生活が長くなったため、その資金手当のためにも貯蓄の奨励は必要である。快適な引退生活を送れるだけの貯蓄が可能な水準に支出税率を設定すれば、尊敬や安定という基本的価値も実現できる。このように累進制の支出税は、競争的な消費を抑制し、退職後に備えた貯蓄を促すという点で、累進制の所得税を上回る利点を備えている。また、ベーシック・インカムの財源に活用できるというメリットもある。

それでも、お金そのものに執着する金銭愛が減ることはあるまい。膨張し続ける金融サービス業界を見れば、それはあきらかだ。金融サービスは現代の資本主義の原動力であり、個人や企業を肥やす源泉であるが、あまり評判は芳《かんば》しくない。英金融サービス機構のアデア・ターナー元長官は、ほとんどの金融イノベーションは「社会にとって無用」だと述べた(40)。私たちの考えでは、もっと悪い。次々に生み出される新奇な金融商品は貪欲の元凶であり、その貪欲こそ私たちが抑制したいと願っているものだ。金融部門の暴走を抑える方法の一つは、デリバティブのような金融商品の取引に課税することである。こうした「トービン税」を導入すれば、金融が経済活動を牛耳る力を弱めると同時に、社会的に望ましい公的支出のために財源を確保することができる。

広告を減らす

消費に駆り立てる圧力に拍車をかけているのが、広告である。広告は、消費者がすでに欲しいものの入手を「お手伝いする」だけだとよく言われる。それが本当だとしても、私たちの主張は揺るがない。そもそも人は欲しいものではなく必要なものをまず手に入れるべきだ。それにいずれにせよ、広告が欲しいものの入手を手助けするだけだという説明は真実ではない。

毎度のことながら、経済学者は複雑な問題を単純明快だが誤ったやり方で説明しようとする。広告の役割についての彼らの説明は、「合理的な消費者」仮説に基づいている。すなわち合理的な消費者

＊主な問題は、耐久消費財と贈り物の税務処理である。高価な耐久消費財の購入価格は、投資とみなして控除すべきだろうか、それとも課税対象とすべきだろうか。贈り物は控除対象とし、受け取った側の負債（支出があった場合）とみなすべきだろうか。この場合、富裕者が税率の低い相手への贈り物を使って累進支出税を悪用する余地がある。支出税は単純な概念のように見えるが、その実施には所得税以上に個人の状況に関する税務当局の調査が必要になる。

は、競争市場において効用を最大化するような購買決定を下す。このモデルでは消費者はすでに明確な「効用関数」を承知しているので、広告でその選好が変わる余地はない。広告の唯一の役割は情報提供であり、製品の名称、品質、価格などを知らせて、消費者がよりよい選択をできるようにする。だから子供の保護や詐欺行為の防止以外の目的で広告を規制する必要はないという。広告についての好意的な見方はいろいろあるが、基本的にはこのパターンの変形である。どのような方法をとるにせよ、広告は消費者がすでに欲しかったものの入手を手伝うにすぎない、ということだ。となれば、定義からして消費者が買いたいものを買うのだから、「過剰消費」ということはあり得ない(41)。

この「広告＝情報提供」論は、かつてはいくらか頷《うなず》けるところもあった。二〇世紀前半の広告は、比較的事実に基づいていたからである。だがしだいに広告は現実から乖離《かいり》するようになり、今日では大半の広告が情報を含んでいるとは言いがたい。その目的は製品について何らかの雰囲気を醸《かも》し出し、魅力を強調して誘惑すること、要するに、広告を見なければ欲しいとは思いもしなかったものを欲しがるように仕向けることだ。大成功を収めた二〇〇三年のｉＰｏｄの広告では、黒いシルエットの人物がネオンカラーを背景に陶酔して踊り狂うだけで、それ以外何も登場しない。この広告の目的が情報提供ではなく感覚刺激にあることは、どうみても疑う余地がない。

こうした事実を突きつけられても、経済学者は広告についての寛大な見方を変えようとしない。ただ、多少の言い訳はしている。たとえば、製品情報をまったく含まない広告であっても、すくなくともある一つのことだけは消費者に伝えるという。それは、広告主である企業は、大枚の広告予算を投じる程度には製品の評判を気にしている、ということだそうだ。別の説によれば、広告は製品のイメージを強化することでその製品の価値を高めるという（あなたは単にルノーを買うのではない、“va va voom”〈ワオー、スゴい！〉も買うのだ、という具合に）。中でも最も独創的なのは、ゲーリー・ベッカーとケビン・マーフィーの主張である。彼らによれば、仮に消費者の選好が広告によって変わるとしても、それは選好を変えることの事前選好（お好きならメタ選好と呼んでもかまわない）が存在したからだという。これ自体は別に悪いことではない。鉛筆を買ったら鉛筆削りが欲しくなるのが悪いことではないのと同じである。ただ、鉛筆とはちがい、広告はこちらから求めるわけではない。ベッカーとマーフィーがあっさり認めたように、「広告には不安や焦燥《しょうそう》を生んだり、他人の成功や幸福への羨《せん》望《ぼう》を掻き立てたり、さらには親あるいは子に対して罪悪感を募らせる効果もある」[42]。広告が愉快な記事やテレビ番組に埋め込まれることが多いのはこのためで、広告を見るマイナス効果を埋め合わせるという。それでも、人々が自発的に広告を見るという事実からすると、広告は好みを変えさせるというよりは、何かの足しになるとみなされているらしい。たしかにインターネットはご親切にも、ユーザーの注文履歴と類似の商品を「お奨め」してくれる。

　広告に関するこれらの新古典派的な見方は、人々が市場に来るときにはすでに選好は定まっていて、それを最大限に満足させようとするという前提に基づいている。しかしこの見方は、市場が満たすとされる選好そのものを、じつは市場が形成していることを見落としている。ヘーゲル哲学を基礎とするマルクス主義の伝統のほうが、人間の欲望（あるいは彼らの用語に倣《なら》うなら「ニーズ」）が変化しやすく関係性に左右されやすいことに敏感だった。ヘーゲルは、「ニーズは……必要性を直接感じた者によって生み出されることよりも、その創出から利益を得ようとする者によって生み出されることのほうが多い」と書いている。[43] この考え方が、やがてマルクーゼのコンシューマリズム批判（第2章参照）やガルブレイスの『新しい産業国家』（一九六七年）の基礎になった。ガルブレイスは同書の中で、生産プロセスを掌握する生産者は、消費者のニーズを自分たちの生産物へと誘導すると指摘した。一九五〇年代に全米最大手の広告会社の社長だったスタンリー・バーネット・リーザーも、同じことを述べている。

「消費者は二台目のクルマの必要など感じていない。こちらが必要だと気づかせない限りはね。このニーズを消費者の頭の中に作り上げなければならない。二台目のクルマがどんなにすばらしいか、気づくように仕向けなければならない。ときに消費者は、そんなものを買うという考えに敵意を抱いていることさえある。だが広告は、こちらが望む方向に需要を変える力のある教育的な手段だ。もっと高い生活水準があるのだと人々に教えれば、現代の生産性と資源に釣り合う程度まで消費を増やすことができる」[44]

広告が貪欲に火をつけるのだとしたら、制限する理由は十分にある。実際にも、酒やタバコなど「悪行商品」の広告は規制されているし、子供を広告から遮断する措置も講じられている。たとえばスウェーデンとノルウェーでは、子供向け番組での広告は全面的に禁止されているほか、一二歳以下の子供をターゲットとする商品の広告も禁止である。またヨーロッパの多くの国では、広告を番組の前後にまとめて放送するよう指導している。こうすると視聴者はCMを見ずに済ませられるので、広告主はテレビ広告に食指を動かさなくなる。残念ながらイギリスでは、過去数十年間の全体的な傾向として、広告規制を強化するどころか緩和の方向に向かっている。保険会社の広告を禁じる規制は一九八四年に廃止され、アメリカ流の保険金請求がどっと増えた。テレビ番組の中でのプロダクト・プレイスメント、すなわちスポンサーの製品を番組中で使用することは禁止されていたが、これも二〇一一年に解禁となっている。ただしいまのところ、まだその影響はあきらかではない。

広告規制は、消費者保護の観点からも適切と言えよう。消費者が品質を理解しないまま買うとか、誤った情報に基づいて買うという点で、消費の多くは無駄遣いである。結局そのような商品は役に立たないか、消費者が思っていた役には立たない。となれば捨てるか損害賠償ということになるが、賠償請求には高い弁護士費用がかかる。消費財だけでなく、金融商品もそうだ。このような浪費を防ぐためには、現在タバコに義務づけられているような警告をすべての広告に義務づけるべきだろう。「買主はご用心、買ってからでは遅い！」という具合に。

広告文化を根元で断ち切れる税制改革が一つある。それは、広告費を経費として認めず、課税することである。*そうなったら企業は、税金を上回る利益を広告で得られるかどうか、天秤にかけなければならない。場合によっては、その分を商品やサービスの価格に転嫁しなければならないだろう。だがそうなれば、売上げが落ち込むというまことに望ましくない結果を招く。必需品は広告の必要がほとんどないので、この措置で最も影響を受けるのは必需品から最も遠い商品である。この税制改革で、総収入の四九％を広告で賄っている世界の民放テレビ局の財源は大打撃を受けるだろう。そして公共

＊費用に課税するのは別に目新しい考えではない。たとえば（社会保障）給与税は、雇用費用に課税される。

放送同様、受信料（現在は総収入の四二％）や放映権料による収入、あるいは助成金などを増やさざるを得なくなる。インターネット広告の費用についても同様に課税すればよい。

本章では労働、消費、富の追求に駆り立てる圧力を減らすための政策を論じてきた。もちろんこれらの政策には解決すべき点が多々ある。とはいえ、ここに挙げた案はあくまで方向性を示すもので、法律の草案ではない。パターナリズムと呼ばれるかもしれないが、非強制的なパターナリズムである。社会をよい暮らしへと導く狙いはあるが、けっして押し付けはしない。

富裕国と貧困国

最後にもう一度、ケインズの「経済的可能性」に立ち戻っておきたい。「経済上の目的が自分にとっては合理的でなくなっても、他人にはまだ合理的だという時期は十分にありうる」とケインズは書いた。ここで言う「他人」とは「階級や集団」だと彼は述べている。前者は自国の貧困層を意味すると解釈するのが自然だろう。しかし、後者に地理的範囲の限定はない。(45) 貧しい人々がどこにいようとも、助けるのは私たちの義務である。

ケインズは論文の中で、開発途上国にはとくに注意を払っていない。というのも、当時は開発という概念自体がほとんど存在していなかったからだ。一部の国は他国より裕福だったが、それは一国の中で一部の人が裕福なのと同じだった。ケインズは、貧しい国もほどなく裕福な国に追いつき、飽和点に収斂《しゅうれん》するだろうと考えていた。イギリスで富裕層が貧困層を置き去りにするとは思いもしなかったのと同様、世界で富裕国が貧困国をはるか後方に置き去りにするとは考えもしなかったのだ。

これは重大な思い違いであったことが、いまではわかっている。アジアの一部の国はたしかに先進国に追いついた、あるいは追いつこうとしているが、世界人口の四分の一は、いまなお貧困のただ中にいる。ケインズは世界の人口爆発を予測できなかったが、資本と技術の進歩が植民主義と自由主義経済を通じて世界に急速に浸透することは予想した。当時、貧困国の大半は植民地として富裕国に依存しており、宗主国は帝国主義の搾取的な発想から信託統治を行い、植民地の政治的・経済的発展を操ろうとした。それは具体的に経済面では、すくなくともイギリスにとっては、物資の輸入のための自由市場と資本の輸出のための自由市場を維持することにあった。一部の国が他国よりはるかに裕福な世界においては、どちらも大いに有効な政策である。資本は豊富な国から乏しい国へと流れ込み、高い収益を生んだ。自由な輸入政策（ちなみにこの「自由」とは「無税」という意味である）は、債務者に借金の返済手段を提供した。当時すでに富裕国では、資本の輸出は自国の発展を損なう、自由な輸入は雇用を破壊する、と不満の声が上がってはいた。だが全体として見れば、富裕国と貧困国の交易は相互補完的なもので、競争的ではなかった。富裕国は工業品を輸出し、貧困国は食物や鉱物資源を輸出した。

こうした点を踏まえ、かつ人口の時限爆弾はないものとすれば、ケインズが一九三〇年に「いまから百年以内に貧困国の大半は富裕国に追いつくだろう」と想像したのも根拠なしとしない。そうなれば、自由貿易と資本輸出はもはや妥当性を失うとケインズは考えた。なぜなら、どちらも稀少性の論理に基づいているのに対し、世界は望むだけのものをすでに持っているからだ。だから何をどれだけ交換するかは自由に選択できるはずだ。かくして貿易は、かつてアダム・スミスが考えたとおりのあり方、すなわち「自然な」優位の問題に立ち戻る。地理的な不平等はなお残るが、それは援助政策の形で全世界的な再配分を行えばよろしい……。*

私たちの出発点は、これとはちがう。富裕国はすでにケインズの予想した「至福」に到達しているが、それ以外の国はいまなお貧困の罠に落ち込んでいる、というのが私たちの出発点である。多くの国が貧困の罠にはまったのは、人口増加のペースに資本蓄積が追いつかないからだ。そのうえ、制御不能な人口急増と時を同じくして、世界は資源の絶対的な不足にも直面することになった。このような状況で、富裕国は貧困国との経済的な関係をどのように運営すべきだろうか。

多くの人が移民は自分たちから職を奪うと思い込んで、移民を恐れている。ワークシェアリングやベーシック・インカム政策が人々を労働に駆り立てる圧力を緩和できれば、移民に職を奪われるという恐怖は和らぐはずだ。ただし、市民にはベーシック・インカムを保障しても、移民は対象外ということになれば、相互の尊敬という基本的価値の実現は困難になる。こうした事態は実際にアラブ首長国連邦で起きている。同国ではベーシック・インカムの対象は国民に限られるが、労働の大半は他国籍の下層階級の移民が引き受けており、彼らには市民権も居住権もない。欧州連合（EU）の場合で言えば、労働時間の上限設定、ワークシェアリング、ベーシック・インカムといった共通の政策を域内で採用するとともに、労働者の自由な移動を認めれば、域内の二極化現象の防止に役立つと考えられる。

ケインズの時代の貿易はおおむね相互補完的だったが、現在は競争的である。富裕国の資本家は、人件費が大幅に安い貧困国に製造や一部のサービスをオフショアリングしてきた。そして貧困国で安く製造されたモノやサービスを輸入している。このしくみでは、自由貿易が富裕国の雇用を奪うことがありうる。というのも賃金は下方弾力性が乏しいため、低賃金国との競争に直面すると、完全雇用を維持できなくなるからだ。仮に奪われた雇用に代わって別の雇用機会が提供されるとしても、新しい雇用が奪われた雇用と同等であるとは限らない。中国やインドへのオフショアリングは、貿易面ではプラスが多かったとしても、多くの先進国で賃金の横這《ば》いまたは下落を招く結果となった。[46] ノーベル経済学賞を受賞したポール・サミュエルソンは、「ウォルマートで日用品を二〇％安く買えるようになっても、（それらが中国で生産されるようになった結果としての）賃金下落分の埋め合わせがつくとは言えない」とインタビューで答えている。[47] 貿易が勝者に大きな利益をもたらし、勝者がその分を敗者にそれを還元できる立場になったとしても、必ずそうするという保証はどこにもない。

＊貿易の「自然な」あり方とは、異なる資源や異なる気候の国同士が行う貿易を意味する。一つの国の中で欲しいものをすべて生産するのは不可能か、途方もなく高くつく。スコットランド人がワインを飲みたかったら、ワインの生産国から輸入して、代わりにタータンチェックを輸出すればよい。とはいえ最も効率的な貿易は、比較優位に基づいて行われる貿易である。A国がすべての品目でB国より安上がりに生産できるとしても、全品目を生産するのではなく、B国との比較においてより有利に生産できる品目、すなわち比較優位のある品目に特化するほうが得になる。これが現代における自由貿易の原則の基礎になっている。比較優位はまことに説得力のある理論であるが、世界がゆたかになったらその説得性が弱まることはあきらかだ。なぜなら、安いことはもはや重要な要素とはならないからである。

自由貿易は、貧困国にも必ずしも利益をもたらすとは限らない。最大の問題は、自由貿易となれば自国の幼稚産業を保護できなくなってしまうことである。経済学者のエリック・レイナートは「製造業がまったく存在しないよりは、非効率な製造業が存在するほうがよい」と主張し、富裕国は自国の農業を保護する（しかし余剰生産物を世界市場でダンピング販売してはならない）代わりに、貧困国が自国の製造業や先端サービス業を保護することを認めるべきだと述べる。レイナートの提案は、自由貿易が神聖化されるようになるまで数百年にわたって行われてきたことの再現にすぎない[48]。自由貿易体制の下では、どの国も裕福になっていない。ただしグローバル市場に参入した時点で、富裕国はある程度の富をすでに蓄えており、貧困だったわけではない。韓国の経済学者ハジュン・チャンの言うとおり、「ごく少数の例外を除き、今日の富裕国は、自由貿易と自由市場の生まれ故郷である英米を含めてどの国も、保護主義、補助金といった政策をとって富裕になったのだ。ところがそうした政策を、いまでは開発途上国に採用させせまいとする[49]」。

こうした状況で、資本の輸出が富裕国と貧困国の間で主な利害調整手段となっている。主流的な経済理論によれば、富裕国は資本を貧困国に輸出すれば自国で得られるよりも高いリターンを手にでき、また貧困国の借入コストを押し下げる効果が期待できるという。しかし実際には、政治的に不安定な貧困国に投資するリスクを嫌って、資金の流れは貧困国から富裕国に向かっている。貧困国が植民地あるいは準植民地だった一九世紀には、このリスクははるかに小さかった。今日では貧困国の政治指導者とその一族はスイスの銀行に口座まで持っていて、貧困国から富裕国への「資本逃避」の大々的な見本となっている。自由な資本移動が双方にとって実り多いものとなるためには、ホットマネー

（短期資金）の移動規制とともに、世界の通貨システムの抜本的な改革が必要だ。さらに、世界のGDPに占める貿易の比率を下げるために、富裕国から貧困国へ流れる資本の一部を融資ではなく無償資金協力にすべきだろう。どのみち貧困国では返済手段が限られているうえ、リターンも低い。

以上から、私たちは次のような結論にいたった。よい暮らしの条件を満たすことを考えたら、これ以上の経済統合は控えるべきである。すくなくとも貧困国によるキャッチアップが単なる願望ではなく事実になるまでは、そうすべきだ。先進国は、もっと自国の資源を活用して自国のニーズを満たすべきである。そして開発途上国は、輸出依存型の成長モデルを放棄する必要がある。というのもこのモデルは、先進国における消費需要の無限の増大に依存しているからだ。富裕国との経済統合が縮小されたら、おそらく貧困国にとっては具合がいいにちがいない。とにもかくにも先進国が開発途上国の国内経済にむやみに関与することはなくなる。それが長期的に途上国経済を損なうことはあるまい。ただし先進国は、きわめて貧しいアフリカの国々に対しては自国市場を引き続き開放しなければならない。そのコストはごくわずかと考えられる。なにしろサハラ以南の経済を合計しても、ベルギーの経済規模より小さいのだから。

ここで、もう一度ケインズを引用させてほしい。ケインズが想定した満ち足りた世界では、新規投資のリターンはゼロ近くまで落ち込む。貯蓄は主として老後に備えるためか、既存設備の買い替えが目的となる。新製品開発で得られるリターンもさして大きくはない。そのような世界で、「経済上の目的が自分にとっては合理的でなくなっても、他人にはまだ合理的だという時期」に先進国の住人にとってインセンティブとなるのは、先進国で達成された「もう十分」の水準に最貧国が近づくのを助けることではないだろうか。

この仕事は、伝統的な有給労働の形をとる必要はない。欲望の追求が減る分を、「余暇」の領域に属す野心の実現に置き換えることができるだろう。自分ほど幸運に恵まれなかった人々を助けるために、自分の快適さの一部を自ら犠牲にする行為が称賛に値する徳であることは、古今東西を問わず認められている。今日では多くの人々が、国内外のボランティア活動に寛容の精神と冒険の本能を発揮する対象を見出しており、その数はどんどん増えている。他人を助けることに努力、経験、専門知識と技術、そして愛を注ぐ人々は、私たちの言う意味での余暇活動に所得を投じているのである。この人たちはよい暮らしを送っている。そして、よい暮らしがどういうものかを他の多くの人々に示している。


本章で私たちは、労働が減った社会や経済の姿、より正確には、物質的な幸福の実現に必要な労働量が少なくなった社会や経済の姿を描き出そうと試みた。このことは、効率一辺倒の経済学に組み込まれた「稀少性」の視点の放棄を意味する。むしろ、すでに「十分」になった社会における市民生活はどのようなものかを考えなければならない。その結果私たちは、貧困を前提とする既存の経済政策とは正反対の策を支持するにいたった。

私たち自身が「孫の世代の経済的可能性」を考えたときの論拠は、やはりケインズの考えた前提条件に根ざしている。すなわち、労働生産性の継続的な向上に伴い労働需要は長期的に縮小する、ということである。そうなったとき、ワークシェアリングを推進し余暇を増やすという形で労働需要の長期的減少を有利に活かすことも可能だし、貪欲に突き動かされるままにアングロサクソン型欲望創出システムを続行することも可能だ。前者のアプローチは、一部のヨーロッパの国ですでに採り入れられている。一方、後者のアプローチをとれば、雇用不安と所得格差という犠牲を払うことになるし、人類の未来を見て見ぬふりをすることになる。

よい暮らしを実現する政治的可能性のほうはどうだろうか。つねに物質的基盤に注目するマルクス主義は、「資本主義からの離脱はすでに始まっている」と主張した。資本主義は、デジタル技術という形で自己破壊装置を生み出したとする見方もある。社会学者のアンドレ・ゴルツは、ハッカーこそ知識の私的所有に抵抗する象徴的人物像であるとし、新しい「無政府共産主義倫理」の旗手とみなした。デジタル・エリートとデジタル・プロレタリアートの来るべき闘いの場は整ったというのである(50)。

そうだろうか。仮に闘いが起きるとしても、勝利はデジタル・エリートのものだろう。なぜなら、彼らは知識を私有化する手段を早晩見つけるにちがいないからだ。仮にデジタル・プロレタリアートが勝利したとしても、破壊したものの代わりに何をもたらせるのか。よい暮らしという健全な観念なしには、勝っても負けても意味はない。

日々の暮らしに、そして人生に、何を求めるのか、お金は何のためにあるのか、よい暮らしとはどのようなものか――こうした問いを改めて考える一助として、私たちは本書を書いた。そのために、長らく不人気だった(けれどもけっして消滅したわけではない)哲学や倫理学を渉猟《しょうりょう》した。今日では、倫理上の問題で悩んでいる人が少なくない。ロンドンの金融街で働く人の大半は、自分たちの報酬は多すぎる一方で医者や教師の報酬は少なすぎると認めている(51)。だが彼らは、囚人が牢獄につながれているように仕事の檻《おり》に閉じ込められており、もはや慣れ親しんだ生活以外の生き方は想像すらできない。現在のシステムの中で最善を尽くそうとあがいている人々は、きっともっとよいシステムの中で生きることを望んでいることだろう。本書は、そうした人々が別の生き方を見つけるための一つの試みである。

私たちは人格や尊敬を重視する立場をとっており、強制は認めない。私たちがめざすのは、よい暮らしをしやすくする社会のしくみ、金儲けが主目的でない生き方を人々が見つけて出世競争や地位競争から抜け出しやすくなるようなしくみである。政治制度や法体系がいかに中立を装っても、けっして完全に中立ということはあり得ないものだが、すでに見てきたとおり、現在の社会のシステムにもさまざまなバイアスが存在する。中には容認できるバイアスもあるが、人々を誤った方向に導くバイアスもある。いま私たちが国に求めるのは、自らの倫理的選択を明らかにせよ、ということだ。選択が明示されていれば、それについて議論ができる。孤立した消費者の代理として行動している、といった主張をするのはやめてもらいたい。私たち自身も、パターナリズムの立場をとるときには、陰でこそこそではなく、堂々と認める。

このような方針転換には、何かしら宗教の支えが必要だろうか。その可能性はある。第6章に掲げた基本的価値は、論理的にはいかなる宗教の教理にも依拠してはいない。しかし宗教の持つ力と感化なしに基本的価値を実現するのは、むずかしいかもしれない。一九世紀から二〇世紀前半に自由主義改革を行った人々の大半はキリスト教徒だった。そうでない人々も、ケインズが自身について語ったように「キリスト教を拒絶しつつも、そのよさは残していた」[52]。宗教的な誘因とまったく無縁の社会がもしあるとして、そうした社会が自ら基本的価値の追求をめざすようになるだろうか。この点は疑問に思う。

読者が私たちの提案をどう受けとめるかは自由である。ただ、よい暮らし、よき人生について、あるいは富は何のためかについて社会として考えようとしないのは、富裕になったいまではもはや許されない放縦《ほうしょう》と言わざるを得ない。私たちがいまやっている最大の浪費は、お金の浪費ではなくて、人間の可能性の浪費である。「会計上の利益という結果にこだわらないと決めた瞬間から、私たちは文明を変え始めた」とケインズは一九三三年に書いた。文明を変える機は熟している。

doxy," *New York Times*, September 9, 2004.

48. Erik S. Reinert, *How Rich Countries Got Rich...and Why Poor Countries Stay Poor* (London : Constable, 2008), pp. xxv-xxvi.
49. Ha-Joon Chang, *23 Things They Don't Tell You About Capitalism* (London : Penguin, 2010), p. 63.
50. Gorz, *Ecologica*, p. 15 f.
51. St. Paul's Institute, *Value and Values : Perceptions of Ethics in the City Today* (London : St. Paul's Institute, 2011).
52. Robert Skidelsky, *John Maynard Keynes : Economist, Philosopher, Statesman* (London : Pan, 2004), p. 515.

たい．Pressman, "The Feasibility of an Expenditure Tax".

34．Kaldor, *An Expenditure Tax*, pp. 191–93 によれば，「課税可能な」支出は，年間に支出可能な金額（賃金，報酬，配当収入，銀行預金）から，（資本財の購入に充当した金額＋預金残高＋一定の引当金および税控除）を差し引いた金額であるとされる．

35．フランクのスキームについては，Robert H. Frank, *Luxury Fever : Money and Happiness in an Era of Excess* (Princeton : Princeton University Press, 2000), pp. 211–16 を参照されたい．

36．前掲書，p. 3.

37．前掲書，pp. 90–91.

38．前掲書，pp. 211–16 を参照されたい．

39．John Maynard Keynes, *The General Theory of Employment, Interest and Money*, The Collected Writings of John Maynard Keynes, vol. 7 (Cambridge : Cambridge University Press, 1973), p. 374.（山形浩生訳『雇用、利子、お金の一般理論』講談社学術文庫，2012 年ほか）

40．Adair Turner, "How to Tame global finance," *Prospect*, August 27, 2009.

41．この好意的な議論については，Gary Becker and Kevin Murphy, "A Simple Theory of Advertising as Good or Bad," *Quarterly Journal of Economics*, vol. 108, pt. 4 (1993), p. 941 を参照されたい．逆に否定的な議論では，消費者は広告を逃れるために金を払わなければならない，あるいは何らかの補償と引き換えに広告を受け入れざるを得ないとされている．合理的な消費者モデルにおいては，公共財あるいは価値財は存在しない．

42．前掲書，p. 962.

43．G. W. F. Hegel, *Elements of the Philosophy of Right* (Cambridge : Cambridge University Press, 1991), p. 229.（三浦和男訳『法権利の哲学』未知谷，1991 年ほか）

44．Gorz, *Ecologica*, p. 104 の引用による．

45．Keynes, *Essays in Persuasion*, p. 331.

46．別の仮説では，賃金が伸び悩んでいるのは富裕国でスキル重視の傾向が強まっているからだとする．実証データからは，どの要因の影響が大きいかは結論できない．Paul Krugman, "*Trade and Wages, Reconsidered*," unpubl. Paper for the 2008 Brookings Institute Panel on Economic Activity を参照されたい．

47．Interview with Steve Lohr, "An Elder Challenging Outsourcing Ortho-

Stuart White, "Reconsidering the Exploitation Objection to Basic Income," *Basic Income Studies*, vol. 1, pt. 2 (2006), pp. 1–17 を参照されたい.

19. J. E. Meade, Liberty, Equality and Efficiency ; Karl Widerquist *et al.* (eds.), *The Ethics and Economics of the Basic Income Guarantee* (Aldershot : Ashgate, 2005).
20. Yannick Vanderborght and Philippe van Parijs, *L'Allocation universelle* (Paris : La Découverte, 2005).
21. Bruce A. Ackerman and Anne Alstott, *The Stakeholder Sociey* (New Haven : Yale University Press, 1999).
22. ルクセンブルグ・セミナーでアクセル・レイヨンフーヴッドはこの点を強調した.
23. André Gorz, *Ecologica* (Chicago : University of Chicago Press, 2010), p. 170 の引用による.
24. UNICEF, *Child Well-being in the UK, Spain and Sweden : The role of Inequality and Materialism* (York : UNICEF UK, 2011).
25. Richard A. Musgrave, "A Multiple Theory of Budget Determination", *Finanzarchiv*, vol. 17, pt. 3 (1956), p. 341.
26. Alan Hunt, *Governance of the Consuming Passions : A History of Sumptuary Law* (New York : St. Martin's, 1996) を参照されたい.
27. Bernard Mandeville, *The Fable of the Bees : or Private Vices, Publick Benefits*, ed. Phillip Harth (Harmondsworth : Penguin, 1989), p. 96.
28. Christopher Berry, *The Idea of Luxury* (Cambridge : Cambridge University Press, 1994), p. 115 を参照されたい.
29. Nicholas Kaldor, *An Expenditure Tax* (London : Allen and Unwin, 1955), p. 176（時子山常三郎訳『総合消費税』東洋経済新報社，1963 年）. また，Institute of Fiscal Studies, *The Structure and Reform of Direct Taxation : Report of a Committee Chaired by Professor J. E. Meade* (London : Institute of Fiscal Studies, 1978) も参照されたい.
30. 前掲書，p. 53.
31. 前掲書，pp. 26–27.
32. Steven Pressman, "The Feasibility of an Expenditure Tax," *International Journal of Social Economics*, vol. 22, pt. 8 (1995), p. 6.
33. Kaldor, *An Expenditure Tax* ; John Kay, *The Meade Report after Two Years* (London : Institute of Fiscal Studies, 1980). 反論は，以下を参照され

ク教会とフランス革命の理想の歴史的和解」にあるとし，それがドイツとイタリアの協調型資本主義を可能にしたと述べた．

9. Adam Smith, *The Wealth of Nations* (Lawrence, Kan.: Digireads. com, 2009), p. 407.（水田洋・杉山忠平訳『国富論』岩波文庫，2000年ほか）
10. Peter Clarke, *Liberals and Social Democrats* (Cambridge: Cambridge University Press, 1979).
11. John Maynard Keynes, "Economic Possibilities for our Grand Children," in *Essays in Persuasion*, The Collected Writings of John Maynard Keynes, vol. 9 (Cambridge: Cambridge University Press, 1978), pp. 354-55.
12. André Gorz, *Reclaiming Work: Beyond the Wage-Based Society* (Cambridge: Cambridge University Press, 1999), p. 94.
13. Robert LaJeunesse, *Work Time Regulation as a Sustainable Full Employment Strategy* (London: Routledge, 2009).
14. Daniel Raventós, *Basic Income: The Material Conditions of Freedom* (London: Pluto Press, 2007), p. 8.
15. John Cunliffe and Guido Erreygers (eds.), *The Origins of Universal Grants: An Anthology of Historical Writings on Basic Capital and Basic Income* (London: Palgrave Macmillan, 2004); Samuel Brittan, *Capitalism with a Human Face* (Cheltenham: Edward Elgar, 1995); James Meade, *Agathotopia: The Economics of Partnership* (Aberdeen: Aberdeen University Press, 1989); André Gorz, *Farewell to the Working Class: An Essay on Post-Industrial Socialism* (Cambridge, Mass.: Southend Press, 1982) を参照されたい．
16. Milton Friedman, *Capitalism and Freedom: Fortieth Anniversary Edition* (Chicago: University of Chicago Press 2002).（村井章子訳『資本主義と自由』日経BP社，2008年）
17. Samuel Brittan, Review of Gay Standing, *Promoting Income Security as a Right: Europe and North America* (Anthen Press), *Citizens Income Newsletter*, no. 2 (2005).
18. Chandra Pasma, "Working through the Work Disincentive," *Basic Income Studies*, vol. 5, pt. 2 (2010), pp. 1-20. 資本授与とベーシック・インカムの長所・短所については，Stuart White, "Basic income versus basic capital: can we resolve the disagreement," *Policy and Politics*, vol. 39, pt. 1 (2011), pp. 67-81 を参照されたい．ベーシック・インカムに関する一般的な解説は，

52. Broadcasters' Audience Research Board, *Trends in Television Viewing*, http : //www. barb. co. uk/facts/tv-trends/download/2011-yy-TVTrends. pdf (2011/11/23 にアクセス) を参照されたい.
53. Sport England, *Trends in Sport Participation 1987-2002* (London : Sport England, 2002); Fidelis Ifedi, *Sport Participation in Canada* (Ottawa : Statistics Canada, 2005); Robert Putnam, *Bowling Alone : The Collapse and Revival of American Community* (London : Simon & Schuster, 2000), p. 113.
54. Dale Southerton *et al.*, *Trajectories of Time Spent Reading as a Primary Activity : A Comparison of the Netherlands, Norway, France, UK and USA since the 1970s*, CRESC Working Paper 39 (www. cresc. ac. uk/sites/default/files/wp39. pdf, 2012/1/12 にアクセス).
55. Randeep Ramesh, "Happiness index planned to influence government policy," *Guardian*, July 25, 2011 を参照されたい.

第7章

1. Adam Lent and Mathew Lockwood, *Creative Destruction : Placing Innovation at the Heart of Progressive Economics* (London : Institute for Public Policy Research, 2010).
2. Adair Turner, *Economics after the Crisis : Objectives and Means*, Lecture 3 : Economic Freedom and Public Policy : Economics as a Moral Discipline, Lionel Robbins Memorial Lecture (http : //www2. lse. ac. uk/publicEvents/pdf/20101013%20Adair%20Turner%20transcript. pdf, 2012/1/12 にアクセス).
3. Alasdair MacIntyre, *After Virtue : A Study in Moral Theory* (Notre Dame, Ind. : University of Notre Dame Press, 1981), pp. 1-3. (篠崎栄訳『美徳なき時代』みすず書房, 1993年)
4. 前掲書, p. 263.
5. Juliet Schor, *The Overworked American : The Unexpected Decline of Leisure* (New York : Basic Books, 1991), p. 121 の引用による.
6. Pope Leo XIII, *Rerum Novarum* (1891), par. 3.
7. 前掲書, par. 21.
8. *New Statesman*, August 22, 2011 で取り上げられた David Marquand in を参照されたい. マルカンドは, EU創設者たちの功績は「ローマカトリッ

(2000), pp. 441-49.

43. Simon English, "The poisonous City work ethic that is in urgent need of reform," *Evening Standard*, July 5, 2011.

44. ヨーロッパの従業員持ち株制度の例については, http://www.efesonline.org/PRESS%20REVIEW/2011/October.htm（2011/11/20 にアクセス）を参照されたい.

45. Department for Environment, Food and Rural Affairs, *Agriculture in the United Kingdom*（London: HMSO, 2007）.

46. TNS Global が調査した 2009 年 11 月までの 3 カ月間のデータによると, 独立店の市場シェアは 2.2% にすぎない. 残りのシェアはいわゆるチェーン店（Tesco, Lidl, Netto など）が占めている. くわしくは http://www.tnsglobal.com/news/news-56F59E8A99C8428989E9BE66187D5792.aspx（2011/11/21 にアクセス）を参照されたい.

47. Pefer A. Hall, "Social capital in Britain," *British Journal of Politics*, vol. 29（1999, pp. 417-61）によると, パブの軒数は 1900 年に 10 万 2000 軒だったのが, 1978 年には 6 万 6000 軒, 2007 年には 5 万 7000 軒と激減している（2007 年のデータは Market and Business Development, *Pub Companies: 7th Report of Session 2008-09* [London: HMSO, 2008, p. 9] による）. その一方で, パブに行く人とパブで使う時間は, 1960〜1980 年代に増加している. これはおそらく, 同時期にパブが女性にも入りやすくなったからだろう. 2007 年以降のデータは発表されていない.

48. このテーマは, ジグムント・バウマンが著書『リキッド・ライフ』（長谷川啓介訳, 大月書店, 2008 年）などで雄弁に論じている.

49. OECD加盟国におけるパターンの変化については, Organization for Economic Cooperation and Development, *The Well-being of Nations: The Role of Human and Social Capital*（Paris: OECD, 2001）を参照されたい.

50. OECD Family Database www.oecd.org/els/social/family/database（2011/11/21 にアクセス）を参照されたい.

51. Patricia Morgan, *Marriage-Lite*（London: Civitas, 2000）を参照されたい. ただし, 結婚が関係をいっそう安定させるという結論は, 最近になって疑問視されている. というのも, 結婚するタイプの人たちは, 結婚してもしなくても安定した人間関係を築くと考えられるからだ. Claire Crawford *et al., Cohabitation, marriage, relationship stability and child outcomes: an update*（London: Institute for Fiscal Studies, 2011）を参照されたい.

26. Leo Strauss, "Kurt Riezler," in Strauss, *What is Political Philosophy?* (Chicago : University of Chicago Press, 1988), p. 234.
27. Karl Marx, "On James Mill," in *Karl Marx : Selected Writings*, ed. David McLellan, 2nd ed. (Oxford : Oxford University Press, 2000), p. 132.
28. この点に関する興味深い議論が以下にある．Sarah Broadie, "Taking Stock of Leisure," in *Aristotle and Beyond : Essays on Metaphysics and Ethics* (Cambridge : Cambridge University Press, 2007), p. 194.
29. Aristotle, *Politics*, p. 2122.
30. Alexandre Kojève, *Introduction to the Reading of Hegel* (New York : Basic Books, 1969), p. 162.
31. Pieper, *Leisure*, pp. 47–48.
32. Sen, *The Idea of Justice*, pp. 239–41 を参照されたい．
33. Aristotle, *Nicomachean Ethics*, p. 98,
34. Adair Turner, *Economics after the Crisis : Objectives and Means*, Lecture 1 : "Economic Growth, Human Welfare and Inequality" (http : //www2. lse. ac. uk/publicEvents/pdf/20101011%20Adair%20Turner%20 transcript. pdf, 2012/1/12 にアクセス), p. 35.
35. Zygmunt Bauman, *Liquid Life* (Cambridge : Polity, 2005), p. 88.（長谷川啓介訳『リキッド・ライフ』大月書店，2008 年）
36. この主張の説得力のある擁護論は，Anthony and Charles Kenny, *Life, Liberty and the Pursuit of Utility* (Exeter : Imprint Academic, 2006), pp. 65–93 を参照されたい．
37. James Lovelock, *The Revenge of Gaia* (London : Penguin, 2006), p. 126.
38. Francesco Branca *et al.*, *The Challenge of Obesity in the WHO European Region and the Strategies for Response* (Copenhagen : World Health Organization, 2007).
39. Michael Moore *et al.*, "Explaining the rise in antidepressant prescribing : a descriptive study using the general practice research database", *British Medical Journal* (2009), bmj. com.
40. Francis Green, *Praxis : Job Quality in Britain* (London : UK Commission for Employment and Skills, 2009).
41. Stephen Nickell *et al.*, "A picture of job insecurity facing British men," *The Economic Journal*, no. 112 (2002), pp. 1–27.
42. Mark Beatson, "Job 'Quality' and Job Security", *Labour Market Trends*

石書店，2011 年）を参照されたい．

9. Nussbaum, *Women and Human Development*, p. 87.
10. 前掲書，p. 79. ヌスバウムは脚注で，このリストは性による差別の排除を除き，インド憲法第 15 条に基づくと述べている（インド憲法では性差別の禁止は保証されていない）．しかしこのこと自体，普遍性を欠く証拠と言えよう．というのもインド憲法は，英米憲法をモデルとして作成されたからである．いずれにせよ，「主要な人間の能力」を検討するときに法律文書を持ち出すことには疑問を感じざるを得ない．
11. John Finnis, *Natural Law and Natural Rights* (Oxford : Oxford University Press, 2011), pp. 87–90.
12. Georges Canguilhem, *The Normal and the Pathological* (New York : Zone Books, 1991), p. 91 の引用による．
13. Aristotle, *Politics*, The Complete Works of Aristotle, ed. Johathan Barnes, vol. 2 (Princeton : Princeton University Press, 1984), p. 2101.
14. Joseph Pieper, *Leisure : The Basis of Culture*, tr. Alexander Dru (San Francisco : Ignatius, 1963), p. 105.
15. Primo Levi, *If This is a Man* (London : Abacus, 1987), p. 111.（竹山博英訳『アウシュヴィッツは終わらない』）
16. 不平等が尊敬を損なうことについては，Richard Sennett, *Respect in a World of Inequality* (London : Allen Lane, 2002) にくわしい．
17. Robert Skidelsky, *John Maynard Keynes : The Economist as Saviour 1920–1937* (London : Macmillan, 1992) の引用による．
18. Pope Leo XIII, *Rerum Novarum* (1891), par. 46.
19. Nussbaum, *Women and Human Development*, p. 157.
20. Aristotle, *Nicomachean Ethics*, tr. Christopher Rowe and Sarah Broadie (Oxford : Oxford University Press, 2002), p. 208.
21. Aristotle, *Politics*, p. 2003.
22. 前掲書，p. 2032.
23. Confucius, *The Analects*, tr. Arthur Waley (Ware : Wordsworth, 1996), p. 3.
24. 前掲書，p. 3.
25. http : //moneywatch. bnet. com/career-advice/blog/other-8-hours/addition-by-subtraction-dont-let-bad-friends-drag-you-down/2080/（2011/09/09 にアクセス）を参照されたい．

David E. Cooper, *A Philosophy of Gardens* (Oxford: Oxford University Press, 2006) を参照されたい.

37. Lovelock, *The Revenge of Gaia*, pp. 169–70.
38. J. Baird Callicott, "Animal Liberation: A Triangular Affair," in Robert Elliot (ed.), *Environmental Ethics* (Oxford: Oxford University Press, 1995), p. 50.
39. Passmore, *Man's Responsibility for Nature*, p. 105 の引用による.

第6章

1. Milton Friedman, "The Methodology of Positive Economics," in Friedman, *Essays in Positive Economics* (Chicago: University of Chicago Press, 1953), p. 5.（佐藤隆三・長谷川啓之訳『実証的経済学の方法と展開』富士書房, 1977年）
2. こうした習慣が普遍的であることの例証については，以下を参照されたい. Alexander MacBeath, *Experiments in Living* (London: Macmillan, 1952) および Morris Ginsberg, *On the Diversity of Morals* (London: Heinemann, 1956).
3. Martha Nussbaum, *Women and Human Development: The Capabilities Approach* (Cambridge: Cambridge University Press, 2000), p. 73（池本幸生・田口さつき訳『女性と人間開発』岩波書店, 2005年）を参照されたい. そこには,「他の文化の悲劇的な物語に反応することによって，文化的境界を超えた人間の価値や作用があることを私たちは身をもって示している」とある.
4. Ernst Cassirer, *The Logic of the Cultural Sciences*, tr. S. G. Lofts (New Haven: Yale University Press, 2000), p. 76.（中村正雄訳『人文科学の論理』創文社, 1975年）
5. John Rawls, *A Theory of Justice* (Oxford: Clarendon Press, 1971), p. 433.（川本隆史・福間聡・神島裕子訳『正義論』紀伊國屋書店, 2010年ほか）
6. Nussbaum, *Women and Human Development*, pp. 78–80.
7. 前掲書, p. 69.
8. 前掲書, p. 87. アマルティア・センは，能力の発揮についてもうすこしゆるやかな態度をとっており,「もしも望むのであれば，達成された機能の評価にのみ依存する可能性」を認めている. Amartya Sen, *The Idea of Justice* (London: Penguin, 2010), p. 236（池本幸生訳『正義のアイデア』明

Basic Writings (London : Routledge, 1993), p. 321.

22. Passmore, *Man's Responsibility for Nature*, pp. 60-61 の引用による.
23. J. E. Lovelock, *Gaia : A New Look at Life on Earth* (Oxford : Oxford University Press, 1979), p. 10. (星川淳訳『地球生命圏』工作舎, 1984 年)
24. 前掲書, pp. ix-x.
25. James Lovelock, *The Ages of Gaia* (London : Penguin, 1988), p. 206. (星川淳訳『ガイアの時代』工作舎, 1989 年)
26. Lovelock, *The Revenge of Gaia*, p. 188.
27. Passmore, *Man's Responsibility for Nature*, pp. 23-24 の引用による.
28. Mary Midgley, "Duties Concerning Islands," in Robert Elliot (ed.), *Environmental Ethics* (Oxford : Oxford University Press, 1995), pp. 89-103.
29. アルネ・ネスによれば, ディープ・エコロジー派の第一原則は,「地球上における人間および人間以外の種の繁栄には本質的な価値が内在する. 人間以外の生命体の価値は, 彼らの世界が人間に役立つかどうかとは無関係に存在する」というものである. Arne Naess, "The Basics of the Deep Ecology Movement," in Alan Drengson and Bill Devall (eds.), *The Ecology of Wisdom : Writings by Arne Naess* (Berkeley : Counterpoint, 2008), p. 111.
30. Arne Naess, "The Shallow and the Deep, Long-Range Ecological Movement. A Summary," in Andrew Dobson (ed.), *The Green Reader* (London : Deutsch, 1991), p. 243.
31. 「種偏見」という言葉は, Peter Singer, *Animal Liberation* (Avon, 1977) (戸田清訳『動物の解放』人文書院, 2011 年) によって広く知られるようになった.
32. Aldo Leopold, "A Sand County Almanac," in Dobson (ed.), pp. 240-41.
33. この主張の説得力のある議論は, Michael Thompson, *Life and Action* (Cambridge, Mass. : Harvard University Press (2008) を参照されたい.
34. Bernard Williams, *Ethics and the Limits of Philosophy* (London : Routledge, 2006), p. 118.
35. Oswald Spengler, *The Decline of the West*, tr. Charles Francis Atkinson, vol. 1 (London : George Allen, 1932), p. 168. (村松正俊訳『西洋の没落』五月書房, 2001 年, 2007 年)
36. 庭および園芸がよい暮らしにとっていかに重要かを論じた興味深い議論は,

(Cambridge : Cambridge University Press, 2001), Working Panel 1, Technical Summary, p. 79.

9. K. R. Popper, *The Poverty of Historicism* (London : Routledge, 1961), p. v–vi.（岩坂彰訳『歴史主義の貧困』日経 BP 社，2013 年ほか）

10. Intergovernmental Panel on Climate Change, *Third Assessment Report* (Cambridge : Cambridge University Press, 2001), Working Panel 2, ch. 3, p. 154.

11. Mike Hulme, "Chaotic world of climate truth," 2006, BBC News website, 2006, news. bbc. co. uk/1/hi/6115644. stm（2011/11/9 にアクセス）の引用による．

12. 前掲書．また，Ellen Raphael and Paul Hardaker, *Making Sense of the Weather and Climate* (London : Sense about Science, 2007), p. 3 も参照されたい．そこには，「もはや引き返せない点であるとか臨界点といった概念は，気候について考えるときに誤解を招くうえ，不必要に人心を惑わす」と書かれている．

13. James Lovelock, *The Revenge of Gaia* (London : Penguin, 2006), p. 189.（秋元勇巳，竹村健一訳『ガイアの復讐』中央公論社，2008 年）

14. Sir Partha Dasgupta, *Comments on the Stern Review's Economics of Climate Change* (www. econ. com. ac. uk/faculty/dasgupta/STERN. pdf, 2012/1/12 にアクセス), p. 5. Sir Partha は現代で最も影響力のある気候経済学者 William Nordhaus の見解を要約しているが，必ずしも支持しているわけではない．

15. Nicholas Stern, *Stern Review on the Economics of Climate Change* (London : UK Treasury, 2006), p. xii.

16. Jackson, *Prosperity without Growth.*

17. Nigel Lawson, *An Appeal to Reason : A Cool Look at Global Warming* (London : Duckworth, 2009), p. 87.

18. George Monbiot, *Heat : How We can Stop the Planet Burning* (London : Penguin, 2007), p. 215.

19. John Passmore, *Man's Responsibility for Nature : Ecological Problems and Western Traditions* (London : Duckworth, 1974), p. 21（間瀬啓允訳『自然に対する人間の責任』岩波現代選書，1998 年）の引用による．

20. Ludwig Klages, *Mensch und Erde* (Jena : Eugen Diederichs, 1929), p. 25.

21. Martin Heidegger, "The Question Concerning Technology," in Heidegger,

p. 85.（高橋久一郎・河田健太郎・立花幸司・壁谷彰慶訳『人間にとって善とは何か——徳倫理学入門』筑摩書房，2014 年）

35．前掲書，p. 88.

36．Samuel Brittan, "Commentary : A Deceptive Eureka Moment," in Johns and Ormerod, *Happiness, Economics, and Public Policy*, p. 93.

37．Layard, *Happiness*, p. 23.

38．Metropolitan Anthony of Sourozh, *God and Man* (London : Darton, Longman and Todd, 1983), p. 16.

39．Friedrich Nietzsche, "Maxims and Arrows," in *Twilight of the Idols* (1888), no. 12.

40．Yew-Kwang Ng, "A Case for Happiness, Cardinalism, and Interpersonal Comparability," *Economic Journal*, vol. 107, no. 445 (1997), p. 1849.

41．Layard, *Happiness*, p. 221.

第５章

1．Thomas Malthus, *An Essay on the Principle of Population*, Electronic Scholarly Publishing Project (http: //www. esp. org/books/malthus/population/malthus. pdf, 2012/1/12 にアクセス), p. 44.（斉藤悦則訳『人口論』光文社古典新訳文庫，2011 年ほか）

2．Donella H. Meadows *et. al.*, *The Limits to Growth* (London : Pan, 1974), pp. 45-87.（大来佐武郎訳『成長の限界』ダイヤモンド社，1972 年）

3．資源の稀少性を巡るマルサスの懸念への反論については，Bjørn Lomborg, *The Sceptical Environmentalist : Measuring the Real State of the World* (Cambridge : Cambridge University Press, 2001), pp. 118-48 を参照されたい．

4．Paul Ehrlich, *The Population Bomb* (New York : Ballantine Books, 1968).（宮川毅訳『人口爆弾』河出書房新社，1974 年）

5．George Monbiot, "Bring on the Recession," *Guardian*, 9 October 2007.

6．Tim Jackson, *Prosperity without Growth : Economics for a Finite Planet* (London : Earthscan, 2009).（田沢恭子訳『成長なき繁栄』一灯舎，2012 年）

7．House of Lords Select Committee on Economic Affairs, *The Economics of Climate Change* (London : HMSO, 2005), p. 58.

8．Intergovernmental Panel on Climate Change, *Third Assessment Report*

ニューヨーカーはあらゆる点を考慮すれば最も不幸ではなく，生活条件に比して不幸だと言えるだけかもしれない．

19．前掲書，p. 578.

20．Johns and Ormerod, *Happiness, Economics, and Public Policy*, p. 81 を参照されたい．

21．Julia A. Eriksen and Sally A. Steffen, *Kiss and Tell : Surveying Sex in the Twentieth Century* (Cambridge, Mass. : Harvard University Press, 1999), p. 34.

22．Layard, *Happiness*, pp. 62–65 を参照されたい．

23．Derek Bok, *The Politics of Happiness : What Government can Learn from the New Research on Well-Being* (Princeton : Princeton University Press, 2010), p. 36.

24．Juliet Michaelson *et al.*, *National Accounts of Well-Being : Bringing Real Wealth onto the Balance Sheet* (London : New Economic Foundation, 2009) を参照されたい．

25．Henry Sidgwick, *The Method of Ethics* (Indianapolis : Hackett, 1981), pp. 120–21.

26．Daniel Kahneman and Alan B. Krueger, “Developments in the Measurement of Subjective Well-Being,” *The Journal of Economic Perspectives*, vol. 20, pt. 1 (2006), pp. 3–24.

27．Julia Annas, “Happiness as Achievement,” *Dæedalus*, vol. 33, pt. 2 (2006) を参照されたい．

28．*Daily Telegraph*, October 18, 2011.

29．Fred Feldman, *What is This Thing Called Happiness?* (Oxford : Oxford University Press, 2010), p. 176.

30．Yew-Kwang Ng, “Happiness Surveys : Some Comparability Issues and an Exploratory Survey Based on Just Perceivable Increments,” *Social Indicators Research*, vol. 38, pt. 1, pp. 1–27.

31．Layard, *Happiness*, p. 13.

32．Aristotle, *Nicomachean Ethics*, p. 247.

33．Ludwig Wittgenstein, *Tractatus Logico-Philosophicus* (London : Routledge and Kegan Paul, 1922), 6. 43.（中平浩司訳『論理哲学論考』ちくま学芸文庫，2005 年ほか）

34．Philippa Foot, Natural Goodness (Oxford : Oxford University Press, 2001),

Mathematics to the Moral Sciences (1881), pp. 101–02.

8. S. Solnick and D. Hemenway, "Is more always better? A survey on positional concerns," *Journal of Economics Behaviour and Organization*, vol. 37 (1998), pp. 373–83.
9. 所得が年間 1 万 5000 ドルを超えても幸福は増え続けるかどうかが議論されている．より最近の調査では，増え続けるとの結果が出た．くわしくは，以下を参照されたい．Angus Deaton, "Income, Health and Well-Being around the World : Evidence from the Gallup World Poll," *Journal of Economic Perspectives*, vol. 22, pt. 2 (2008), pp. 53–72.
10. Richard Layard, *Happiness : Lessons from a New Science* (London : Penguin, 2005), p. 45 を参照されたい．
11. Robert H. Frank, *Luxury Fever : Money and Happiness in an Era of Excess* (Princeton : Princeton University Press, 2000), pp. 207–26 を参照されたい．
12. Will Wilkinson, "In Pursuit of Happiness Research : is it Reliable? What does it Imply for Policy?" *Policy Analysis*, no. 590 (2007).
13. 最後二節の議論は，以下に拠った．Helen Johns and Paul Ormerod, *Happiness, Economics and Public Policy* (London : Institute of Economic Affairs, 2007), pp. 28–34.
14. Richard Layard ならびに Diener と Suh は，Shao 1993 を根拠に，香港の学生は中国人・英国人いずれも幸福度は同水準だという．脚注から，Shao 1993 はイリノイ大学の修士論文で未発表であることがわかる．いずれにせよ，回答者は "happy" の意味を xingfu その他の中国語との比較で理解しており，調査結果に意味はない．この種の調査すべてに同じ問題点がある．Layard, *Happiness*, p. 34 および Ed Diener and Eunkook Mark Suh, "National Differences in Subjective Well-Being," in Daniel Kahneman *et. al.*, *Well-Being : the Foundations of Hedonic Psychology* (New York : Russell Sage, 1999), p. 437 を参照されたい．
15. Anna Wierzbicka, '"Happiness," in Cross-Linguistic & Cross-Cultural Perspective", *Dædalus*, vol. 133, pt. 2 (2004), p. 36.
16. くわしくは Layard, *Happiness*, pp. 17–20 を参照されたい．
17. Diener and Suh, "National Differences in Subjective Well-Being," p. 437.
18. Andrew J. Oswald and Stephen Wu, "Objective Confirmation of Subjective Measures of Human Well-Being : Evidence from the U.S.A.," *Science*, no. 327 (2010), pp. 576–79. 幸福度に関するデータは所得と年齢調整済みなので，

27. 必要と欲望の区別に関する古典および近代的な議論については，以下を参照されたい．David Wiggins, "Claims of Need," in Wiggins, *Needs, Values, Truth : Essays in the Philosophy of Value* (Oxford : Oxford University Press, 1998), pp. 1-49.
28. Aristotle, *Politics*, p. 1989.
29. Carl Menger, *Principles of Economics*, tr. James Dingwall and Bert F. Hoselitz (Glencoe, Ill. : Free Press, 1950), pp. 120-21.（八木紀一郎訳『一般理論経済学』みすず書房，2000 年）
30. 前掲書，p. 229.
31. Virgil, *Aeneid*, Bk. 3, line 56（杉本正俊訳『アエネーイス』新評論，2013 年）; John Maynard Keynes, *Essays in Persuasion*, The Collected Writings of John Maynard Keynes, vol. 9 (Cambridge : Cambridge University Press, 1978), p. 369.
32. Robert H. Frank, *Luxury Fever : Money and Happiness in an Era of Excess* (Princeton : Princeton University Press, 2000), p. 66.
33. Friedrich Nietzsche, "Thus Spoke Zarathustra" in Walter Kaufmann (ed.), *The Portable Nietzsche* (Harmondsworth : Penguin, 1959), p. 129.（吉沢伝三郎訳「ツァラトゥストラ」『ニーチェ全集 9』ちくま学芸文庫，1993 年ほか）

第 4 章

1. Jean-Jacques Rousseau, *The Discourses and Other Political Writings*, ed. Victor Gourevitch (Cambridge : Cambridge University Press, 1997), p. 26.
2. Herodotus, *The Histories*, tr. Robin Waterfield (Oxford : Oxford University Press, 1998), p. 14.（松平千秋訳『歴史』岩波文庫，1971，1972 年）
3. Aristotle, *Nicomachean Ethics*, tr. Christopher Rowe and Sarah Broadie (Oxford : Oxford University Press, 2002), p. 206.
4. John Locke, *An Essay Concerning Human Understanding*, vol. 1 (Oxford : Clarendon, 1894), p. 351.
5. G. E. Moore, *Principia Ethica* (Cambridge : Cambridge University Press, 1903), pp. 77-78 の引用による．
6. W. Stanley Jevons, *The Theory of Political Economy* (London : Macmillan, 1911), p. 37.
7. F. Y. Edgeworth, *Mathematical Psychics : an Essay on the Application of*

1999), pp. 35, 31.

15. より深い分析については Max Weber, *The Religion of India : The Sociology of Hinduism and Buddhism*, tr. Hans H. Gerth and Don Martindale (Glencoe, Ill. : Free Press, 1958), pp. 84-85 を参照されたい.
16. Olivelle, *Dharmasutras*, p. 326.
17. Robert Ernest Hume, tr., *The Thirteen Principle Upanishads* (Oxford : Oxford University Press, 1921), p. 141.
18. Chakravarthi Ram-Prasad, *Eastern Philosophy* (London : Weidenfeld and Nicolson, 2005), p. 212 を参照されたい. そこには,「中国の哲学においては, 仏教が支配的だった短い期間, 論理がいくらか脇に押しやられており, ごくわずかな役割しか果たしていないことは否定できない」と書かれている.
19. Confucius, *The Analects*, tr. Arthur Waley (Ware : Wordsworth, 1996). (加地伸行訳『論語』講談社学術文庫, 2009 年ほか)
20. Li Bai, "On a Banquet with my Cousins on a Spring Night in the Peach Flower Garden," in Burton Watson, tr., *Chinese Lyricism : Shih Poetry from the Second to the Twelfth Century* (New York : Columbia University Press, 1971).
21. Lin Yutang, *The Importance of Living* (New York : Harper, 1998), pp. 132-36 の引用による.
22. Burton Watson, *Records of the Grand Historian of China*, vol. 2, tr. from the *Shih chi* of Ssu-ma Ch'ien (New York : Columbia University Press, 1961), pp. 491-92.
23. この点をマイケル・サンデルは著書 *Justice : What's the Right Thing to Do?* (London : Allen Lane, 2009), pp. 244-69 (鬼澤忍訳『これからの「正義」の話をしよう』早川書房, 2010 年) で強調している.
24. たとえば Tariq Modood はイギリスの宗教指導層を擁護してきたが, それを他の宗教集団にも拡げると述べた. Tariq Modood, *Multicultural Politics : Racism, Ethnicity, Muslims in Britain* (Minneapolis : University of Minnesota Press, 2005), pp. 146-50 を参照されたい.
25. John Kenneth Galbraith, *The Affluent Society* (London : Hamish Hamilton, 1958), p. 115. (鈴木哲太郎訳『ゆたかな社会』岩波現代文庫, 2006 年)
26. John Locke, *An Essay Concerning Human Understanding*, vol. 1 (Oxford : Clarendon, 1894), p. 351. (大槻春彦訳『人間知性論』岩波文庫, 1972-1977 年)

第3章

1. Joseph Schumpeter, *History of Economic Analysis* (New York : Oxford University Press, 1954), p. 57. (中山伊知郎・東畑精一訳『経済学史』岩波文庫, 1980年)
2. Aristotle, *Nicomachean Ethics*, tr. Christopher Rowe and Sarah Broadie (Oxford : Oxford University Press, 2002), p. 251. (高田三郎訳『ニコマコス倫理学』岩波文庫, 1971, 1973年ほか). アリストテレスのもう一冊の倫理学書である *Eudemian Ethics* では, 行動的な生活と哲学的な生活についてより中立的な見方をしている.
3. Aristotle, *Politics*, The Complete Works of Aristotle, ed. Jonathan Barnes, vol. 2 (Princeton : Princeton University Press, 1984), p. 1989. (北嶋美雪・松居正俊・尼ヶ崎徳一訳『政治学』中公クラシックス, 2009年)
4. Georg Simmel, *The Philosophy of Money*, tr. Tom Bottomore and David Frisby (Boston, Mass. : Routledge, 1978), p. 255. (合田正人, 三浦直希訳『貨幣の哲学』法政大学出版局, 2014年)
5. Skidelsky, *John Maynard Keynes : The Economist as Saviour 1920–1937* (London : Macmillan, 1992), p. 476 の引用による.
6. Aristotle, *Politics*, p. 1997.
7. 前掲書, p. 1996.
8. Aristophanes, "Wealth," in *The Knights/Peace/The Birds/The Assemblywomen/Wealth*, tr. Alan H. Sommerstein (London : Penguin, 1978), pp. 277–78.
9. Horace, *Satire* I, 39–40, in *Satires, Epistles and Ars Poetica*, tr. H. Rushton Fairclough (London : Heinemann, 1961), p. 7.
10. Peter Brown, *Poverty and Leadership in the Later Roman Empire* (Hanover, NH. : Brandeis University Press, 2002) を参照されたい.
11. Thomas Aquinas, *Summa Theologiae*, tr. T. C. O'Brien, vol. 41 (London : Blackfriars, 1972), p. 243. (高田三郎ほか訳『神学大全』創文社)
12. Anne Derbes and Mark Sandona, "Barren Metal and the Fruitful Womb : the Program of Giotto's Arena Chapel in Padua," *Art Bulletin*, vol. 80 (1998), p. 227 の引用による.
13. Max Weber, *The Protestant Ethic and the Spirit of Capitalism*, tr. Talcott Parsons (London : Routledge, 1992), p. 73. (大塚久雄訳『プロテスタンティズムの倫理と資本主義の精神』岩波文庫, 1989年ほか)
14. Patrick Olivelle, tr., *Dharmasutras* (Oxford : Oxford University Press,

Jonathan Cape, 2005), p. 457.（土屋京子訳『マオ　誰も知らなかった毛沢東』講談社，2005 年）

43. たとえば，John Strachey, *Contemporary Capitalism*（London: Gollancz, 1956)（関嘉彦・三宅正也訳『現代の資本主義』東洋経済新報社，1958 年）; Anthony Crosland, *The Future of Socialism*（London: Jonathan Cape, 1956)（日本文化連合会訳『社会主義の将来』日本文化連合会，1959 年）を参照されたい.
44. Charles Reich, *The Greening of America*（New York: Random House, 1970), p. 259（邦高忠二訳『緑色革命』ハヤカワ文庫，1983 年）; R. N. Berki "Marcuse and the Crisis of the New Radicalism: From Politics to Religion?" *Journal of Politics*, vol. 34, pt. 1（1972), p. 151 からの引用.
45. Theodore Roszak, *The Making of a Counter-Culture: Reflections on the Technocratic Society and Its Youthful Opposition*（Berkeley: University of California Press, 1969), pp. 17-18.
46. 資本主義の「黄金時代」については，Robert Skidelsky, *Keynes: The Return of the Master*, 2nd ed.（London: Penguin, 2010), ch. 5（山岡洋一訳『なにがケインズを復活させたのか？』日本経済新聞出版社，2010 年）を参照されたい.
47. *The Making of a Counter-Culture* の序文．このテーマを彼は後に *Where the Wasteland Ends* で発展させた．ガルブレイスは「テクノストラクチャー」という言葉を *The New Industrial State*（斎藤精一郎訳『新しい産業国家』講談社文庫，1984 年ほか）で使っている.
48. Reich, *The Greening of America*, pp. 381-82.
49. Alain Martineau, *Herbert Marcuse's Utopia*（Montreal: Harvest House, 1984), p. 7 の引用による.
50. 前掲書，p. 20 の引用による.
51. Herbert Marcuse, *One-Dimensional Man: Studies in the Ideology of Advanced Industrial Society*, ed. Douglas Kellner（Boston: Beacon Press, 1991), pp. xlii, xxx.（生松敬三・三沢謙一訳『一次元的人間』河出書房新社，1980 年）
52. 前掲書，p. 246.
53. Herbert Marcuse, *Eros and Civilization*（New York: Random House, 1961), p. 48.（南博訳『エロス的文明』紀伊國屋書店，1958 年）
54. 前掲書，p. 260.

23．前掲書，pp. 196-97.

24．Johann Peter Eckermann, *Conversations of Goethe* (New York : M. Walter Dunne, 1901), p. 85.

25．Karl Jaspers, *Unsere Zukunft und Goethe* (Bremen : Storm, 1948), p. 18.

26．John Gray, *Black Mass : Apocalyptic Religion and the Death of Utopia* (London : Allen Lane, 2007) を参照されたい.

27．Lezek Kolakowski, *Main Currents of Marxism* : Vol. 1 : *The Founders* (Oxford : Clarendon Press, 1978), p. 285 の引用による.

28．前掲書，p. 285.

29．Eric Hobsbawm, *How to Change the World : Tales of Marx and Marxism* (Boston : Little, Brown, 2011), p. 147 を参照されたい．そこには「(奴隷社会の) 崩壊のメカニズムはどこにも説明されていない」とある.

30．Karl Marx and Friedrich Engels, *The Communist Manifesto*, Project Gutenberg (http ://gutenberg.org/ebooks/61, 2012/1/12 にアクセス), p. 9. (的場昭弘訳『共産党宣言』作品社，2010 年ほか)

31．前掲書，p. 9.

32．前掲書，p. 8.

33．前掲書，p. 13.

34．前掲書，p. 9.

35．Karl Marx, "Capital : vol. 1," in Marx : *Collected Writings* (London : Lawrence and Wishart, 1974), pp. 714-15. (岡崎次郎訳『資本論』大月書店，2000 年ほか)

36．Marx and Engels, *The Communist Manifesto*, p. 10.

37．Meghnad Desai, *Marx's Revenge : The Resurgence of Capitalism and the Death of Statist Socialism* (London : Verso, 2004), p. 95 の引用による.

38．前掲書，p. 79.

39．前掲書，p. 44 の引用による.

40．Karl Marx, "The German Ideology," in Karl Marx : Selected Writings, ed. David McLellan (Oxford : Oxford University Press, 1977 ; first pub. 1846), p. 169.

41．Leon Trotsky, *Literature and Revolution*, ed. William Keach (New York ; International Publishers, 2005), p. 207. (桑野隆訳『文学と革命』岩波文庫，1993 年ほか)

42．Jung Chang and John Holliday, *Mao : The Unknown Story* (London :

（泉谷治訳『蜂の寓話』法政大学出版局，1985 年ほか）

11．前掲書の編者序を参照されたい．また，N. T. Phillipson, *Adam Smith : An Enlightened Life* (London : Allen Lane, 2010), p. 48 も参照されたい．

12．Mandeville, *The Fable of the Bees*, p. 25.

13．David Hume, "Of Refinement in the Arts," in *Essays Moral Political and Literary* (London : Grant Richards, 1903), p. 287.

14．「利益」と「商業のおだやかさ」の歴史については，Albert O. Hirschman, *The Passions and the Interests : Political Arguments for Capitalism before its Triumph* (Princeton : Princeton University Press, 1997), pp. 31-66 を参照されたい．「自己利益」の起源はアウグスティヌスの opprobrium に見出すことができる．しかしこの概念は，ルソー，アダム・スミスによって，自己の幸福に対する自然な顧慮という中立的な意味に変えられた．くわしくは，Pierre Force, *Self-Interest before Adam Smith* (Cambridge : Cambridge University Press, 2003), pp. 57-67 を参照されたい．

15．Alexander Pope, *Essay on Man*, ed. Henry Morley, Project Gutenberg (http : //www. gutenberg. org/ebooks/2428, 2012/1/12 にアクセス)．（上田勤訳『人間論』岩波文庫，1950 年ほか）

16．Edmund Burke, *Reflections on the Revolution in France* (1790)．（半沢孝麿訳『フランス革命の省察』みすず書房，1997 年ほか）

17．Adam Smith, *The Theory of Moral Sentiments* (Oxford : Oxford University Press, 1979 ; first pub. 1759), pp. 308-13.（村井章子・北川知子訳『道徳感情論』日経 BP 社，2014 年ほか）

18．前掲書，pp. 184-85.

19．Adam Smith, *The Wealth of Nations*, p. 461.

20．John Stuart Mill, *Principles of Political Economy* (1886) (London : Longmans, Green); "Of the Stationary State," book iv, ch. vi, p. 748（末永茂喜訳『経済学原理　1～5』岩波文庫，1959～63 年ほか）；ミルの「モラリズム」に対する批判は Michael Montgomery, "John Stuart Mill and the Utopian Tradition," in Jurgen Georg Backhaus (ed.), *The State as Utopia : Continental Approaches* (Berlin : Springer, 2011), pp. 19-34 を参照されたい．

21．Theodor Ziolkowksi, *The Sin of Knowledge : Ancient Themes and Modern Variations* (Princeton : Princeton University Press, 2000), p. 68.

22．Goethe, *Faust*, tr. Barker Fairley (Toronto : University of Toronto Press, 1970), pp. 25-26.（池内紀訳『ファウスト』集英社文庫，2012 年ほか）

Quarterly Journal of Economics, vol. 64, pt. 2 (1950), pp. 183–207 を参照されたい.

33. Craufurd D. Goodwin (ed.), *Art and the Market : Roger Fry on Commerce and Art* (Ann Arbor : University of Michigan Press, 1998).
34. Schor, *The Overworked American*, p. 120.
35. Alexis de Tocqueville, *Democracy in America* (1835, 1840), ch. 28.（井伊玄太郎訳『アメリカの民主政治』講談社学術文庫, 1987 年ほか）
36. Richard B. Freeman, "Why do we Work More than Keynes Expected?" in Pecchi and Piga (eds.), *Revisiting Keynes*, pp. 133–42.
37. Smith, *The Wealth of Nations*, Book 2, ch. 3.
38. Karl Marx, "Grundrisse," in *Karl Marx, Selected writings*, ed. David McLellan, 2nd ed. (Oxford : Oxford University Press, 2000), p. 414 (tr. altered).（高木幸二郎訳『経済学批判要綱』大月書店, 1962 年ほか）

第 2 章

1. John Maynard Keynes, *Essays in Persuasion*, The Collected Writings of John Maynard Keynes, vol. 9 (Cambridge : Cambridge University Press, 1978), p. 372.
2. Krishan Kumar, *Utopia and Anti-Utopia in Modern Times* (Oxford : Wiley-Blackwell), pp. 3–9.
3. Thomas More, *Utopia*, ed. Ralph Robinson (1869), editor's introduction.（平井正穂訳『ユートピア』岩波文庫, 1957 年ほか）
4. Kumar, *Utopia and Anti-Utopia*, p. 35.
5. More, *Utopia*, pp. 13, 84.
6. Niccolo Machiavelli, *The Florentine History* (Charleston, SC. : Forgotten Books, 2010), vol. 2, p. 1.（齋藤寛海訳『フィレンツェ史』岩波文庫, 2012 年ほか）
7. Pope Leo XIII, *Rerum Novarum* (1891), par. 59.
8. Karl Löwith, *Meaning in History : The Theological Implications of the Philosophy of History* (Chicago : University of Chicago Press, 1957), p. 149.
9. William Blake, *The Marriage of Heaven and Hell* (1790), p. 3.（土居光知訳「天国と地獄の結婚」『ブレイク詩集』平凡社ライブラリー, 1995 年ほか）
10. Bernard Mandeville, *The Fable of the Bees : or Private Vices, Publick Benefits*, ed. Phillip Harth (Harmondsworth : Penguin, 1989), pp. 49, 51.

Recession (London : Institute for Policy Studies, 2010).

21. UK Office of National Statistics, US Bureau of Labor Statistics.
22. *Guardian*, August 15, 2011.
23. Juliet Schor, *The Overworked American : The Unexpected Decline of Leisure* (New York : Basic Books, 1991), p. 66.（森岡孝二・青木圭介訳『働きすぎのアメリカ人』窓社，1993年）
24. Juliet Schor, "Towards a New Politics of Consumption," in Schor and Holt, (eds.), *The Consumer Society Reader* (New York : New Press, 2000), p. 459. ショアは，人々により持続的なライフスタイルを発見してほしいと政策当局が望むなら，現在の所得・消費水準の引き下げを消費者に要求するのは愚策である.「所得が増えることを前提としたアプローチのほうが有望だ」. 同様の趣旨のローマ教皇の回勅も参照されたい. たとえば，Pope Paul VI (1971), *Octogesima Adveniens* (1971 ; http://www.vatican.va/holy_father/paul_vi/apost_letters/documents/hfp_ vi apl 19710514_octogesima-adveniens_en.html, 2012/1/12にアクセス）が挙げられる. そこには「人口の大半が基本的なニーズを満たすこともできないのに，必要以上のニーズが人為的に創出されている」とある.
25. Andre Gorz, *Ecologica* (Chicago : University of Chicago Press, 2010), p. 4.
26. *The Week*, July 16, 2001. 同誌は「すべてもう持っている人たちに」と題するコラムを連載している.
27. Roy Harrod, "The Possibility of Economic Satiety-Use of Economic Growth for Improving the Quality of Education and Leisure," in *Problems of US Economic Development* (Washington : Committee for Economic Development, 1958), pp. 207-13.
28. Fred Hirsch, *Social Limits to Growth*, (London : Routledge, 1977), pp. 16-23.（都留重人訳『成長の社会的限界』日本経済新聞社，1980年）
29. Gary Becker, "A Theory of the Allocation of Time", *Economic Journal*, vol. 75, no. 299 (1965), pp. 493-517.
30. Staffan Linder, *The Harried Leisure Class* (New York : Columbia University Press, 1970), p. 79.（江夏健一・関西生産性本部訳『時間革命』好学社，1971年）
31. Keynes, *Essays in Persuasion*, p. 365.
32. これらの概念に関する先駆的な議論は，Harvey Leibenstein, "Bandwagon, Snob, and Veblen Effects in the Theory of Consumers Demand," *The*

Smith, *The Wealth of Nations* (Lawrence, Kan.: Digireads. com, 2009), Book 1, ch. 5; Jeremy Bentham, *A Table of the Springs of Action* (1817), p. 20.

14. ケインズに対するこの批判は，Pecchi and Piga (eds.) に収録された論文を通じて行われた．スティグリッツの論文（p. 46），フリーマンの論文（pp. 140–41），フィトゥシの論文（p. 157）を参照されたい．

15. Tom Rachman, *The Imperfectionists* (London: Querais Publishing, 2010).

16. Aditya Chakrabortty, "Why our jobs are getting worse", *Guardian*, August 31, 2010. また，Irina Grugulis *et al.*, "No Place to Hide: The Reality of Leadership in UK Supermarkets", SKOPE Research Paper 91, on the McDonald's-ization of work も参照されたい．デジタル・テイラー方式については，Brown, Philip *et al.* (2010), *The Global Auction: The Broken Promises of Education, Jobs and Incomes*, pp. 65–82 を，コールセンターについては Head, Simon (2003), *The New Ruthless Economy: Work and Power in the Digital Age*, pp. 100–16 を参照されたい．

17. St. Paul's Institute, *Value and Values: Perceptions of Ethics in the City Today* (London: St. Paul's Institute, 2011).

18. H. Bielenski, G. Bosch, and A. Wagner, *Employment and Working Time in Europe* (Dublin: European Foundation for the Improvement of Living and Working Conditions [EFILWC], 2002). 調査の質問は，正確には次のとおり．「あなた（およびあなたの配偶者）が生計を立てることを考慮したうえで労働時間を自由に選択できるとしたら，いま週に何時間働きたいですか？」この質問では，明示的ではないにせよ，所得とのトレードオフが示されている．

19. Jeremy Reynolds, "When Too Much is Not Enough: Actual and Preferred Work Hours in the United States and Abroad," *Sociological Forum*, vol. 19, no. 1 (2004), pp. 89–120. 以下の点に注意されたい．EFILWC の調査とは対照的に，この調査の参加者は，もっと働きたいか，減らしたいか，いまのままでよいかを質問されただけだった．賃金についての言及はなかった．レイノルズは，「回答者がもっと働きたいとか，働きたくないとか答えるときには，それが報酬にどう影響するかを考えているはずだ」と指摘する．だが，たとえ回答者が報酬のことを考えていないとしても，調査結果は働き過ぎの負の作用を感じていることを示している．

20. Sarah Andersen *et al.*, *Executive Excess 2010: CEO Pay and the Great*

10．Keynes, *Essays in Persuasion*, p. 332.

第1章

1．Robert, Skidelsky, *John Maynard Keynes : The Economist as Saviour 1920–1937* (London : Macmillan, 1992), pp. 72, 235 の引用による．
2．論文の全文は，以下を参照されたい．John Maynard Keynes, *Essays in Persuasion*, The Collected Writings of John Maynard Keynes, vol. 9 (Cambridge : Cambridge University Press, 1978), pp. 321–32. これは，1931 年版の再録である．これより早い版については，Skidelsky, *John Maynard Keynes : The Economist as Saviour*, p. 634, note 53 を参照されたい．
3．G. E. Moore, *Principa Ethica* (Cambridge : Cambridge University Press, 1903), pp. 188–89.（泉谷周三郎・寺中平治・星野勉訳『倫理学原理』三和書籍，2010 年）
4．A. W. Plumptre. Skidelsky, *John Maynard Keynes : The Economist as Saviour*, p. 237 の引用による．
5．アメリカ，ヨーロッパを始めとする世界の経済成長率については，Fabrizio Zilibotti, "Economic Possibilities for our Grandchildren 75 Years After : A Global Perspective," in Lorenzo Pecchi and Gustavo Piga (eds.), *Revisiting Keynes : Economic Possibilities for Our Grandchildren* (Cambridge, Mass. : MIT Press, 2008), pp. 27–39 を参照されたい．
6．Keynes, *Essays in Persuasion*, p. 325.
7．Wenchao Jin *et al.*, *Poverty and Inequality in the UK* (London : Institute for Fiscal Studies, 2011).
8．*The Week*, 16 July 2011.
9．Jonathan Gershuny, "Busyness as the Badge of Honour for the New Superordinate Working Class", *Institute for Social and Economic Research Working Paper 2005–09* (2005).
10．US Bureau of Labor Statistics.
11．Axel Liejonhufvud in Pecchi and Piga (eds.), *Revisiting Keynes*, pp. 117–24 を参照されたい．
12．Henry Phelps-Brown, *The Inequality of Pay* (Oxford/Oxford University Press, 1977), pp. 84–86.
13．V. I. Lenin, *The State and Revolution* (London : Penguin Classics, 2010), ch. 5, section 3（宇高基輔訳『国家と革命』岩波文庫，1957 年ほか）; Adam

原 注

序 論

1. John Maynard Keynes, *Essays in Persuasion*, The Collected Writings of John Maynard Keynes, vol. 9 (Cambridge : Cambridge University Press, 1978), p. 293.（山岡洋一訳『ケインズ説得論集』日本経済新聞出版社，2010年 ほか）
2. George Orwell, *The Road to Wigan Pier* (London : Penguin, 1989), p. 182.（土屋宏之・上野勇訳『ウィガン波止場への道』ちくま学芸文庫，1996 年ほか）
3. W. Stanley Jevons, *The Theory of Political Economy* (London : Macmillan, 1911), p. 37.（小泉信三訳『経済学の理論』日本経済評論社，1981 年）
4. Bertrand Russell, *In Praise of Idleness and Other Essays* (London : Routledge, 2004), p. 11.（堀秀彦・柿村峻訳『怠惰への讃歌』平凡社ライブラリー，2009 年）
5. Charles Baudelaire, *Journaux Intimes* (Paris : Mercure de France, 1938), p. 61.（阿部良雄訳『赤裸の心』「ボードレール批評 4」ちくま学芸文庫，1999 年ほか）
6. John Maynard Keynes, *The General Theory of Employment, Interest and Money*, The Collected Writings of John Maynard Keynes, vol. 7 (Cambridge : Cambridge University Press, 1973), p. 374.（山形浩生訳『雇用、利子、お金の一般理論』講談社学術文庫，2012 年ほか）
7. IMSciences. net (2011/9/9 にアクセス).
8. H. J. Johnson, "The Political Economy of Opulence", *Canadian Journal of Economics and Political Science*, vol. 26, pt. 4 (1960), p. 554.
9. Adam Smith, *The Wealth of Nations* (Lawrence, Kan. : Digireads. com, 2009 ; first publ. 1759), p. 40（水田洋・杉山忠平訳『国富論』岩波文庫，2000 年ほか）; Alfred Marshall, *Principles of Economics* (London : Prometheus Books, 1920), p. 1（馬場啓之助訳『経済学原理』東洋経済新報社，1965 年ほか）; Lionel Robbins, *An Essay on the Nature and Significance of Economic Science* (London : Macmillan,1932), p. 16.（辻六兵衛訳『経済学の本質と意義』東洋経済新報社，1957 年）

事項索引

人名索引

訳者あとがき

本書は二〇一二年にイギリスで出版され、その後世界一五カ国語に翻訳された。原著のタイトル"How much is enough?"は、まえがきの冒頭の質問「どれだけあれば十分か?」に再び表れており、この問いかけからもわかるように、「足るを知る」ということが本書の大きなテーマになっている。際限のない成長志向に疑義を呈し、資本主義の限界を問う本は少なくないが、本書の魅力は何と言っても広く古典を渉猟《しょうりょう》し、先哲の知恵を探りつつ誠実に議論を尽くしているところにあると言えよう。経済学者にして歴史学者であるロバート・スキデルスキーの面目躍如たるものがある。

同じ著者の近作に、二〇〇九年に発表された『なにがケインズを復活させたのか?』(日本経済新聞出版社、山岡洋一訳、二〇一〇年)がある。リーマンショックに端を発するグローバル金融危機から間もない時期に書かれた同書では、危機を生み出した制度的・理論的失敗を指摘する作業に著者の経済学者としての面が色濃く表れていたのに対し、本書では歴史学者としての面が遺憾なく発揮されているように思う。

ロバート・スキデルスキーは当代一流のケインズの研究者であり、三〇年の歳月をかけてケインズの評伝『ジョン・メイナード・ケインズ』を書いたことで知られる。全三巻二〇〇〇ページを超える大著で（このうち第一巻のみ邦訳が出版された）、数々の賞を受賞した。そうした著者らしく、本書でもケインズが一九三〇年に発表した小論「孫の世代の経済的可能性」を、言わば跳躍板として使っている。この小論は『ケインズ説得論集』（日本経済新聞出版社、山岡洋一訳、二〇一〇年）に収録されている。

著者の経歴を簡単に紹介しておくと、ロバート・スキデルスキーは実業家だった父親の仕事の関係で、一九三九年に満州のハルビンで生まれた。四一年に太平洋戦争が始まると、一家は身柄を拘束され、在英日本人との交換でイギリスに渡った。戦後の一時期も中国で暮らしたが、共産党軍の進撃に遭って香港に逃れている。一九五三年からブライトン・カレッジで学び、その後オックスフォード大学ジーザス・カレッジで歴史学を専攻した。現在はウォリック大学政治経済学名誉教授である。

一九八〇年代には積極的に政治にも関わっている。社会民主党創設メンバーの一人であり、同党が解散するまで活動を続けた。九一年には一代貴族に処せられ、上院議員となる。九二年に保守党に移り、上院でスポークスマンを務めるなどしたが、北大西洋条約機構（ＮＡＴＯ）軍によるコソボ空爆を公の場で批判したため、二〇〇一年に党首と対立して離党した。温厚な風貌からは想像しにくいが、「行動する研究者」なのである。

時評も活発に発信しており、世界一五四カ国五〇〇以上の新聞に論評を配信するプロジェクト・シンジケート（http://www.project-syndicate.org）に毎月論文を寄稿し、その卓見には世界の知識人が注目している。

共著者である子息のエドワード・スキデルスキーは、オックスフォード大学で哲学と神学を専攻した。ドイツの哲学者エルンスト・カッシーラーを取り上げた博士論文は、二〇〇八年に書籍化され、高い評価を受けている。現在はエクセター大学で政治哲学の講師を務める傍ら、デイリー・テレグラフ、ガーディアン、ニュー・ステーツマンなどに、哲学、宗教、思想史に関するコラムを定期的に執筆している。

こうしてみると本書には、経済学者、歴史学者、政治家、哲学者の知恵と知識が詰まっていると言えよう。もちろん著者も繰り返し断っているように、本書の提案は最終でも絶対でもない。さまざまな反論があっていいし、あるべきだが、資本主義のあり方を問う議論において、本書はよい出発点になるだろう。最後になったが、すっかりお世話になった筑摩書房の町田さおり氏、藤岡泰介氏に心から感謝申し上げる。

村井章子

著者略歴

ロバート・スキデルスキー　Robert Skidelsky
1939年満州生まれ。ロシア系ユダヤ人の父と白系ロシア人の母との間に生まれる。ケインズ研究の権威として知られる経済歴史学者。オックスフォード大学出身。業績が評価され、イギリス政府より「卿」(Lord) の称号を授与される。オックスフォード大学や、ジョンズ・ホプキンス外交高等学院、ウォリック大学で教鞭をふるった。政治家としても活躍し、労働党より出馬、1992年に労働党を離党し社会民主党を結成。その後、保守党に鞍替えしたが、ユーゴ空爆をめぐり執行部と対立し離党。著書に『なにがケインズを復活させたのか？——ポスト市場原理主義の経済学』(山岡洋一訳、日本経済新聞社刊、2010年)、『共産主義後の世界——ケインズの予言と我らの時代』(本田毅彦訳、柏書房刊、2003年)、『ケインズ』(浅野栄一訳、岩波書店刊、2009年)、『裏切られた期待　1883〜1920』(古屋隆・宮崎義一訳、東洋経済新報社刊、1987年)、『ケインズ時代の終焉』(中村達也訳、日本経済新聞社刊、1979年6月) などがある。

エドワード・スキデルスキー　Edward Skidelsky
ロバート・スキデルスキーの子息。ドイツ哲学者。オックスフォード大学で神学と哲学を修めたのち、NGOに参加。その後、オックスフォード大学に戻り、政治学で博士号を取得。現在エクセター大学教授。新進気鋭の政治哲学者として、イギリスで注目を集めている。著書に、*Ernst Cassirer: the Last Philosopher of Culture*, Princeton University Press, 2009; *The Language of the Virtues*, Princeton University Press (近刊) がある。

訳者略歴

村井章子 (むらい・あきこ)
翻訳家。上智大学文学部卒業。主な訳書に、ジョン・スチュアート・ミル『ミル自伝』(みすず書房、2008年)、ポール・コリアー『収奪の星』(みすず書房、2012年)、ジョン・ルカーチ『歴史学の将来』(みすず書房、2013年)、ミルトン・フリードマン『資本主義と自由』(日経BP社、2008年)、カーメン・M・ラインハート/ケネス・S・ロゴフ『国家は破綻する』(日経BP社、2011年)、アダム・スミス『道徳感情論』(共訳、日経BP社、2014年)、サイモン・ジョンソン/ジェームズ・クワック『国家対巨大銀行』(ダイヤモンド社、2011年)、ダニエル・カーネマン『ファスト＆スロー』(早川書房、2012年)、シェリル・サンドバーグ『LEAN IN』(日本経済新聞社、2013年) がある。

じゅうぶん豊《ゆた》かで、貧《まず》しい社会《しやかい》
――理念《りねん》なき資本主義《しほんしゆぎ》の末路《まつろ》

2014年 9月1日　初版第1刷発行
2014年12月5日　初版第3刷発行

ロバート・スキデルスキー、エドワード・スキデルスキー――著者

村井章子（むらい・あきこ）――訳者

熊沢敏之――発行者

株式会社筑摩書房――発行所

東京都台東区蔵前2-5-3

郵便番号 111-8755

振替 00160-8-4123

星野精版印刷株式会社――印刷

牧製本印刷株式会社――製本

服部一成――装訂

ISBN978-4-480-86725-4　C0033

乱丁・落丁本の場合は、下記宛に御送付下さい。
送料小社負担でお取り替えいたします。
ご注文・お問い合わせも下記へお願いします。
〒331-8507　さいたま市北区櫛引町2-604 筑摩書房サービスセンター
TEL 048-651-0053

◉筑摩書房の本◉

〈ちくま学芸文庫〉
満足の文化
J・K・ガルブレイス
中村達也訳

なぜ選挙で何も変わらないのか。それは政財官学が作り出した経済成長の物語に、多くの人がのっかっているからだ。先進資本主義社会の病巣に迫る。

〈ちくま学芸文庫〉
入門経済思想史 世俗の思想家たち
R・L・ハイルブローナー
八木甫／松原隆一郎／浮田聡／奥井智之／堀岡治男訳

何が経済を動かしているのか。スミスからマルクス、ケインズ、シュンペーターまで、経済思想の巨人たちのヴィジョンを追う名著の最新版訳。

〈ちくま学芸文庫〉
経済の文明史
カール・ポランニー
玉野井芳郎／平野健一郎／石井溥／木畑洋一／長尾史郎／吉沢英成訳

市場経済社会は人類史上極めて特殊な制度的所産である——非市場社会の考察を通じて経済人類学に大転換をもたらした古典的名著。
解説　佐藤光

〈ちくま学芸文庫〉
経済と文明
ダホメの経済人類学的分析
カール・ポランニー
栗本慎一郎／端信行訳

文明にとって経済とは何か。18世紀西アフリカ・ダホメを舞台に、非市場社会の制度的運営とその原理を明らかにした人類学の記念碑的名著。